평생교육경영론

서보준 · 이진열 · 백민수 · 서명환 · 서민호

KNOWLEDGE COMMUNITY 공동체

머리말

최근 우리나라는 평생교육사에 관심을 가지는 학생들이 많아지고 있으며, 이들은 온라인 과정으로 인터넷 강의를 수강하면서 자격증을 취득하고 있다. 이러한 시대적인 흐름에 비추어 많은 대학교에서 평생교육 관련 학과가 개설되고 있는 상황이다. 더불어 현대사회 대학생은 물론 젊은 직장인들은 새로운 직업 전환을 위해 취업할 수 있는 다양한 자격증을 취득하고자 할 뿐만 아니라 과학기술의 발전과 인간수명의 연장으로 세계 각국에서 평생학습의 중요성이 대두되면서 미래사회는 평생교육에 관심을 가지지 않을 수가 없게 되었다.

또한 평생교육기관을 경영하는 데 있어 경영자원 획득은 물론 체계적인 배분과 나아가 효율적이고 효과적인 평생교육기관을 경영하기 위해서는 경영전략의 필요성이 중요하다.

이에 이 책은 평생교육학을 공부하는 학생들(예비평생교육사)뿐 아니라 평생교육사, 평생교육기관의 경영자가 되고자 하는 학습자들에게 평생교육경영에 대한 기초적 이론과 평생교육기관의 경영을 쉽게 이해하고 습득할 수 있는 다양한 지식과 정보를 제공하고자 하는 목적에서 집필되었다. 따라서 평생교육 현장에서 근무하는 경영자 및 종사자들에게 조금이나마 도움이 되고 직접으로 활용할 수 있는 지침서가 될 수 있기를 바란다.

이 책의 내용은 총 12장으로 구성되어 있다.

제1장에서는 경영에 대한 이해로서 경영의 개념, 경영의 목표, 경영의 구성요소, 경영의 기능, 경영에서의 경영자에 대해 살펴보았다.

제2장에서는 평생교육경영의 기초 이론으로서 평생교육경영의 개념 및 필요성, 평생교육경영의 구성요소, 평생교육경영의 원리에 대해 살펴보았다.

제3장에서는 평생교육경영 관계 법규로서 평생교육법 제정의 배경 및 취지, 평생교육법 추진체계, 평생교육법의 주요 내용에 대해 살펴보았다.

제4장에서는 평생교육기관에 대한 이해로서 평생교육기관의 개념, 평생교육

기관의 성격, 평생교육기관의 체제이론, 평생교육기관의 분류와 유형, 한국 평생교육기관의 특징에 대해 살펴보았다.

제5장에서는 평생교육기관의 경영에 대한 이해로서 평생교육기관의 경영 특성, 평생교육기관의 경영관리 과정, 평생교육기관의 경영 유형, 평생교육기관의 경영 환경 분석에 대해 살펴보았다.

제6장에서는 평생교육기관의 경영기획으로서 평생교육기관의 경영기획 개념과 필요성, 평생교육기관의 경영기획 수립 과정, 평생교육기관의 경영기획의 유형에 대해 살펴보았다.

제7장에서는 평생교육기관의 경영전략으로서 평생교육기관의 경영전략 개념 및 원리와 중요성, 평생교육기관의 경영전략 수립 과정, 평생교육기관의 경영전략 유형, 평생교육기관의 경영전략 특성과 SWOT 분석에 대해 살펴보았다.

제8장에서는 평생교육기관 경영자의 역할과 리더십으로서 평생교육기관 경영자의 개념과 유형, 평생교육기관 경영자의 역할과 기능 및 능력, 평생교육기관의 리더십 개념 및 기능, 평생교육기관 리더십의 권력 유형, 평생교육기관 리더십의 주요 이론과 모델, 평생교육기관 리더의 특성과 유형에 대해 살펴보았다.

제9장에서는 평생교육경영의 조직으로서 조직의 정의 및 목표, 조직의 형태 및 원리, 조직의 구성요인 및 목표의 변화, 조직의 유형에 대해 살펴보았다.

제10장에서는 평생교육기관의 인적자원관리 및 재무로서 인적자원관리의 의의 및 주체, 인적자원관리의 목표와 원리 및 기능, 재무관리의 의의 및 중요성, 재무관리의 원칙, 기법 및 절차, 재무관리에 대한 수입 및 지출 관리에 대해 살펴보았다.

제11장에서는 평생교육기관의 의사소통 및 의사결정으로서 의사소통의 개념 및 유형, 의사소통망의 형태 및 기법, 의사소통의 개선방안과 원칙, 의사결정의 개념 및 유형, 의사결정의 과정 및 모형에 대해 살펴보았다.

제12장에서는 평생교육기관의 마케팅 및 홍보로서 마케팅의 개관, 평생교육기관의 마케팅, 평생교육시장의 이해, 평생교육기관의 홍보에 대해 살펴보았다.

집필자들은 평생교육과 관련하여 대학, 연구소 및 평생교육기관에서의 경험들을 바탕으로 이 책에 많은 내용을 수록하도록 최대한의 노력을 경주하였다. 그럼에도 불구하고 세부전공이 다른 저자들이 공동으로 분담하여 집필하였기에 각 영역 간 체계성과 논리성에서 미흡한 점이 있을 수 있으며, 부족한 부분은 향후 수정 보완해 다듬어 나가도록 노력하겠다.

끝으로 이 책이 출간되기까지 아낌없는 사랑과 관심으로 집필해 주신 이진열, 백민수, 서명환, 서민호 교수님께 감사드린다. 더불어 이 책이 출판될 수 있도록 많은 관심과 도움을 주신 공동체 김동훈 사장님과 김원희 전무님을 비롯하여 공동체 가족 여러분께 깊은 감사를 드린다.

2025년 8월

대표 저자 서보준

차 례

■ 머리말 / 3

CHAPTER 01 경영에 대한 이해

CHAPTER 02 평생교육경영의 기초 이론

CHAPTER 03 평생교육경영 관계 법규

Contents

CHAPTER 04 평생교육기관에 대한 이해

CHAPTER 05 평생교육기관의 경영에 대한 이해

CHAPTER 06 평생교육기관의 경영기획

CHAPTER 07 평생교육기관의 경영전략

CHAPTER 08 평생교육기관 경영자의 역할과 리더십

CHAPTER 09 평생교육경영의 조직

Contents

CHAPTER

01

경영에 대한 이해

CHAPTER

01 경영에 대한 이해

제1절 경영의 개념

'경영(經營, management)'이라는 용어를 명사적 의미로 사용하였을 때에는 기업과 동의어로 사용한다. 동사적 의미로 사용하여 '경영한다'라는 말을 쓸 때는 기업(또는 모든 종류의 조직)을 경영한다는 의미로 쓰고 있다. 즉, 목적어인 기업을 생략한 채 경영이라는 말을 '경영한다'라는 뜻으로 쓰고 있다. 때로는 관리(管理, administration)라는 용어와 경영이라는 용어를 구분하여 어떤 학자는 관리를 상위의 개념으로 또 어떤 학자는 경영을 상위의 개념으로 쓰기도 한다(김병태 외, 2014).

이처럼 경영학에 대한 개념은 여러 가지의 시각에서 조명될 수 있고, 학자에 따라 조금씩 다른 해석이 가능하기 때문에 현재 여러 가지의 개념이 존재한다. 경영의 개념에 대해서 좀 더 구체적으로 살펴보면 다음과 같다(서성무 · 이지우, 2005; 유재욱 외, 2012; 옹선희, 2009; 이향란, 2015).

- 인간의 삶에 필요한 재화나 서비스를 생산하여 공급하는 활동이다.
- 개체로서의 사회적 존재가 특정한 목적을 달성하기 위한 최적의 환경을 설계하고 유지해 가는 과정이다.
- 주어진 경영자원을 활용하여 조직(organization)의 목적을 달성하기에 필요한 여러 가지 활동들을 계획(plan), 실행(do), 평가(see)하는 일련의 과정이다.
- 어떤 일을 도모할 때 계획을 수립하고 조직을 만들고 지휘와 통제를 반복해 나가는 과정이다.
- 다른 사람을 통해서 성과를 내려는 과정이다.

이처럼 경영이라는 개념은 학자에 따라서 다양하게 정의될 수 있으나 '특정 목적 달성을 위해서 계획을 수립하고 최적의 환경을 설계하여 그러한 활동들에 대해 지휘하고 통제하는 과정'이라고 정의할 수 있다.

한편 경영의 연구대상은 두 가지로 볼 수 있다(임태순, 2012). 첫째, 경영의 대상인 기업체에 대해 연구하는 학문이다. 즉, 기업체와 관련된 일련의 과정을 연구대상으로 하며, 기업체가 계속 기업으로서 유지되고 발전됨을 그 목표로 한다. 둘째, 경영 그 자체를 연구하는 학문이다. 즉, 경영 자체에 경영학을 한정하는 경우는 경영의 목표를 달성하기 위한 '효율성' 측면의 관리 활동에 연구의 대상을 집중하는 경우를 의미한다.

그리고 경영은 이윤 추구, 주주 부의 극대화, 사회적 책임 완수 등의 목적을 가진다. 이윤 추구란 기업이 재활 또는 서비스를 공급함으로써 얻는 수익에서 비용을 차감한 금액인 이익을 창출하려는 목적이다. 이윤 추구의 목적은 기업의 지속적인 존립을 위해 반드시 필요하다.

주주 부의 극대화(maximization of shareholders' wealth)는 주식회사의 주인인 주주의 부를 극대화하려는 목적이다. 주주의 부는 주식시장에서 평가된 해당 기업의 가치, 즉 시가총액(발행 주식 수 × 주식의 시장가격)으로 평가된다. 이에 따라 주주 부의 극대화는 기업가치 극대화와 일맥상통하며, 주주 부의 극대화는 해당 기업 주식의 시장가격을 극대화함으로써 달성할 수 있다.

사회적 책임(social responsibility) 완수란 사회가 기업에게 요구 또는 기대하는 책임을 완수하는 목적을 말한다. 대표적인 기업의 사회적 책임으로는 경제적 책임, 법적 책임, 윤리적 책임, 자선적 책임이 있다. 경제적 책임은 지속적인 이익 창출을 의미하고, 법적 책임은 기업의 경제적 책임의 완수가 사회가 정한 법률을 준수하면서 이루어져야 한다는 것을 의미한다. 윤리적 책임은 기업의 경제적 책임의 완수가 사회의 윤리규범 내에서 이루어져야 하는 것을 말하고, 자선적 책임은 사회에 공헌하기 위해 사회적 기부, 사회복지 시설의 운영 등을 수행하여야 함을 의미한다(유재욱 외, 2012).

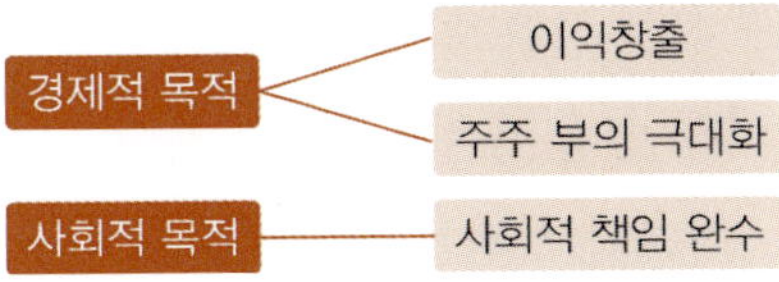

▌그림 1-1▐ 경영의 목적

출처 : 유재욱 외(2012).

제2절 경영의 목표

1) 수익성(Profitability)

수익성이란 투하된 자본 가치를 증식시키기 위해 보다 많은 화폐이윤을 창출하는 행위, 즉 투입자본에 대한 이익의 정도를 말한다. 자본주의하에서 기업은 이윤의 추구를 목적으로 하고 있으며, 그에 따라 경영의 목표도 수익성을 크게 함으로써 달성되는 이윤극대화에 있다고 할 수 있다. 기업은 이윤을 얻고 계속해서 존속하며 성장해 나가야만 고용창출, 소득분배, 환경보전 등의 사회적 역할을 다할 수 있다.

$$\text{수익성} = \frac{\text{이익}}{\text{투하자본}} = \frac{\text{이익}}{\text{매출액}} \times \frac{\text{이익}}{\text{투하자본}} = \begin{matrix}\text{매출}\\\text{순이익률}\end{matrix} \times \begin{matrix}\text{투하자본}\\\text{회전율}\end{matrix}$$

▌그림 1-2▐ 수익성의 공식

2) 경제성(Economical Efficiency)

경제성은 기업의 사회적 책임을 생각하여 기업 활동을 적정수익을 중심으로 전개하여야 하며 또한 그것이 기업 자체의 목표가 되도록 하는 것이다. 즉, 도달해야 할 어떤 성과나 수익을 최소의 비용이나 희생으로 달성하는 것으로서 경제적 합리주의를 의미한다. 경제성은 기업경영뿐 아니라 경영이라는 어휘의 모든 형태의 개별경제에 공통적으로 적용되는 선택원리이기도 하다. 따라서 경제성이란 일정한 투입가치에 대한 산출가치의 관계로 표현될 수 있다. 이때 투입가치는 투자와 관련되는 비용이며, 산출가치는 목적이나 성과와 관련되는 수익이다. 이는 최소의 투자로 최대의 성과를 얻으려는 경제성 원칙이 통일적으로 표현된 것이라 할 수 있다.

$$\text{경제성} = \frac{\text{수익(성과 = 목표)}}{\text{비용(희생 = 수단)}}$$

| 그림 1-3 | 경제성의 공식

3) 생산성(Productivity)

생산성이란 생산을 위하여 투입된 여러 생산요소의 양에 대한 생산물의 산출량의 비율을 말하는 것으로 투입된 생산요소와 산출의 종류에 따라 노동생산성, 자본생산성 등으로 구분할 수 있다. 즉, 노동, 자재, 시설 등 경영자원의 합리적 이용을 통하여 동일한 투입량으로 최대의 성과를 올려 생산비용의 절감과 생산수준의 향상을 꾀하는 것이다. 이러한 생산성은 모든 경영자원을 어떻게 생산적으로 이용할 수 있는가 하는 경영활동의 목표인 동시에 그 성과를 측정하는 기준이 된다. 그러므로 생산성은 곧 경영합리화의 척도이자 생산성 향상으로 얻은 성과를 이해관계가 있는 집단에게 적절하게 배분하는 기준이 된다. 또한 경영은 최소의 투입으로 최대의 산출을 생산하여 생산성을 극대화함으로써 자원의 최적 활용을 이룰 수 있는 것이며 기업은 경영활동을 통해 생산성을 추구함으로써 자원의 낭비를 방지하고 기업의 이윤추구 동기를 만족시킬 수 있다. 생산성이 높은 경우 자원의 활용 측면에서 보면 효율적인 경영을 하고 있다고 할 수 있다.

$$\text{생산성} = \frac{\text{산출량(output)}}{\text{투입량(input)}}$$

| 그림 1-4 | 생산성의 공식

한편 경영의 목표인 수익성, 경제성, 생산성은 ❙그림 1-5❙와 같은 관계를 나타낸다. 경영 목표 중 생산성이 향상되면 경제성과 수익성은 영향을 받아 오르게 된다. 또한 이뿐만 아니라 기업의 모든 이해관계자에게도 동일한 효과를 기대할 수 있다. 따라서 경영의 특성 중 생산성은 경제성과 수익성에 영향을 미치게 되므로 상위의 개념으로, 경제성과 수익성은 하위의 개념으로 설명될 수 있다(육윤복, 2005; 이원우 외, 1995).

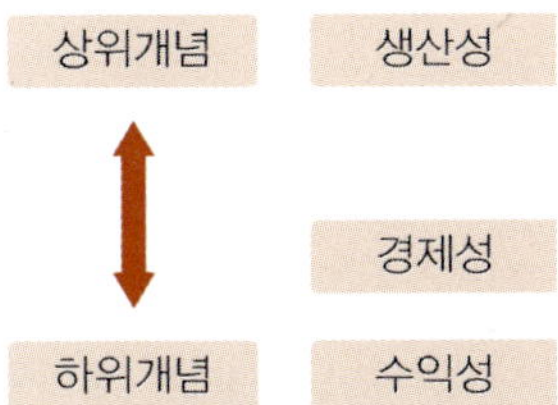

❙그림 1-5❙ 수익성, 경제성, 생산성의 관계

출처 : 이원우 외(1995) 재구성.

제3절 경영의 구성요소

기업 경영은 기업이 보유하고 있는 여러 가지 자원이나 요소들인 경영자원을 활용하여 이루어진다. 경영자원은 기업의 목적 달성을 위한 수단인 동시에 관리의 대상이 된다. 따라서 이 절에서는 경영의 구성요소를 물적 자원, 재무 자원, 인적 자원, 기술 자원, 정보 자원으로 구분하여 설명하고자 한다(유재욱, 2012).

첫째, 물적 자원은 기업이 제품과 서비스의 생산을 위해 직접 사용하는 유형의 자원들로서 원재료, 토지, 설비 등이 해당된다.

둘째, 재무 자원은 기업을 창업하고 운영하는 데 필요한 자본 또는 자금을 의미한다.

셋째, 인적 자원은 경영자의 능력과 종업원들의 노동력을 말한다.

넷째, 기술 자원은 기업에서 보유하고 있는 기술, 특허권 등을 말한다.

다섯째, 정보 자원은 기업에서 보유하고 있는 지식, 정보 등을 말한다.

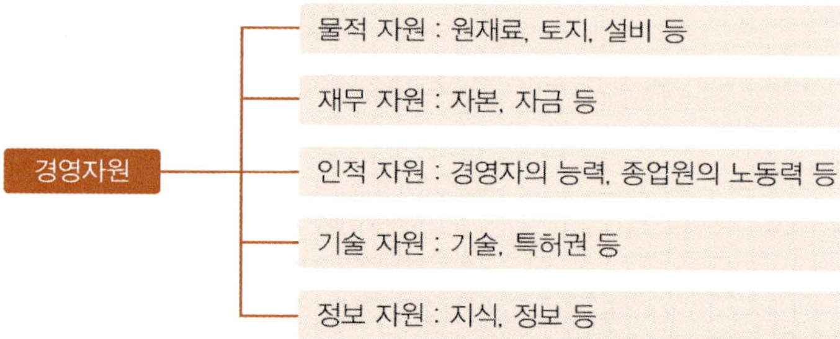

그림 1-6 **경영의 구성요소**

출처 : 유재욱 외(2012).

경영의 구성요소 확보는 기업 경영의 영속성을 보장받기 위해서 매우 중요한 과제이다. 기업이 보유하는 경영자원은 유한성의 속성을 가진다. 이러한 속성은 기업으로 하여금 경영자원의 효율적인 활용과 개발의 필요성을 갖게 한다. 자원 활용의 효율성은 노동생산성, 자본생산성, 지표를 통해 측정될 수 있다. 노동생산성(자본생산성) 지표는 각각 투하한 노동력의 한 단위당 성과를 측정한다. 아울러 경영자원의 효율적인 활용을 위해서는 자원의 최적 배분이 이루어져야 하며, 이를 위해서는 한정된 경영자원을 어떤 사업에 투입하는 것이 가장 유리한가를 분석하고, 그 결과에 따라 각 사회 기회에 우선순위를 정하여 경영자원을 배분해야 한다.

제4절 경영의 기능

경영은 조직을 구성하고 있는 자원을 잘 활용하여 조직의 목표를 되도록 효율적으로 달성하고자 하는 데 관심을 가진다. 예를 들어, 기업의 대표적인 경영활동은 되도록 적은 비용으로 제품을 만들고 매출을 극대화하여 이익을 높이고자 하는 데 있다. 축구팀의 감독이 선수들을 어떻게 배치하고 관리하느냐에 따라 그 성적이 많이 달라지는 것도 같은 맥락에서 살펴볼 수 있다. 즉, 경영활동은 조직 내부의 자원을 어떻게 잘 활용하느냐에 관심을 두어야 한다. 이를 위해 조직이 동원할 수 있는 모든 자원을 사용하여 구성원들의 노력을 계획(planning),

조직화(organizing), 지휘(leading), 통제(controlling)하는 과정을 거친다. 즉, 경영자가 조직의 목표를 달성하기 위하여 여러 가지 기능을 수행하는 과정이며, 모든 경영에는 계획수립, 조직화, 지휘 및 통제의 네 가지 기능이 공통으로 나타난다. 구체적으로 살펴보면 다음과 같다(김병태 외, 2014; 육윤복, 2005; 이필상 외, 2002).

1) 계획(Planning)

계획이란 기업의 희망과 비전을 시간 순서로 표시하고, 예산을 수립하며 프로그램을 만드는 것이다. 인간에게 소망이 없다면 죽은 사람인 것과 마찬가지로 기업에 비전과 계획이 없다면 그 기업은 죽은 것과 같다. 따라서 경영자는 미래를 예측하여 조직의 비전과 목표를 제시하고 활동계획을 작성하여야 한다. 또한 조직의 궁극적인 목표를 달성하기 위하여 해야 할 일을 단계적으로 명시하여야 한다. 즉, 조직이 나아갈 방향과 수행해야 할 과업들의 우선순위를 결정하여 제시하여야 한다.

2) 조직화(Organizing)

조직화란 해야 할 일을 부문으로 나누고 권한을 나누어 위양하며 기업 고유의 문화를 만들어 가는 과정이다. 즉, 일을 체계적으로 하기 위하여 인적·물적 요소를 조직하며 누가 어떤 일을 해야 할지를 결정하는 것이다. 이는 계획을 달성하기 위한 조직화가 적절해야 함을 의미한다. 농구팀의 경우 대개 선수들이 주로 활동하는 포지션을 정하게 되는 것과 유사한 논리이다. 그러나 시합에 임할 때 상대팀 선수들의 기량을 파악하고 이에 따라 선수들을 다시 배치하는 것처럼 조직의 형태도 끊임없이 변할 준비가 되어 있어야 한다. 대개 규모가 작은 조직이 환경변화에 따른 조직변화에 더 유리할 것이다.

3) 지휘(Leading)

지휘란 조직 구성원들이 부여받은 과업을 할당된 자원을 활용하여 자발적으로 수행하기 위해 동기를 부여하고 영향력을 행사하는 경영자의 기능을 말한다. 경영자는 조직 구성원을 지휘하기 위해 구성원들에게 목표의식을 강하게 심어주고 행동을 유발시키는 동기부여에 대한 능력을 갖추고 있어야 한다. 또한 구성원 간에 수많은 의사소통을 해야 한다. 의사소통의 한 단계 한 단계가 시간이자 비용이고 또한 가치생산의 과정이기 때문에 조직의 구조와 의사소통이 합리적이어야 한다. 리더로서 경영자가 그 자신에 대하여 알아야 하고 스스로의 능력을 계발시키지 않으면 안 되며, 이러한 관리를 지휘활동이라고 한다.

4) 통제(Controlling)

통제란 조직 구성원들이 할당된 과업을 설계된 대로 수행하고 있는지 또는 조직이 조직목표를 향해 바람직한 방향으로 나아가고 있는지를 확인하기 위하여 정보를 손질하고 평가하고, 잘못된 사항은 수정조치 하는 과정을 말한다. 즉, 목표와 계획을 점검하는 것으로, 목표의 성취 여부를 표준이라는 잣대에 비추어 평가하고 일의 방향을 바르게 세우는 것이다. 잘된 것은 보상하고 잘못된 것은 시정하지 않으면 안 된다. 항해 중인 선장이 나침반과 키를 가지고 있듯이, 훌륭한 통제는 기업을 더욱 활력 있게 만들기 때문에 경영자는 적절한 통제 수단을 개발하지 않으면 안 된다.

그림 1-7 경영의 기능

제5절 경영에서의 경영자

기업의 경영활동을 수행하는 주체인 경영자는 '기업의 경영활동을 수행하는 과정에서 중요한 의사결정을 하고, 기업 또는 기업 구성원들의 활동을 지휘하고 조정하는 권한과 책임을 가진 사람'이다. 이러한 정의에 따르면, 한 기업의 경영 전반에 대한 책임과 권한을 가진 최고경영자는 물론 일개 부서의 통솔권을 가진 부서장도 경영자로 볼 수 있다. 경영자가 수행해야 하는 대표적인 책무는 기업의 구성원들에게 비전과 동기부여를 제시하여 당면한 문제에 효과적으로 대처할 수 있게 도움을 주는 것이다. 또한 기술, 품질, 서비스, 생산성 등을 향상시킬 수 있는 방안을 모색함과 동시에 혁신을 주도하기 위한 지속적인 자기 노력이 필요하다. 이처럼 경영자의 역할과 자질, 능력은 기업경영에서 상당히 중요하다고 할 수 있다(서성무 · 이지우, 2005; 이승영 외, 2005; 유재욱 외, 2005; 이필상 외, 2002).

1) 경영자의 구분

경영자의 형태는 기업 내의 소유권과 경영권의 집중 정도와 경영관리 기능을 수행하는 계층에 따라 구분되는 것을 파악할 수 있다. 기업 내의 소유권과 경영권에 따라서는 소유경영자, 고용경영자, 전문경영자로 구분되며, 경영관리 기능 수행에 따른 분류는 최고경영자, 중간경영자, 일선경영자로 구분된다.

(1) 기업 내의 소유권과 경영권에 따른 분류

① 소유경영자

소유경영자는 기업의 소유와 경영권이 분리되지 않은 상태, 즉 경영과 지배, 소유에 대한 모든 권한을 가진 경영자를 지칭한다.

② 고용경영자

고용경영자는 기업의 지배와 소유, 그리고 경영이 형식적으로 분리되어 있는 상태에서 경영에 대한 권한을 가진 경영자를 지칭한다. 즉, 형식적으로 경영과 지배 · 소유가 분리되어 있기 때문에 경영에서 있어 권한은 크다고 할 수 없다.

③ 전문경영자

전문경영자는 기업의 지배와 소유, 그리고 경영이 실질적으로 분리되어 있는 상태에서 경영에 대한 권한을 가진 경영자를 지칭한다. 즉, 전문경영자는 소유자로부터 경영에 관한 영향에서 실질적으로 분리되어 있는 상태에서 경영하는 경영자이다.

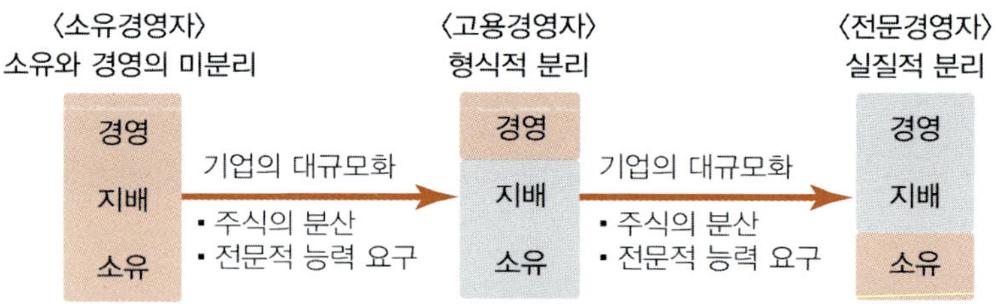

| 그림 1-8 | 소유와 경영의 분리와 경영자

출처 : 이필상 외(2002).

(2) 경영관리 기능 수행에 따른 분류

① 최고경영자(Top Manager)

전략적 의사결정자로 불리는 최고경영자는 조직의 전반적인 방향과 운영에 대한 권한과 책임을 가지고 있으므로, 주로 계획 수립과 전략 수립, 의사결정, 지휘, 통제, 혁신 기능을 주로 수행한다. 최고경영자층에는 최고운영책임자(COO), 최고재무책임자(CFO), 최고정보책임자(CIO), 최고경영자(CEO) 등이 속한다.

② 중간경영자(Middle Manager)

전술적 경영자로 불리는 중간경영자는 최고경영자와 일선경영자의 중간에서 이들을 연결해 주는 연결핀(linking pin)의 역할과 최고경영층의 경영정책에 따라 하위부문을 관리하는 역할을 담당한다. 즉, 중간경영자는 최고경영자의 경영방침이나 전략을 자신이 관리하는 세부 부문에 대한 구체적인 목표나 계획으로 전환시키고, 다른 세부 부문들과의 업무 조정을 하는 활동들을 수행한다. 주로 구매, 생산, 재무 등 각 부문의 활동을 관리하는 부장, 차장, 과장들이 중간경영자에 속한다.

③ 일선경영자(First-line Manager)

일선경영자는 중간관리자의 명령과 지시에 따라 업무의 현장에서 생산직 또는 사무직 직원을 지휘 감독하는 관리자를 지칭한다. 일선경영자는 주로 실무에 종사하는 직원들의 업무 수행을 감독하고 업무 현장에서 발생하는 일상적인 문제해결에 대한 책임을 지고 있다. 반장, 대리, 계장 등이 일선경영자에 속한다.

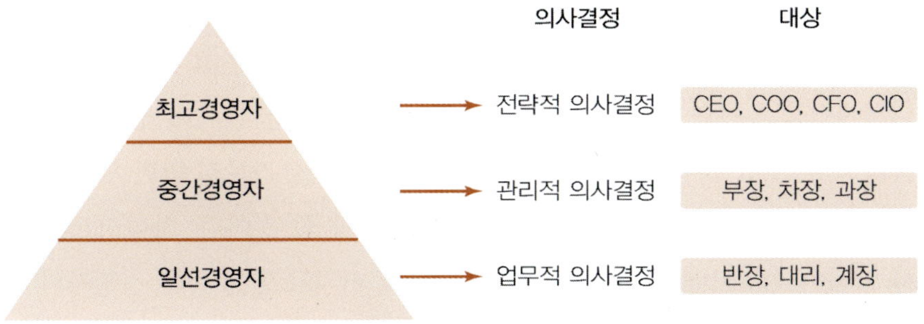

❙ 그림 1-9 ❙ 경영관리 기능 수행에 따른 경영자 분류

출처 : 유재욱 외(2005); 이필상 외(2002) 재구성.

2) 경영자의 요건 및 역할

(1) 경영자의 요건

어떤 경영자가 높은 성과를 내는가, 즉 뛰어난 경영자가 갖추어야 할 요건은 어떤 것인가에 관한 연구는 뚜렷한 결과가 없다. 하지만 경영자가 맡은 바 직무를 충실히 수행하기 위해서는 다음과 같은 몇 가지의 요건을 갖추어야 한다.

첫째, 개념적 능력이다. 개념적 능력은 거시적 안목에서 조직을 바라보고 조직의 상호 연관성을 파악하는 능력이다. 즉, 기업이 당면한 환경 또는 문제를 전사적이고 장기적인 관점에서 파악하고 기업의 목표와 일치하는 방향으로 의사결정할 수 있는 능력을 말한다.

둘째, 의사소통 능력이다. 이 능력은 모든 계층의 경영자들이 기본적으로 갖추어야 할 능력이지만, 특히 부하직원을 관리하고 업무조정을 해야 하는 책임을 맡고 있는 중간경영자에게 상대적으로 더욱 강조되는 능력이다.

셋째, 기술적 능력이다. 이 능력은 경영기법, 수단, 운영과정과 같은 전문적인 지식, 기술 및 경험을 업무와 관련된 문제해결에 활용할 수 있는 능력을 의미한다. 실무에 종사하는 직원들의 업무 수행을 감독하는 일선경영자에게 상대적으로 중요한 능력이다.

넷째, 혁신성이다. 혁신성과 관련하여 경제학자 슘페터(Schumpeter)는 기업의 발전을 위한 혁신성에 초점을 맞춘 기업가 정신(enterpreneurship)을 강조하였다. 즉, 창조적 파괴 과정을 두려워하지 않고 추진하여 신제품 개발, 신시장 개척 등을 이루어 내는 역할이야말로 경영자로서 가장 필요한 요건이라고 보았다.

다섯째, 업무 관련 지식이다. 경영자는 업무를 수행하는 데 필요한 지식과 기술을 갖추고 있어야 한다. 축구감독이라면 선수들을 가르칠 만한 기술과 훈련이나 게임을 지휘하는 데 필요한 지식을 갖추어야 할 것이다. 따라서 경영활동에서 지식이나 정보에 의존하는 비중이 빠르게 커지고 있는 만큼 경영자의 지적 능력은 더 크게 요구된다.

여섯째, 사고력이다. 경영자가 의사결정을 내려야 하는 상황은 늘 복잡하다. 여러 가지 문제가 얽혀 있기 때문에 때로는 문제의 본질이 무엇인지, 어떤 해결방안이 있는지를 파악하는 것 자체가 어려워진다. 이런 경우에 상황을 파악하고 미래를 예견하며 해결책을 제시할 수 있는 종합적인 능력, 즉 사고력이 필요하다.

(2) 경영자의 역할

경영자가 수행해야 할 대표적인 역할로는 대인관계 역할(interpersonal roles), 의사결정 역할(decision roles), 정보관리 역할(informational roles)이 있다.

첫째, 대인관계 역할은 경영자가 조직으로부터 부여받은 공식적 권한을 통하여 수행할 수 있는 것으로서, 이는 다시 대표자(figurehead), 지도자(leader), 연결자(liaison) 등 다음과 같은 세 가지의 관련 역할로 분류된다.

- **대표자**(figurehead) : 기업을 대표하는 역할을 수행함과 동시에 조직으로부터 부여받은 공식적인 권한을 갖고 법적 · 사회적 성격을 지닌 특정의 상징적인 업무를 수행하는 것이다. 예를 들어, 경영이념 및 비전 선포식, 창립기념일 행사 등 공식적인 행사에서 기업을 대표하는 역할은 대표자로서의 역할에 해당된다.
- **지도자**(leader) : 기업의 목표 달성을 위해 부하직원들에 대한 동기부여, 업무 지침 제시, 종업원 격려, 갈등 조정 등 부하직원들을 통솔하고 조정하는 역할을 의미한다. 모든 계층의 경영자는 위치에 맞는 리더로서의 역할을 수행해야 한다. 이 역할에는 선발 · 훈련 · 지휘 · 승진 · 제재 등과 같은 활동이 해당된다.
- **연결자**(liaison) : 기업 내부와 외부의 연결자 또는 기업 내부의 집단 간 연결자로서의 역할을 의미한다. 최고경영자는 정부, 경쟁기업, 소비자 등 기업외부와 기업을 연결하는 외부 연결자(external liaison)로서의 역할을 주로 수행한다. 이 역할에는 사회적인 행사 참여, 동료 · 고객 · 공급자 · 정부관계자 등과의 약속, 안부전화 등 사교적인 행위가 포함된다.

둘째, 의사결정 역할은 모든 계층의 경영자들이 공통적으로 수행하는 역할로서, 기업가(entrepreneur), 자원배분자(resource allocator), 갈등해결자(disturbance handler), 협상자(negotiator)로서의 역할이다.

- **기업가**(entrepreneur) : 경영자는 조직을 환경에 맞게 적응시키고 변화를 이끌어 낼 수 있는 방안을 강구해야 한다. 따라서 경영자는 기업의 새로운 성장동력을 발굴하고, 창의적이고 혁신적인 경영활동을 주도해야 한다.
- **자원배분자**(resource allocator) : 경영자는 인력 · 용역 · 자재 · 설비 등과 같은 인적 · 물적 자원의 분배에 책임을 지고 조직의 각 부문에서 필요로 하는 자원은 무엇이며, 한정된 자원을 어떻게 균등하게 할당할 것인지를 결정해야 한다. 즉, 우선순위를 두고 주어진 경영자원을 적절히 배분하는 역할을 수행한다.

- **갈등해결자**(disturbance handler) : 경영자는 조직이 예기치 못한 위기에 직면하거나 절박한 상황에 놓였을 때 이를 효과적으로 수습할 책임이 있다. 즉, 위기상황(부하직원들 간의 마찰, 화제나 사고, 태업, 기업의 파산, 고객의 계약 파기 등)에서 이를 해결하는 역할을 수행해야 한다.
- **협상자**(negotiator) : 경영자는 조직을 대표하여 종업원 · 고객 · 공급자들과의 협상에 임하여 이들과 조직 간의 이해관계나 분쟁문제를 조정 · 해결해야 한다. 즉, 경영자는 기업을 대표하여 노조와의 단체 교섭, 다른 기업과 계약 체결 등에 필요한 협상을 진행해야 한다.

셋째, 정보관리 역할은 경영자가 기업경영을 위해 필요한 정보를 수집하고, 이를 활용하는 역할을 의미한다. 기업운영에 필요한 정보를 보유한 경영자들은 적절한 의사결정과 행동을 통해 기업의 성과향상을 도모할 수 있기 때문에 정보관리 역할은 중요하다. 이 역할에는 수집자(monitor), 정보전달자(disseminator), 대변인(spokesperson)으로서의 역할이 있다.

- **수집자**(monitor) : 경영자들은 각종 정보원으로부터 끊임없이 유용한 정보를 얻기 위하여 외부환경을 면밀히 탐색해야 한다. 이러한 목적으로 하는 활동에는 보고서와 정기간행물을 검토하는 일, 회의나 브리핑에 참석하는 일, 그리고 각종 연락망을 점검하고 현장을 시찰하는 일 등이 포함된다.
- **정보전달자**(disseminator) : 경영자는 내외의 각종 정보원으로부터 얻은 정보를 그대로 또는 그 뜻을 해석하고 적절히 편집한 뒤 조직 내의 다른 사람들에게 전달해야 한다. 이는 보통 회합 · 메모 · 서신 · 브리핑 등과 같은 경로를 통하여 전달된다. 또한 경영자는 어떤 정보를 얼마만큼 어느 사람에게 전달해야 하는지를 결정해야 한다.
- **대변인**(spokesperson) : 경영자는 자신의 하급자들뿐만 아니라 조직의 외부에 있는 사람들에게 조직의 가치를 반영하는 정보를 전달하여 그들에게 조직에 대한 좋은 인상과 믿음을 심어주어야 한다. 즉, 주주 · 고객 · 납품업자 · 언론 등에 대한 조직정보 제공을 통해 조직의 입장을 효과적으로 밝혀 그들로부터 신뢰를 얻어낼 수 있어야 한다.

생각해 보기

1. 여러분이 생각하는 경영은 무엇인지 토론해 봅시다.

2. 경영의 목표와 그 관계에 대해서 토론해 봅시다.

3. 경영의 구성요소에 대해서 설명해 봅시다.

4. 경영의 기능에 대해서 설명해 봅시다.

5. 경영자의 자질에 대해서 토론해 봅시다.

CHAPTER 02

평생교육경영의 기초 이론

CHAPTER

02 평생교육경영의 기초 이론

제1절 평생교육경영의 개념 및 필요성

1990년대 말 아시아 외환위기를 비롯하여 국내외 정치 · 경제적 변화로 인해 한국의 평생학습시스템은 매우 복잡해졌다. 노동시장이 유연해지면서 평생 직장에서 평생 직업으로 고용문화가 바뀌고, 이로 인해 평생학습에 대한 관심이 더욱 커지게 되었다. 즉, 평생교육의 중요성이 더욱 강조되게 되었으며, 교육과 훈련에 대한 개인의 책임이 증가하게 되었다. 개인들은 각자의 필요에 따라 평생학습에 적극적으로 참여하게 되었고 이로 인해 평생교육에 대한 수요는 증가하였다.

이와 같은 상황 속에서 국가경쟁력을 확보하기 위해 인적 자원을 효과적으로 개발하기 위한 교육의 역할이 막중해지고, 국가적인 차원에서 평생교육이 더욱 중요하게 되었다. 따라서 정부는 1999년 평생교육법을 개정한 이래 지속적으로 국가 차원에서 평생교육 인프라를 구축하고, 각종 평생교육기관의 적극적인 시설 및 프로그램 관리를 강조하고 있다. 또한 지방자치단체뿐 아니라 학교, 일반기업, 백화점, 언론사, 종교 단체 등 다양한 주체가 각자의 목적을 가지고 평생학습시장에 진입함에 따라 공급기능이 급속히 확충되었다.

첫째, 평생교육기관 간의 심화된 경쟁의 결과로, 평생교육기관의 교육 내실화와 경영에 대한 관심과 중요성이 증가하였다. 이로 인하여 영리기관이든 비영리기관이든 평생교육에 경제 개념이 침투하게 되었고, 이러한 경제 논리로 인해 평생교육기관의 역할을 침해할 위험에 놓이게 되었다. 이에 따라 평생교육기관의 교육 이념과 가치를 효과적으로 실현하기 위한 전략이 필요해졌다.

둘째, 학습 선택 혹은 결정권과 관련된 힘의 이동이다. 평생교육기관의 증가는 기관 간의 경쟁을 심화시켰다. 더불어 TV, 인터넷 매체 등에 의한 원격교육은 교육과 학습방식에서도 큰 변화를 가져왔으며, 결과적으로 학습자 선택의 폭을 넓혀주게 되었다. 즉, 고객으로서의 학습자들의 요구에 맞는 교육 콘텐츠를 개발하고 서비스를 제공함으로써 평생교육기관의 경쟁력을 확보할 필요성이 커졌다. 이러한 학습자의 요구를 충족시키지 못하는 경우 프로그램 등록 수가 줄어들고, 그 특정 프로그램은 폐강되는 경우가 많아지고 있다. 다시 말해, 공급자인 교육기관에 주어졌던 주도권이 이제는 교육의 수요자인 학습자에게 넘어가게 되었다.

정리하면 경쟁의 심화로 공급자(평생교육기관) 중심에서 수요자(학습자) 중심으로의 접근이 불가피해지면서 평생교육기관은 학습자의 요구를 적극적으로 반영하면서도, 교육기관의 이념과 가치(사회적 역할)를 고려해야 하는 딜레마에 빠지게 되었다. 따라서 이러한 상황 모두를 효과적으로 실현하기 위한 전략이 필요하게 되었고, 결과적으로 평생교육에 경제적 관점의 경영이라는 개념이 도입되게 되었다(김 흔, 2011).

〈표 2-1〉 평생교육기관 현황 (단위 : 개)

구 분			전체	서울	부산	대구	인천	광주	대전	울산	세종	경기	강원	충북	충남	전북	전남	경북	경남	제주
비형식	전 체		5,145	1,929	263	172	243	153	110	49	36	1,263	120	89	132	110	109	154	181	32
	학교부설	초·중등학교부설	11	4	-	-	1	2	1	-	-	1	-	-	-	1	-	1	-	-
		대학(원)부설	417	82	24	16	12	16	17	4	4	82	17	17	26	18	20	36	22	4
		소 계	428	86	24	16	13	18	18	4	4	83	17	17	26	19	20	37	22	4
	원격형태		1,288	785	53	23	36	28	15	5	5	246	12	7	15	23	7	7	20	1
	사업장부설	유통업체부설	329	51	22	15	17	8	13	12	2	98	10	7	10	10	12	16	23	3
		산업체부설	36	16	-	-	1	1	-	2	-	9	1	-	1	1	2	2	-	-
		소 계	365	67	22	15	18	9	13	14	2	107	11	7	11	11	14	18	23	3
	시민사회단체부설		405	102	33	14	15	14	11	4	2	113	14	7	11	11	12	20	19	3
	언론기관부설		1,625	552	81	72	116	43	31	10	19	517	19	20	27	15	20	27	48	8
	지식·인력개발형태		518	255	18	17	19	23	7	5	2	113	11	6	7	6	5	11	9	4
	시·도평생교육진흥원		17	1	1	1	1	1	1	1	1	1	1	1	1	1	1	1	1	1
	평생학습관		499	81	31	14	25	17	14	6	1	83	35	24	34	24	30	33	39	8

			전 체		1,070	323	76	45	27	37	48	9	7	161	44	40	50	48	23	65	56	11
준형식	초·중등 교육형태	소 계			197	33	17	7	10	7	8	3	1	30	13	10	8	10	10	13	15	2
		고등공민학교			3	-	-	-	-	-	-	-	-	1	-	-	-	1	-	-	1	-
		고등기술학교			6	2	1	-	-	1	-	-	-	-	-	-	1	-	-	-	1	-
		각종학교(초·중·고)			81	16	4	4	5	3	3	1	1	13	2	6	3	1	4	7	8	-
		방송통신중학교			24	1	1	1	1	1	1	1	-	4	3	1	2	1	2	1	2	1
		방송통신고등학교			42	5	2	1	2	2	2	1	-	5	7	2	2	2	2	4	2	1
		학교형태 학력인정 평생교육 시설	초		2	1	-	-	-	-	-	-	-	1	-	-	-	-	-	-	-	-
			중		4	-	3	-	-	-	-	-	-	1	-	-	-	-	-	-	-	-
			고		19	3	6	-	1	-	-	-	-	5	-	1	-	1	-	1	1	-
			통합		16	5	-	1	1	-	2	-	-	-	1	-	-	4	2	-	-	-
			소계		41	9	9	1	2	-	2	-	-	7	1	1	-	5	2	1	1	-
	고등 교육형태	소 계			873	290	59	38	17	30	40	6	6	131	31	30	42	38	13	52	41	9
		방송통신대학			1	1	-	-	-	-	-	-	-	-	-	-	-	-	-	-	-	-
		산업대학			2	-	-	-	-	-	-	-	-	-	-	-	1	1	-	-	-	-
		기술대학			1	1	-	-	-	-	-	-	-	-	-	-	-	-	-	-	-	-
		각종학교			2	1	-	-	-	-	-	-	-	-	-	1	-	-	-	-	-	-
		원격대학			2	-	-	-	-	-	-	-	-	1	-	-	-	-	-	1	-	-
		사내대학			8	2	-	-	-	-	1	1	-	1	-	-	-	-	-	1	2	-
		사이버대학			20	11	2	1	-	-	1	-	-	1	-	-	1	1	-	2	-	-
		전공대학			3	3	-	-	-	-	-	-	-	-	-	-	-	-	-	-	-	-
		기능대학			9	1	-	1	1	1	1	-	-	1	1	-	1	-	-	-	1	-
		특수대학원			825	270	57	36	16	29	37	5	6	127	30	29	39	36	13	48	38	9

출처 : 교육부 · 한국교육개발원(2024).

1) 평생교육경영의 개념

평생교육경영은 평생교육기관에 대한 경영이라고 볼 수 있다. 흔히 '경영'이라는 말은 넓은 의미의 '행정'이라는 말과 같은 뜻으로 '조직목표 달성을 위한 모든 활동을 조정하고 돕는 일'을 말한다. 이때 행정이라는 말은 주로 국가나 공공기관의 경우에 사용되고, 경영이라는 말은 일반 사회나 사기업의 경우에 흔히 쓰여 왔다. 그러나 최근에는 공공기관에서도 행정이라는 말보다는 경영이라는 말을 사용하는 경우가 많으며, 심지어는 교육행정이라는 말을 교육경영이라고 부르는 경향을 나타내고 있다. 이는 행정이라는 말이 주는 이미지가 '비교적 주어진 틀 내에서 일정한 목표달성을 위한 활동'이라는 의미로 사용되고 있기 때문에 그 의미를 확대하기 위함이고, 경영은 행정보다 자율성을 강조하고 의사결정 과정까지도 포함하는 넓은 의미를 지니고 있기 때문이다(권두승 · 최운실, 2014).

이를 바탕으로 평생교육경영에 대한 정의를 구체적으로 살펴보면 다음과 같다. 평생교육경영은 평생교육기관의 고유한 사명과 기능을 보다 생산적이고 가능한 방향으로 운영하는 것을 말한다. 평생교육경영이란 사회의 모든 구성원이 생애의 어느 단계, 혹은 어떤 상황에서나 자신이 추구하는 학습을 지원 · 촉진할 수 있도록 교육활동을 체계적으로 운영함으로써 궁극적으로 개인 및 공동체의 삶의 질을 향상시키는 데 기여하고자 하는 조직화된 노력이라고 할 수 있다(이향란, 2015). 또한 평생교육조직이 교육목표를 설정하고 평생교육 환경으로부터 평생교육 활동에 필요한 자원을 확보하고 여건을 조성하여 기관이 추구하는 교육목표를 효과적이고 효율적으로 달성할 수 있도록 운용하는 일련의 과정을 의미하고, 평생교육조직을 이끌어 가는 기관장은 평생교육기관이 추구할 고유의 교육목표를 설정하고 주위 환경을 충분히 파악하여 효과적이고 효율적인 교육활동을 펼치기 위해 일련의 활동을 펼쳐야 한다(최은수 · 배석영, 2011).

따라서 평생교육경영이란 '경영자가 평생교육기관 조직의 목적을 설정하고 그 목적을 달성하기 위하여 전략을 결정하며 그 전략을 효율적으로 집행하기 위하여 관리 운영하는 동태적 과정'이라고 정리할 수 있다(이길헌, 2015).

그리고 오늘날의 평생교육기관은 교육받는 학습자에 따라서 유아교육기관, 청소년교육기관, 성인교육기관, 노인교육기관 등으로 분류되기도 하고, 운영주체에 따라서 공공 주도형, 민간 비영리 주도형, 종교단체 주도형, 그리고 기업 주도형 평생교육조직 등으로 분화된다. 평생교육기관이 어떻게 분류되든 간에 이들 조직들은 '한정된 자원을 적절히 활용하여 조직의 목표를 효과적으로 달성'하는 데 중점을 둔다. 이것이 평생교육경영의 핵심이다(Brynson, 1995; 권두승 · 최운실, 2014).

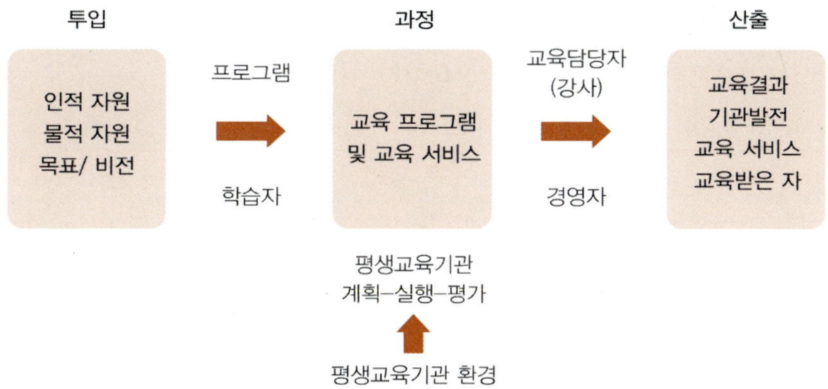

| 그림 2-1 | 평생교육경영의 주요 내용

출처 : 권두승 · 최운실(2014) 재구성.

지금까지 평생교육기관의 운영은 비영리적 차원에서 이루어짐에 따라 체계적인 경영이 이루어지지 않았거나, 국가적인 차원에서 운영됨에 따라 경영보다는 행정의 차원에서 이루어진 것이 일반적이었다. 그러나 평생교육기관도 일반 기업이나 행정 조직과 마찬가지로 자립의 필요성이 부각됨에 따라 전문적인 경영의 중요성이 커지게 되었다. 따라서 평생교육기관에서 경영에 대한 개념이 하나의 중요한 영역으로 자리 잡게 되었다.

2) 평생교육경영의 필요성

평생교육에 대한 관심이 높아지면서 평생교육기관이 질적 · 양적으로 확장되고 치열한 경쟁을 하게 됨에 따라 평생교육기관에 투입되는 경영자원, 즉 물적 · 재무적 · 인적 · 정보적 · 기술적 자원을 적재적소에 배분하여 체계적이고 효과적 · 효율적 관리방안과 그리고 평생교육기관을 둘러싼 환경변화에 대처하여 기관의 성과 극대화를 이룩하기 위한 경영의 필요성이 중요하게 대두되고 있다. 이에 따라 평생교육기관에 경영의 기법을 도입해야 할 필요성을 살펴보면 다음과 같다(이길헌, 2015; 최은수 · 배석영, 2011; 안병환 외, 2011).

첫째, 평생교육기관의 규모 확장이다. 소규모로 운영되던 평생교육기관들이 수요의 급증에 따라 규모를 확장하게 되었다. 즉, 기관 내의 부서가 늘어나게 되고, 관리해야 할 영역이 넓어지며, 종사하는 구성원들의 수가 증가하게 됨에 따라 보다 체계적인 경영관리가 필요하게 되었다.

둘째, 평생교육기관 간의 경쟁의 가속화이다. 평생교육에 대한 수요가 급증하게 됨에 따라 규모의 확장은 물론이고, 많은 평생교육기관들이 늘어나게 되었다. 따라서 치열한 경쟁이 벌어지게 되어, 그 가운데 존립하기 위해서는 수익성을 추구하는 경영기법이 필요하게 되었다.

셋째, 책무성에 대한 사회적 요구이다. 기관운영의 성과 평가를 통해 행정적 · 재정적 지원을 차별화하는 경향이 갈수록 커지고 있다. 이에 따라 평생교육기관은 책무성 강화를 위해 경영의 중요성을 느끼고 있다.

넷째, 민간 평생교육기관에 대한 정부 재정지원의 한계이다. 평생교육에 대한 욕구와 요구가 점차 증가하고 있지만 평생교육의 상당한 부분을 차지하는 민간 평생교육기관은 정부 지원의 한계성 때문에 재정적 자립을 위한 경영기법이 요구되고 있다.

다섯째, 학습자들의 다양한 학습요구이다. 평생교육에 대한 관심이 높아지고, 수요층이 넓어지게 되면서 수요자들의 요구가 다양화되었다. 따라서 이러한 요구를 반영하기 위해서는 체계적이고, 합리적이며, 효과적인 관리의 필요성을 인식하게 되었다.

여섯째, 유지를 위한 관리보다는 발전을 위한 경영의 필요성이다. 단순히 공공성을 추구한다는 이유로 단순한 유지의 개념을 갖기보다는 기관이 발전되고, 지역주민에게 보다 폭넓은 교육의 혜택을 주기 위해 발전적인 경영이 필요하게 되었다.

일곱째, 학습자의 다원주의다. 학습자는 본인의 개성과 다양성을 추구하게 되었고, 평생교육기관에서는 학습자의 다양성에 대한 욕구를 충족시켜 줄 수 있는 교육 프로그램 등의 개발을 요구받고 있다. 이에 따라 학습자의 다양한 욕구를 충족시켜 주기 위해 필요성이 대두되고 있다.

여덟째, 정보통신 기술의 발달이다. 정보통신 기술의 발달로 기존의 오프라인 교육뿐 아니라 온라인 교육시장이 증대되었다. 이처럼 급속한 경영환경 변화에 대처하고 경쟁우위 확보를 위해 필요성을 인식하게 되었다.

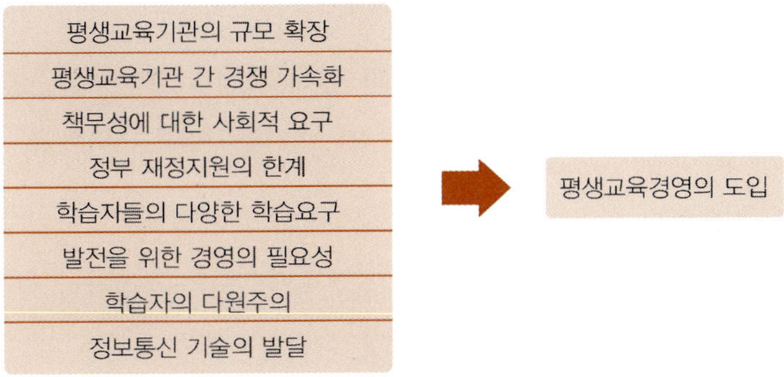

| 그림 2-2 | 평생교육경영의 필요성

제2절 평생교육경영의 구성요소

평생교육경영은 평생교육시설이나 단체의 교육목표를 설정하고, 평생교육 환경으로부터 평생교육 활동에 필요한 자원을 확보하고 여건을 조성하며, 교육목표를 효율적이고도 효과적으로 달성할 수 있도록 평생교육 활동에 영향을 미치는 과정이다. 또한 평생교육경영은 평생교육시설이나 단체가 보다 질 높은 교육활동을 할 수 있도록 도와주는 모든 활동으로, 우수한 인적 자원을 배치하고, 좋은 프로그램을 개발하며, 그 운영에 필요한 훌륭한 교강사들을 초빙하고, 조직 구성원들로 하여금 자신의 능력을 끊임없이 개발하게 하며, 아울러 자신이 가진 교육 전문가로서의 능력을 최대한 발휘하여 교육활동을 위해 헌신적으로 일하도록 도와주는 여러 과업을 수행한다. 이처럼 평생교육기관은 사회를 유지 · 발전시키기 위해 사회와 개인의 구체적인 욕구를 충족시켜야 한다(권두승 · 최운실, 2014).

피터 드러커(Peter Drucker)는 '미래의 사회는 조직들의 사회이며, 공동체, 즉 지역사회와 가족은 존속 그 자체가 목적이지만 각종 조직은 보다 넓은 의미의 사회를 구성하는 요소로서 사회적 필요에 따라 존재의 의미를 부여받는다'고 했다. 따라서 평생교육경영은 지역사회의 교육 발전을 위해 다음과 같은 과업을 수행해야 한다(이향란, 2015).

첫째, 경영은 조직의 특수한 목적과 사명을 달성한다.

둘째, 경영은 조직이 수행하는 작업과 인적 자원의 생산성을 높인다.

셋째, 조직이 사회에 미치는 영향과 책임을 파악하고 관리한다.

이러한 관점에서 평생교육경영의 구성요소는 경영대상으로서의 조직, 경영내용으로서의 전략, 관리, 운영, 그리고 경영주체로서의 경영자를 제시할 수 있다(이향란, 2015; 권두승 · 최운실, 2014; 조동성, 2007).

1) 경영대상으로서의 평생교육조직

조직이란 '특정한 공통목적을 달성하기 위한 협동적인 분업체제'를 말한다. 더욱 구체적으로 표현하면 '특수한 목적과 사명을 달성하는 것'이라고 표현할 수 있다. 평생교육조직의 조직을 이끄는 경영자와 그 조직은 조직의 내 · 외부로부터 그 조직의 목적이 얼마나 달성되었는지 그리고 얼마나 효율적으로 달성되었는지에 대한 평가를 받게 된다.

2) 경영내용으로서의 전략, 관리, 운영

경영은 그것이 수행하는 작업과 인적 자원의 생산성을 제고하는 활동을 중심으로 전개되는데 대체적으로 전략(strategy), 관리(management), 운영(operation)의 세 가지를 중심으로 이루어진다. 전략은 목적 달성을 위해 외부환경으로부터 기회를 포착하는 것을 말하고, 관리는 전략을 실행하는 데 투입되는 자원을 이용하여 목표의 달성도를 최대화하는 활동을 말한다. 즉, 조직이 수행하는 작업과 인적 자원의 생산성을 제고하는 것이다. 운영은 관리적 활동을 정해진 방식과 체계에 따라 행하는 활동을 말한다.

3) 경영주체로서의 경영자

경영자는 조직이 사회에 미치는 영향과 책임을 파악하고 조직을 관리하는 사람을 뜻한다. 경영자는 조직의 전략, 관리 및 운영활동을 주관하는 사람으로서 최고경영자, 중간경영자, 하위경영자 등으로 나뉜다.

〈표 2-2〉 **평생교육경영의 구성요소 및 과업 관계**

구 분	구성요소	과 업
경영대상	조직	조직의 특수와 목적과 사명 달성
경영내용	전략, 관리, 운영	조직이 수행하는 작업과 인적 자원의 생산성 제고
경영주체	경영자	조직이 사회에 미치는 영향과 책임 파악 및 관리

출처 : 이향란(2015); 권두승 · 최운실(2014); 조동성(2007).

한편 평생교육경영의 구성요소를 과정별로도 구분할 수 있다(이향란, 2015). 과정별로 구분한 구성요소는 프로그래밍, 인사관리, 마케팅, 재무관리 등으로 구성되며 ▌그림 2-3▐ 으로 개념화할 수 있다. 즉, 평생교육기관 경영은 계획(planning), 조직(organizing), 인사관리(staffing), 관리감독(directing), 통제 및 회계(controlling) 등으로 구성될 수 있다.

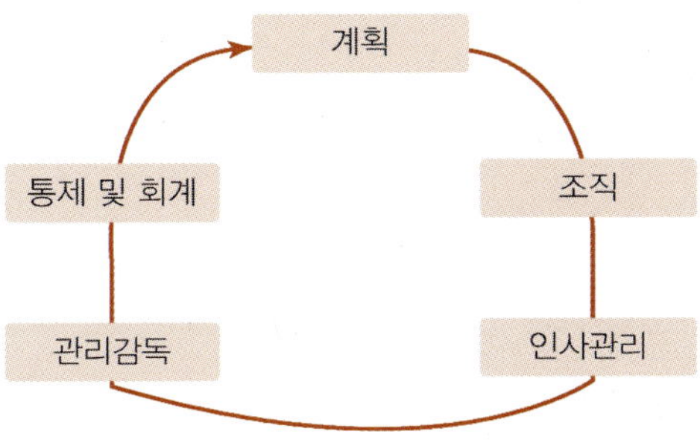

▌그림 2-3▐ **평생교육경영 과정별 구성요소**

제3절 평생교육경영의 원리

평생교육시설은 평생교육적 사업을 전문적으로 운영하고 있는 공식조직이다. 따라서 평생교육경영의 원리는 곧 평생교육을 전담하고 있는 공식조직으로서의 평생교육시설을 어떻게 경영하느냐에 대한 논리를 말하는 것이다. 즉, 평생교육시설의 운영에서 고려되어야 할 사고체계 및 일련의 준거(準據)를 뜻한다. 그리고 일련의 확정적인 내용으로 구성되어 있는 것이 아니라 평생교육기관 경영에서 고려해야 할 핵심적인 관점, 과정 및 과업이 무엇인지를 이해하려는 맥락에서 확인될 수 있다. 따라서 이 절에서는 평생교육경영의 원리를 경영 과정론의 원리(김용현 외, 2015), 법제 면에서 본 원리, 운영 면에서 본 원리(이향란, 2015; 이길헌, 2015; 권두승 · 최운실, 2014; 안병환 외, 2011)로 나누어서 살펴보기로 한다.

1) 경영 과정론의 원리

평생교육시설의 특성에 맞는 경영의 원리는 다양한 관점에서 논의될 수 있으나 기본적으로는 '경영 과정론'의 관점에서 접근하는 것이다. 경영 과정론은 경영을 '사업 운영의 전체적 과정'이라는 관점에서 파악하고 경영행위가 어떠한 활동 및 과정으로 이루어져 있는가를 규명하고자 하는 것이다. 다시 말하면, 어떤 사업의 경영에서 요구되는 주요한 활동의 단계는 무엇이고, 각 활동단계에서 이루어지는 기능과 업무가 무엇인가를 밝히는 것이다.

경영 과정론의 관점은 페이욜(H. Fayol)에 의해서 도입되었다. 그는 '경영의 과정을 구성하는 보편적인 요소'를 강조하고 경영을 '계획, 조직, 명령, 조정, 통제'의 연속적이고 순환적인 과정으로 정의하였다. 귤릭(L. Gulick)은 페이욜이 주장한 관점을 더욱 발전시켰는데 최고경영자의 직무를 분석하여 경영에서 '계획, 조직, 인사배치, 지시, 조정, 보고, 예산편성'의 과정과 과업이 이루어지고 있음을 제시하였다.

즉, 경영 과정론의 요체는 경영이 일련의 직무 · 과업이 단계적으로 이루어지는 과정이라는 것이다. 그리고 이는 사업의 특성 및 사업 주체의 여건에 따라 각 요소에 대한 강조점의 차이가 있을 수 있지만, 어떤 사업을 경영함에 있어서도 보편적으로 요구되는 본질적 요소라는 것이다.

그리고 이러한 경영 과정론의 관점을 교육경영, 특히 평생교육경영에 보다 밀착시켜 활용한 학자는 코트니(B. Courtenay)이다. 그는 경영과정에 관한 연구를 종합적으로 검토한 후 평생교육기관에 적용할 수 있는 기능 · 과업을 도출하여 아홉 가지로 제시하였다(김신일 · 김재웅, 2002).

첫째, 기관의 철학과 임무의 개발과 공유이다. 이는 해당 기관의 철학과 임무를 분명히 하는 것을 말한다.

둘째, 기관의 목적과 목표의 설정이다. 이는 기관의 목적을 설정하고 그 목적을 달성하기 위한 목표를 구체화하는 것을 말한다.

셋째, 기획이다. 기존에 설정된 기관의 목적과 목표를 달성하기 위한 구체적인 방법과 절차를 마련하는 것을 뜻한다.

넷째, 조직화 및 구조화이다. 기관의 목적을 달성하기 위한 과업들을 분석하여 체계화하고, 각 과업별로 담당자를 정하는 일을 말한다.

다섯째, 지도이다. 각 조직 구성원으로 하여금 자발적으로 자신의 능력을 발휘하여 자신이 책임지고 있는 일에 헌신하도록 할 것인가의 문제를 해결하는 것을 말한다.

여섯째, 인사배치이다. 모든 과업을 정확하게 구분하고 각 과업별로 갖추어야 할 자격과 능력기준을 상세화하고 그에 따라 인력을 활용하는 것을 말한다.

일곱째, 예산편성이다. 기관의 과업수행에 필요한 인적 및 물적 자원을 조달하는 데 필요한 재정을 의미한다.

여덟째, 마케팅과 홍보이다. 기관이 공급하고자 하는 평생교육 프로그램에 대하여 잠재적 수요자에게 알리는 것을 의미한다.

아홉째, 평가이다. 기관이 공급한 평생교육 프로그램의 효과가 충분히 달성되었는가를 검토하고 그 결과를 프로그램 개선에 반영하는 것을 의미한다.

코트니가 제시한 평생교육경영 원리는 평생교육시설의 경영에 수반되는 과업들을 단계적으로 제시함으로써 평생교육시설의 운영에서 중점을 두어야 할 기능과 직무가 무엇인지를 알 수 있게 해준다. 평생교육시설은 어떠한 교육적 역할을 담당함으로써 평생교육의 발전에 기여할 수 있을 것인가에 기초하여 조직의 목적과 목표를 분명하게 설정해야 하며, 평생교육적 사명과 역할을 효과적으로 발휘할 수 있는 프로그램을 개발 · 보급할 수 있어야 한다.

2) 법제 면에서 본 원리

(1) 법치경영의 원리

법치경영이란 평생교육시설을 경영하면서 교육 관련 법규 내에서 모든 법규를 근거로 운영되어야 함을 말한다. 즉, 헌법, 교육기본법, 평생교육법, 평생교육법 시행령, 평생교육법 시행규칙 등을 근거로 하여 경영해야 한다는 것을 의미한다. 따라서 평생교육시설 경영자 및 종사자들은 이와 관련된 법에서 규정하고 있는 것이 무엇인지를 이해하고, 법이 규정하는 범위 내에서 평생교육시설을 경영해야 한다.

(2) 기회균등의 원리

기회균등의 원리는 모든 사람에게 학습기회가 균등하게 보장되어야 한다는 것이며, 어떠한 이유에서라도 차별되어서는 안 된다는 것을 의미한다. 특히 평생교육법 제4조에는 '모든 국민은 평생교육의 기화를 균등하게 보장받는다'라고 규정되어 있고, 교육기본법 제3조에는 '모든 국민은 평생에 걸쳐 학습하고 능력과 적성에 따라 교육받을 권리를 가진다'라고 규정되어 있다. 즉, 개인적인 능력 이외에 교육과 관련된 비본질적인 이유로 교육을 받을 권리가 차별받아서는 안 된다는 것이다.

(3) 학습권 보장의 원리

교육기본법 제3조에는 '모든 국민은 평생에 걸쳐 학습하고, 능력과 적성에 따라 교육받을 권리를 가진다'라고 규정함으로써 국민의 학습권 보장을 명문화하고 있다. 학습권은 교육받는 것을 국가 및 타인으로부터 방해받지 말아야 할 뿐만 아니라(자유권적 기본권), 자신이 원하는 교육을 받을 수 있도록 국가가 적극적으로 배려하여 주도록 요구하는 권리(사회권적 기본권)를 포함하는 것으로 이러한 학습권을 새롭게 도입한 것은 국민이 자유롭게 학습하고 교육받을 권리를 규정하였다는 데 그 의의가 있다.

(4) 자주성 존중의 원리

평생교육법 제4조에서는 '평생교육은 학습자의 자유로운 참여와 자발적인 학습을 기초로 이루어져야 한다', '평생교육은 정치적 · 개인적 편견의 선전을 위한 방편으로 이용되어서는 아니 된다'라고 명시되어 있다. 또한 헌법 제31조와 교육기본법 제5조, 제6조에서는 교육의 자주성과 중립성을 강조하고 있다. 즉, 평생교육경영에 있어 자주성과 정치적 중립성을 지키는 것은 매우 중요하다고 설명될 수 있다.

(5) 적도집권의 원리

적도집권의 원리란 집권과 분권 사이에 적절한 권한의 균형을 유지하고자 하는 원리이다. 평생교육경영에서도 경영자와 학습자 사이에 경영자는 민주적이고 합리적인 경영을 하고 학습자는 경영방침에 근거하여 창의적이고 효율적인 역할을 수행함으로써 권한의 균형을 적절히 유지할 수 있게 된다.

3) 운영 면에서 본 원리

(1) 능률성의 원리

능률성의 원리란 경제적 원리로서 최소의 인적·물적 자원과 시간을 투입하여 최대의 산출을 얻으려는 원리이며, 효과성은 이미 설정된 목표의 달성 정도를 의미한다. 평생교육경영의 평가는 단기간에 실행하기보다 장기적으로 이루어져야 하고, 기관경영 또한 학교경영과 달리 능률성의 원리도 강조되어야 한다.

(2) 타당성의 원리

평생교육행정의 활동이 목표달성에 타당한 보조적 활동이 되어야 함은 물론, 평생교육시설 목적에 부합되는 경영활동이 되어야 한다는 의미에서 합목적성의 원리라고도 한다. 타당성의 원리는 명확하고 구체적인 목적을 제시하거나 또는 설정된 목적을 달성할 수 있는 수단으로서 타당하며, 목적달성에 공헌할 수 있어야 한다는 것이다. 즉, 평생교육경영에서 타당성의 원리는 목표를 효율적으로 달성하기 위해 필요한 조건을 정비해 주는 활동이자 수단이라고 할 수 있다.

(3) 민주성의 원리

민주성의 원리는 평생교육시설의 목표설정과 경영계획의 수립, 경영전략의 개발, 경영활동의 실천 및 평가 등 기관경영의 제반 과정과 영역에 구성원과 학습자, 그리고 이해관계자의 광범위한 참여를 통하여 공정한 의사를 반영하게 하며, 특히 실천과정에 있어서 권한의 이양을 통하여 독단과 전횡을 막는 것을 의미한다. 즉, 평생학습의 기회균등과 평생교육의 자주성을 법적으로 보장하고 있다. 평생교육기관 경영의 책임은 궁극적으로 그 기관의 최고 책임자에게 있지만, 각종 위원회 등 여러 사람의 아이디어와 지혜를 모아 계획하고 실천하고 평가해야 한다.

(4) 안정성의 원리

안정성의 원리는 지나친 수정을 피하고 정책의 일관성과 안정성에 기여할 수 있어야 한다는 것이다. 또한 이 원리는 적응성의 원리와 상충되는 개념으로 평생교육 활동을 일관적이고 지속적으로 유지하여 균형 있는 안정성을 확보하려는 것이다. 즉, 효율성과 유효성이 동시에 만족되는 상태를 뜻하며, 전통성과 혁신성을 함께 조화시킨다는 측면에서 중요시되는 원리이다.

(5) 균형성의 원리

균형성의 원리란 능률성과 민주성, 안정성과 적응성 간에 균형을 이루는 조화된 원리이다. 평생교육경영에서 정책 수립과 집행과정에서 경중을 분별하여 우선순위를 정하여 노력과 경비의 공정한 분배가 이루어져야 한다.

(6) 지역성의 원리

지역성의 원리는 평생교육기관이 위치하고 있는 지역사회의 특성에 맞추어서 기관을 경영하는 것을 의미한다. 평생교육기관이 지역사회와 밀접한 관계를 유지함으로써 학습자 유치는 물론, 지역사회와의 상생을 도모할 수 있게 된다. 또한 지역성의 원리는 평생교육기관의 특성화 및 네트워크와도 밀접하게 관련되는 것으로 지역사회와의 유대 강화, 교육자원의 획득, 지역의 지속적인 발전 및 사회통합 등을 기하는 데 제반 역할을 담당해야 한다는 것을 의미한다.

(7) 적응성의 원리

적응성의 원리란 사회변화에 따라 신축성 있게 대처해 나감으로써 조화적 관계와 능률적 성과를 계속 확보할 수 있어야 한다는 원리이다. 평생교육경영에서 획일적인 통제보다 변화하는 환경에 적응할 수 있는 합리적인 방안이 마련되어야 한다.

생각해 보기

1. 평생교육경영의 개념과 필요성에 대하여 토론해 봅시다.

2. 평생교육경영의 구성요소에 대해서 설명해 봅시다.

3. 평생교육경영의 원리에 대해서 설명해 봅시다.

CHAPTER

03

평생교육경영 관계 법규

제1절 평생교육법 제정의 배경 및 취지

제2절 평생교육법 추진체계

제3절 평생교육법의 주요 내용

CHAPTER

03 평생교육경영 관계 법규

제1절 평생교육법 제정의 배경 및 취지

1) 평생교육법 제정의 배경 및 흐름

현행 평생교육법안은 과거 사회교육법안에 기초하고 있다. 사회교육법안은 1948년 정부 수립 이후 공포된 1949년 5월 30일 제안된 사회교육법안이 최초의 법안이다. 그러나 최초로 제안된 법안은 몇 개 조항을 제외하고는 현재까지 그 내용이 전해지지 않고 있다. 1952년 전쟁 중에 사회교육법안이 재차 마련된 후 30여 년의 세월을 거쳐 1981년 국회입법발의 형태로 법률안이 제출되어 1982년 12월 31일 법률 제3648호로 사회교육법이 제정 · 공포되었다. 1982년 사회교육법 제정 배경 중 하나는 제5공화국 헌법 제29조 제5항에 '평생교육진흥' 조항이 신설되었다는 것이다. 문교부는 1980년 7월 헌법 개정에 평생교육의 이념을 반영하여야 할 필요성을 제시하였다. 우리나라에서 이 조항을 규정한 것은 교육의 위기 진단적 처방으로 국가의 최상위 규범인 헌법에 규정함으로써 교육정상화와 교육개혁에 대한 확고한 국가적 의지를 표명한 것이다. 이처럼 헌법에 평생교육 조항이 신설됨으로써 단지 조문만 있는 것에 그치지 않기 위하여 학교교육의 제도적 개혁과 학교 외 교육과 사회교육에 대한 제도와 정책을 뒷받침하기 위해 1980년대 초반부터 사회교육 관련 법규의 정비가 추진되었으며 그 가운데 대표적인 것이 '사회교육법(1982)'의 제정이다(권두승 외, 2004).

사회교육법의 제정은 사회교육 진흥의 필요성을 국가적 차원에서 인정하고, 사회교육 실시 과정의 체계화 기반을 제공하였으며, 사회교육 전문요원의 배치로 사회교육의 전문성을 강화하였으며, 사회교육의 중복투자를 예방하고, 사회교육 결과에 대한 인정체제를 구축하여 사회교육의 참여를 활성화시켰다는 데 의의를 찾을 수 있다.

하지만 사회교육법은 시대가 흐르면서 두 가지 문제점이 나타났는데, 첫째, 법체계상의 문제점으로 사회교육법이 사회교육과 관련된 타 법안과 동등한 지위의 법률에 머물러 사회교육을 조정하는 상위법의 위상을 갖지 못하고 있다는 문제점이다. 둘째, 사회교육의 내용상의 문제로 사회교육법 적용범위의 불명확, 사회교육 단체에 대한 지원 조항 결여, 사회교육 지도자의 양성 배치, 사업장에서의 사회교육 활동에 대한 규정 미비, 국가와 지방자치단체의 사회교육 관련 기관 설치·운영 조항의 미비 등이 그것이다(김승한, 1983; 이종만, 1995).

이와 같은 사회교육법의 다양한 문제점을 극복하고 변화하는 시대 사회의 사회교육의 요구를 충족시킬 필요성이 높아짐에 따라 1999년 8월에 '평생교육법'이 새롭게 공포·시행되었다. 평생교육법의 개정은 문민정부 출범 이후 설치된 '교육개혁위원회'의 교육개혁안을 구체화하는 과정에서 이루어졌다. 제1기 교육개혁위원회의 제1차 교육개혁안(교육개혁위원회, 1994)에서는 11개 교육개혁과제 중의 하나로 교육법과 교육 관계 법령 정비를 제시하였고, 제2차 교육개혁안(교육개혁위원회, 1995)에서는 하반기 추진과제 가운데 교육법 정비에 관하여 언급하였으며, 제3차 교육개혁안(교육개혁위원회, 1996)에서는 교육 관계 법령체제 개편에 대한 구체안이 처음으로 제시되었다. 제3차 교육개혁안에 제시된 사회교육법 제정방안에서는 기존 사회교육법의 문제점을 사회교육기관의 통합적 관리체제의 미비, 사회교육기관의 이수에 대한 평가·인정제도의 미비, 사회교육 전문요원의 양성과 배치에 관한 규정의 미흡을 지적하였다. 이를 토대로 사회교육법의 개혁방안으로 사회교육 관련 법령을 단일 법령체제로 개편, 사회교육법을 열린 교육체제를 지원하기 위한 법령으로 개편, 사회교육기관의 체계적 평가인정과 학점은행제의 시행, 사회교육 운영체제 개선을 위한 사회교육기관에 전문요원 배치의무 강화 등을 골자로 하고 있다(권두승 외, 2004). 제4차 교육개혁안(교육개혁위원회, 1997)에서는 사회교육법의 명칭을 '평생학습법'으로 개정할 것을 제안하였으며, 1997년 6월에 총 7장 41조로 구성된 평생학습법 시안을 발표하였다.

이후 교육개혁위원회의 다양한 노력으로 인해 1999년 8월 31일에 '평생교육법'이 공포 · 시행되었다(양흥권, 2010).

그러나 새로운 교육문명으로 평생학습시대가 도래함에 따라 기존의 평생교육법 체제를 통해서는 총체적인 교육복지국가(edutopia)를 구축하는 데 한계가 있다는 인식하에 2007년 12월 새롭게 '평생교육법'이 전면 개정되었다. 새로 마련된 평생교육법은 '교육기본법' 아래 '초 · 중등교육법', '고등교육법', '평생교육법'으로 연결되는 체제를 유지하고 있으며, '열린교육사회 · 평생학습사회'의 구현을 기본 방향으로 하고 있다(권두승 · 최운실, 2014).

현재 '평생교육법'은 2007년 개정된 것을 기초로 시행되고 있지만, 2008년 2월 '정부조직법'을 시작으로 2016년 5월까지 일부개정을 통해 지속적으로 발전시키고 있다.

〈표 3-1〉 **평생교육법의 변천 과정**

구 분	1980년대~1999년	2000~2007년	2008~2012년	2013~2017년	2018~2023년
평생교육법	• 1980년 평생교육 진흥 의무 명문화 • 1999년 「사회교육법」에서 「평생교육법」으로 전부개정		• 2009년 「평생교육법」 일부개정	• 2012~2017년 「평생교육법」 일부개정	• 2018~2023년 「평생교육법」 일부개정
교육부 행정조직		• 교육인적자원부 개편 • 2004년 평생교육정책과로 명칭 변경	• 2008년 교육과학기술부 개편 • 2008년 평생교육국으로 명칭 변경	• 국가평생교육진흥원으로 명칭 변경	• 2018년 국가평생교육진흥원 설립
전담기구 설치	• 1990년 중앙교육평가원 위원장직 • 1998년 중앙교육연수원 평생교육연구센터 운영	• 2006년 성인문해교육 지원사업 시작	• 2009년 평생학습계좌제 기반 마련 • 2010~2012년 시도 평생교육진흥원 설립	• 시 · 군 · 구 평생학습센터 설치 확대 • 대학 등 기관별 평생학습센터 설치 확대	• 대학 평생교육체제 지원사업, 학점은행제 확대

진흥계획 수립		• 제1차 평생교육 진흥기본계획 (2002~2006)	• 제2차 계획 (2008~2012)	• 제3차 계획 (2013~2017)	• 제4차 (2018~2022) • 제5차 (2023~2027)
주요 특징	• 평생교육 진흥은 국가 책무 • 다양한 주체 참여 • 시범사업 중심 • 인간 중심 교육 • 취약계층 확대	• 성인 문해교육 및 평생학습 자격제도 기반 마련	• 인재지원과 지역 균형 발전 • 지역별 특성화 기반 마련	• 대학 중심 평생학습 체계 실현 • 신직업교육 중심 확산	• 혁신 및 포용적 평생학습 추진 • 신직업 · 유망직종 교육 강화
주요 사업	• 1990년 특별학급 운영 시작 • 1998년 문해교육 시범 실시	• 성인 학습자 자격제도 시행 • 방송통신중학교 설립 확대	• 학습계좌제 도입 • 시도별 진흥원 설립	• 대학 중심 평생교육 확대 • 신직업 중심 평생교육 강화	• '대학 평생교육체제' 지원 • 평생교육 실태조사 시행

2) 평생교육법 제정의 취지

평생교육법 제정의 기본 목표는 '급변하는 세계화 · 정보화 사회에서 누구나, 언제, 어디서나, 원하는 교육을 받을 수 있는 열린교육사회 · 평생학습사회를 구축하고 교육복지국가(edutopia)를 건설함으로써 국민의 삶의 질 향상과 사회발전에 기여'하는 것에 있다. 이러한 기본 목표를 달성하기 위한 평생교육법 제정의 취지는 다음과 같다(조재준, 2012; 배장오, 2009).

첫째, 현행 헌법의 평생교육진흥 조항을 근본이념으로 하여 교육 3법(교육기본법, 초 · 중등교육법, 고등교육법)의 기본 체계를 구축하는 데 있다. 교육개혁 방안으로 현행 교육법과 사회교육법 체제를 교육기본법 아래 초 · 중등교육법, 고등교육법, 평생교육법으로 체제를 개편한다.

둘째, 종전의 교수자 중심의 사회교육보다는 넓은 개념으로 학습자 중심의 평생학습으로 범위를 확대한다. 누구나, 언제, 어디서나 배울 수 있는 '열린교육사회 · 평생학습사회'를 건설하여 국민의 삶의 질 향상과 사회발전에 기여하는 데 있다.

셋째, 국민의 학습권과 학습자의 선택권을 최대한 보장하여 평생학습 분위기를 조성한다. 평생교육기관의 상호 유기적인 수평적 통합과 정보통신매체를 통한 원격교육 확대, 평생교육정보센터 및 평생학습관 운영 등 다양한 평생교육제도 마련과 폭넓은 교육과정 운영으로 학습자 중심의 학습기회 확대와 평생학습 분위기를 조성하는 데 있다.

넷째, 평생교육과정 이수자의 사회적 대우 확대와 평생학습 의욕을 고취시키는 데 있다. 종래 초·중등 학력인정 중심이었던 학력인정 평생교육기관을 전문대학 학력인정 수준으로 확대함과 동시에 초·중등 학력인정 문자해득 교육프로그램의 지정과 운영을 통한 성인기초교육 대상자의 평생학습 의욕을 고취한다. 나아가 유·무급 학습휴가제, 학습계좌제 및 학습비지원 등 금전적·비금전 보상을 통해 평생학습 기회를 촉진하는 데 있다.

다섯째, 형식적 학력 위주 사회를 실질적 능력 위주 사회로 변화를 유도하는 데 있다. 성인의 경험학습 인정, 사내 검정 인정, 문하생 학력 인정, 기술자격 학점 인정 등을 통해 우리 사회를 형식적 학력 위주에서 실질적 능력 위주 사회로 변화시키기 위한 새로운 제도를 마련하는 데 있다.

여섯째, 성인교육 기회 확대와 고등교육 수준으로 국민의 능력 향상에 중점을 두고 있다. 지역사회학교, 평생교육원, 사업장 및 언론기관 부설 평생교육시설 등 다양한 평생교육기관을 통해 성인교육 기회를 확대하고, 학점은행제, 사내대학 양성화, 원격대학 등 다양한 학력인정제도를 통해 고등교육 수준으로 국민의 능력을 향상시키는 데 중점을 두고 있다.

일곱째, 국가 및 지방자치단체의 평생교육 정책지원을 강화하는 데 있다. 국가 및 지방자치단체는 평생교육기관의 학습자 지원, 평생교육기관 상호 간의 네트워크 구축, 중앙평생교육센터와 지역평생교육정보센터의 설치와 운영을 통한 지역주민들을 위한 평생교육 관련 사업조정 및 협력증진을 도모해야 한다. 또한 한국교육개발원의 평생교육센터·학점은행센터, 한국방송통신대학교의 독학학위 검정원 등 3개의 독립된 기관에서 분산·운영 중이던 여러 기관을 '평생교육진흥원'으로 통합함으로써 평생교육의 활성화를 위한 책무성과 효율성을 강화할 수 있는 제도를 마련하기 위함이다.

여덟째, 지식·인력개발사업과 교육훈련 산업을 육성하는 데 있다. 민간자본을 통해 교육훈련, 연구용역, 프로그램 개발, 평생교육기관의 경영진단 및 평가, 교육서비스 사업 등 지식 · 인력개발사업을 육성하는 데 있다.

제2절 평생교육법 추진체계

1) 평생교육의 기본 법규체계

평생교육에 관한 법규체계를 살펴보기 위해서는 법의 위계와 교육과 관련된 법의 구조를 개관할 필요가 있다. 일반적으로 법규는 재정권자의 상하관계에 따라 그 위계가 성립되며, 국가 수준과 지방자치단체 수준으로 구분하여 설명될 수 있다.

교육에 관한 법규는 '교육기본법'을 상위법으로 삼고, 그 아래에 '초 · 중등교육법', '고등교육법', '평생교육법' 등의 체계를 이루고 있다. 교육 및 평생교육에 관한 사항은 헌법을 토대로 모두 '교육기본법'을 비롯한 교육 관련 법령들에 의해 규정되어 있으며, 교육 및 평생교육에 관한 행정도 모두 법령에 정해져 있는 원칙과 방법에 따른다.

헌법은 국가통치체제의 기초를 정한 국가의 기본법이자 최고의 법규로서 흔히 '법의 법'이라고도 한다. 헌법에서 평생교육에 관한 내용은 제2장 제31조 제5항 '국가는 평생교육을 진흥해야 한다', 제6항 '학교교육 및 평생교육을 포함한 교육제도와 그 운영, 교육재정 및 교원의 지위에 관한 기본적인 사항은 법률로 정한다'로 각각 평생교육진흥의 의무와 평생교육행정의 법률주의 원리를 규정하고 있다(국가평생교육진흥원, 2013).

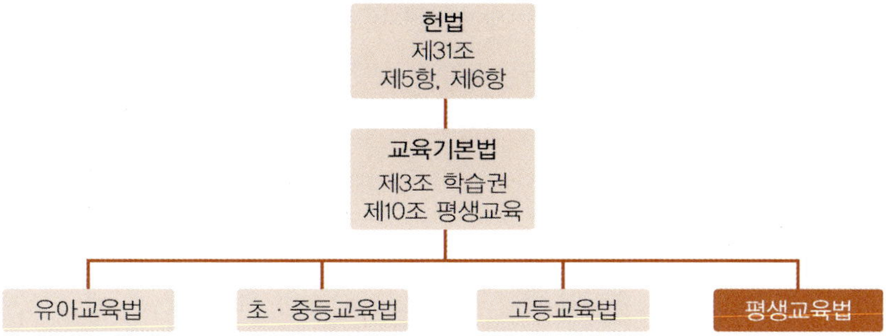

| 그림 3-1 | 평생교육 관련 법체계

또한 2007년 '평생교육법' 전면개정 이후 현행 평생교육법령 및 시행규칙 내용은 '평생교육법' 9장 46조, '평생교육법 시행령' 6장 78조, '평생교육법 시행규칙' 25조로 구성되어 있고, 구체적인 내용은 〈표 3-2〉와 같다.

〈표 3-2〉 평생교육법의 구성 체계 및 내용

구 분	평생교육법	평생교육법 시행령	평생교육법 시행규칙
기본체계	9장 46조, 부칙	6장 78조, 부칙	25조, 부칙
주요 내용 및 범위	• 총칙 • 평생교육진흥기본계획 • 평생교육진흥원 • 평생교육사 • 평생교육기관 • 문자해득교육 • 성인 진로교육 • 평생학습 결과의 관리 · 인정	• 총칙 • 평생교육진흥기본계획 • 평생교육진흥원 • 평생교육사 • 평생교육기관 • 문해교육	• 평생교육실무조정위원회 • 전문인력정보은행제 • 평생교육사 자격증 • 평생교육사 양성기관 • 평생교육시설 설치기준 • 문해교육 프로그램
평생교육 정책 방향성	• 국가 및 지방자치단체 평생교육추진체계 정비 • 평생교육추진기구 제시 • 평생교육사 자격 및 평생교육사 양성기관 정비 • 문자해득교육 및 학력인정제도 도입 • 평생학습계좌제 도입 및 시행	• 평생교육기본계획 및 시행계획 추진사항 • 평생교육진흥위원회 운영 • 평생교육진흥원 운영 • 평생교육사 및 양성기관 운영 세부 사항 • 평생교육시설 설치기준 확정 • 문자해득교육 프로그램 활성화 세부 사항	• 전문인력정보은행제 운영 활성화 • 평생교육사 및 평생교육사 양성기관 설치기준 제시 • 평생교육시설 설치기준 제시 • 문자해득교육 프로그램 • 운영기준 및 학력인정 절차 제시

출처 : 국가평생교육진흥원(2013) 재구성.

한편 평생교육은 개인적으로는 자아실현 및 고용 가능성을 제고시킬 뿐 아니라, 국가적으로도 우수 인적 자원 개발을 통한 경쟁력 확보에 중요한 의의를 가지기 때문에 선진국가들은 평생교육 추진체계를 구축하기 위해 부단한 노력을 하고 있다. 이러한 체계는 평생학습 기회 제공체계, 평생학습 지원체계, 평생학습 평가인정체계의 세 부분으로 구분할 수 있다(권두승 · 최운실, 2014).

첫째, 평생학습 기회 제공체계는 평생교육 활동의 기본적인 이념인 '언제나, 누구나, 어디서나, 학습이 가능'한 이상적인 사회를 건설하는 데 있어 핵심적인 요소다. 이를 위해서 평생학습 기회를 체계적으로 제공할 수 있는 체계가 구축되어야 한다.

둘째, 평생학습 지원체계는 학습상담 및 학습정보 제공체제와 관련된 것으로, 학습자가 학습을 용이하고 효율적으로 하기 위해 학습기회뿐만 아니라 학습내용, 시설, 지도자, 교재, 각종 자격 등에 관한 종합적인 학습정보를 체계적이고 정기적으로 제공받아야 한다. 이를 위해서 학습정보를 수집, 정비, 보관하는 평생학습 데이터베이스(DB)를 구축하고 학습정보 서비스를 제공하는 시스템이 필수적이다.

셋째, 평생학습 평가인정체계로 모든 국민의 평생학습 참여를 촉진하고 평생교육을 총체적으로 활성화하기 위해서는 학교교육과 대등한 또 하나의 교육부문으로 평생교육 부문의 평가인정 체계 구축이 필요하다. 즉, 학습 성과를 사회에서 적절하게 평가받기 위해서는 학습 결과에 대한 평가 시스템이 필요하다. 학습자원과 예산이 투입되고 그것을 가지고 학습자는 계획되었던 학습활동에 참여하고 수료를 하고 나면 그 학습효과가 사회에 환원될 것이 기대된다.

〈표 3-3〉 **평생교육 추진체계의 영역 및 역할**

체계영역	추진영역	하위영역
평생교육 제공 지원제도	평생교육 지원전담기구의 설치 · 운영	국가평생교육진흥원, 시 · 도 평생교육진흥원, 평생학습관
	평생교육기관의 설치 · 운영 지원	학교 형태, 사내대학 형태, 원격대학 형태, 사업장 부설, 시민사회단체 부설, 학교 부설, 언론기관 부설, 지식인력개발 관련 평생교육시설

	학원 형태의 평생교육 지원	각종 학원(기술 · 어학 등)
	소외계층 학습활동 지원	소외계층 프로그램 지원
	평생학습도시 건설, 동아리 활성화 등	평생학습도시 선정사업
	지역단위 평생교육 운영체제 구축	지역 평생교육 운영지원
평생교육 선택지원제도	학습 · 진로 · 고용정보 시스템 연계 구축 및 활용	학습정보 제공, 학습상담정보 제공, 진로 및 고용정보 제공
평생교육 평가인정제도	학력인정제도	초중고 학력인정 시설, 학점은행제(대학 차원), 문하생학력인정제도
	자격인정제도	국가기술자격제도, 민간자격증제도

출처 : 권두승 · 최운실(2014).

2) 평생교육 제공 지원체계

평생교육을 체계적으로 제공하기 위해 국가평생교육진흥원, 시 · 도 평생교육진흥원, 평생학습관이 설치 · 운영되고 있다. 특히 국가평생교육진흥원에 평생교육진흥위원회, 시 · 도 평생교육진흥원에 시 · 도 평생교육협의회, 시 · 군 · 구 평생학습관에 시 · 군 · 구 평생교육협의회를 두고 있다. 특히 평생교육 전담 3대 기구는 ① 평생교육에 관한 연구, ② 평생교육 종사자에 대한 연수, ③ 평생교육에 관한 정보의 수집 · 제공 기능을 수행한다(권두승 · 최운실, 2014). 자세한 내용을 살펴보면 다음과 같다.

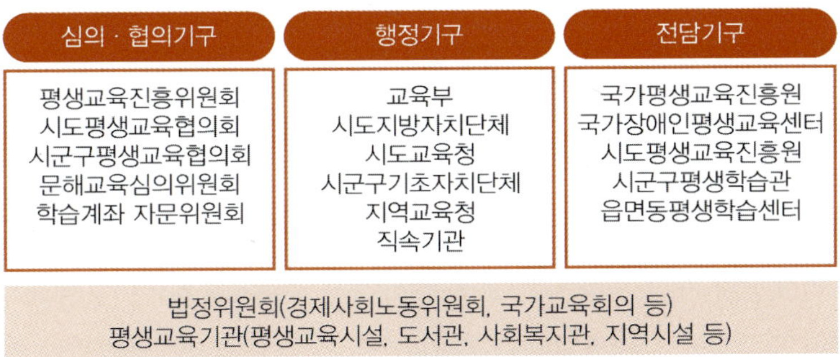

| 그림 3-2 | 평생교육 추진체계

출처 : 교육부 · 국가평생교육진흥원(2024).

(1) 국가평생교육진흥원

국가평생교육진흥원은 평생교육법 제19조에 의거하여 설립되었으며, 이 법에 따르면 국가평생교육진흥원은 다음과 같은 업무를 수행한다.

- 평생교육진흥을 위한 지원 및 조사 업무
- 진흥위원회가 심의하는 기본계획 수립의 지원
- 평생교육 프로그램 개발의 지원
- 평생교육사를 포함한 평생교육 종사자의 양성·연수
- 평생교육기관·단체 간 연계체제의 구축
- 시·도 평생교육진흥원에 대한 지원 및 협력
- 「학점인정 등에 관한 법률」 및 「독학에 의한 학위취득에 관한 법률」에 따른 학점 또는 학력인정에 관한 사항
- 학습계좌의 통합 관리·운영
- 문해교육의 관리·운영에 관한 사항
- 정보화 및 온라인 기반 관련 평생교육의 관리·운영에 관한 사항
- 이 법 또는 다른 법령에 따라 위탁받은 업무
- 그 밖에 진흥원의 목직수행을 위하여 필요한 사업

한편 2016년 5월 29일 「장애인 등에 대한 특수교육법」의 장애인 평생교육시설 및 장애인 평생교육과정 부분을 평생교육법으로 이관함에 따라 제19조의2가 신설되었다. 즉, 평생교육법의 일부개정에 따라 2017년 5월 30일 국가장애인평생교육진흥센터가 설립·운영되고 있다. 개정 이유는 현행 「발달장애인 권리보장 및 지원에 관한 법률」에 따라 교육부장관은 의사소통 도구 개발·지원과 평생교육을 지원할 의무가 있으며, 「장애인 등에 대한 특수교육법」은 평생교육진흥원이 장애인 평생교육진흥 프로그램을 개발하고 장애인 평생교육기관을 지원하도록 규정하고 있으나, 실제 운영되고 있는 장애인 평생교육기관은 극소수로 교육 내용도 문자해득교육에 머물러 있기 때문이다. 이에 국가와 지방자치단체가 장애인평생교육에 대한 정책을 수립·시행하도록 하고, 국가장애인평생교육진흥

센터를 두도록 하는 등 장애인에 대한 평생교육을 체계적으로 지원하는 한편, 「장애인 등에 대한 특수교육법」상 장애인 평생교육 관련 규정을 평생교육법에 이관하여 일원화된 장애인 평생교육진흥 체계를 구축하도록 하려는 것이다. 주요 내용을 살펴보면 다음과 같다.

- 장애인 평생교육진흥을 위한 지원 및 조사업무
- 진흥위원회가 심의하는 기본계획에 관한 사항 중 장애인 평생교육진흥에 관한 사항
- 장애 유형별 평생교육 프로그램 개발의 지원
- 장애인 평생교육 종사자의 양성·연수와 공무원의 장애인 의사소통 교육
- 장애인 평생교육기관 간의 연계체제 구축
- 발달장애인의 평생교육과정의 개발
- 발달장애인의 의사소통 도구의 개발과 보급
- 장애인 평생교육 프로그램을 운영하는 각급 학교와 평생교육기관 양성을 위한 지원
- 장애 유형별 평생교육 교재·교구의 개발과 보급
- 그 밖에 장애인평생교육진흥센터의 목적수행을 위하여 필요한 사업

(2) 시·도 평생교육진흥원

시·도 평생교육진흥원은 평생교육법 제20조에 의거하여 설치·운영 중에 있으며, 주요 내용은 다음과 같다.

- 해당 지역의 평생교육 기회 및 정보의 제공
- 평생교육 상담 및 컨설팅 지원
- 평생교육 프로그램 운영 및 지원
- 장애인 대상 평생교육 프로그램 운영 및 지원
- 해당 지역의 평생교육기관 간 연계체제 구축
- 국가 및 시·군·구 간 협력·연계

- 해당 지역의 평생교육 진흥을 위한 조사·연구
- 시행계획 수립의 지원
- 평생교육 관계자의 역량강화 지원
- 그 밖에 평생교육진흥을 위하여 시·도지사가 필요하다고 인정하는 사항

한편 「장애인 등에 대한 특수교육법」의 장애인평생교육시설 및 장애인평생교육과정 부분을 평생교육법으로 이관함에 따라 제20조의2가 신설되어 장애인평생교육시설 등이 2017년 5월 30일 설치·운영되고 있다. 주요 내용은 다음과 같다.

- 국가·지방자치단체 및 시·도교육감은 관할 구역 안의 장애인을 대상으로 평생교육 프로그램 운영과 평생교육 기회를 제공하기 위하여 장애인평생교육시설을 설치 또는 지정·운영할 수 있다.
- 국가·지방자치단체 및 시·도교육감 외의 자가 제1항에 따른 장애인평생교육시설을 설치하고자 하는 때에는 대통령령으로 정하는 시설과 설비를 갖추어 교육감에게 등록하여야 한다.
- 국가 및 지방자치단체는 장애인평생교육시설의 운영에 필요한 경비를 예산의 범위에서 지원할 수 있다.

(3) 시·군·구 평생학습관

평생학습관은 평생교육법 제21조에 의거하여 설치·운영 중에 있다. 주요 내용을 살펴보면 다음과 같다.

- 평생교육 프로그램의 개발·운영
- 장애인 대상 평생교육프로그램의 개발·운영
- 평생교육 상담
- 평생교육 종사자에 대한 교육·훈련
- 평생교육 관련 정보의 수집·제공
- 읍·면·동 평생학습센터에 대한 운영 지원 및 관리
- 그 밖에 평생교육진흥을 위하여 필요하다고 인정되는 사업

한편 평생교육법 제21조의2가 새롭게 신설됨에 따라 평생학습관 설치 · 운영에 있어 '장애인 평생교육과정'이 설치 · 운영되었다. 주요 내용을 살펴보면 다음과 같다.

- 유아교육법 제2조 제2호에 따른 유치원 및 초 · 중등교육법 제2조에 따른 학교의 장은 해당 학교의 교육환경을 고려하여 장애인복지법 제2조에 따른 장애인의 계속교육을 위한 장애인 평생교육과정을 설치 · 운영할 수 있다.
- 평생교육기관은 장애인의 평생교육 기회의 확대를 위하여 별도의 장애인 평생교육과정을 설치 · 운영할 수 있다.
- 진흥원은 장애인의 평생교육 기회 확대 방안 및 장애인 평생교육 프로그램을 개발하여야 한다.
- 시 · 도 평생교육진흥원은 평생교육기관이 장애인 평생교육과정을 설치 · 운영할 수 있도록 지원해야 한다.

평생교육 지원체계를 정리하면, 2007년 평생교육법의 전면개정으로 평생교육진흥원, 시 · 도 평생교육진흥원, 평생학습관으로 이루어지는 평생교육 전담 지원체계가 강화되었다. 또한 '평생교육진흥원'을 설립하여 평생교육 프로그램의 개발지원, 평생교육사를 포함한 평생교육 종사자 양성 · 연수, 평생교육 종합정보시스템 구축, 평생학습 결과의 인정 등 주요 기능을 수행하도록 하였다. 그리고 현재까지 평생교육법 일부개정을 통해 국가장애인평생교육진흥센터, 장애인 평생교육시설, 장애인 평생교육과정 등 장애인 평생교육진흥 체계를 구축하고 있다.

제3절 평생교육법의 주요 내용

평생교육법은 총 9장 46조로 구성되어 있다. 제1장은 총칙으로 평생교육법의 목적과 정의, 다른 법률과의 관계와 이념 등의 총론적인 내용을 담고 있다. 제1장 제2조에서는 평생교육을 "학교의 정규교육과정을 제외한 학력보완교육, 성인

문해교육, 직업능력 향상교육, 성인 진로개발역량 향상교육, 인문교양교육, 문화예술교육, 시민참여교육 등을 포함하는 모든 형태의 조직적인 교육활동"으로 규정하여 평생교육을 협의적 개념으로 보고 있지만, "평생교육에 관하여는 다른 법률에 특별한 규정이 있는 경우를 제외하고는 이 법을 적용한다"(평생교육법 제3조)고 봄으로써 평생교육에 대한 일반법으로서의 지위를 부여하고 있다.

제2장에서는 국가와 지방자치단체의 역할과 임무로서 평생교육진흥기본계획의 수립, 평생교육진흥위원회의 설치, 평생교육사업에 대한 조사 · 분석, 평생학습도시, 장애인 평생학습도시, 평생교육이용권 발급 등에 관하여 규정하고 있다. 제3장에서는 평생교육진흥과 관련된 업무를 지원하기 위하여 국가가 설치한 기구로서 '국가평생교육진흥원' 등과 시도와 시군구 차원에서 평생교육 진흥기구로서 시도평생교육진흥원 및 시군구 학습관 등에 관하여 규정하고 있다.

제4장은 평생교육사의 자격, 업무, 양성기관 및 배치에 대한 규정을 담고 있어 평생교육 영역의 전문성을 확보할 수 있는 기본 방향을 제시하고 있고, 제5장에는 평생교육시설에 대한 규정을 담고 있다. 이 조항에 따르면 평생교육시설은 크게 학교 형태, 학점은행 기관, 학교 부설, 사내대학 형태, 원격대학 형태, 사업장 부설, 시민사회단체 부설, 언론기관 부설, 지식 및 인력개발사업 관련 평생교육 시설 등으로 구분된다.

제6장은 문해교육에 관한 규정을 담고 있는데, 문해교육의 실시, 문해교육센터 설치, 문해교육 프로그램의 교육과정, 문해교육종합정보시스템 구축 · 운영 등의 조항으로 구성된다.

이 밖에 제7장은 성인 진로교육, 제8장은 학점, 학력 등의 인정 등 평생학습 결과의 관리와 인정에 관한 조항을 담고 있다. 마지막으로 제9장 보칙에는 행정처분이나 지도와 감독 등에 관한 내용을 포함하여 기타 내용을 담고 있다(평생교육백서, 2023).

첫째, 총칙에 포함된 내용은 평생교육법의 목적, 평생교육 관련 개념의 정의, 다른 법률과의 관계, 평생교육의 이념, 평생교육과정, 국가 및 지방자치단체의 임무, 공공시설의 이용 규정, 학습휴가 및 학습비 지원 등이다. 평생교육은 '학교의 정규교육과정을 제외한 학력보완교육, 성인 기초 · 문자해득교육, 직업능력 향상교육, 인문교양교육, 문화예술교육, 시민참여교육 등을 포함한 모든 형태의 조직적인 교육활동'으로 정의된다. 평생교육의 개념은 광의와 협의의 두 가지로 구분하여 정의될 수 있다. 광의의 평생교육은 학교교육과 학교 외 모든 교육을 포괄하는 개념이다. 즉, 요람에서 무덤까지 수직적으로 통합한 교육과 가정교육, 사회교육, 학교교육을 수평적으로 통합한 교육을 포괄한다. 협의의 평생교육은 정규학교교육에 대비되는 학교 외 교육을 의미하지만 학교가 주체가 되는 비정규교과도 평생교육에 해당된다. 평생교육법상의 '평생교육'은 협의적 개념으로 사용되고 있으며 법적용의 범위에 있어서는 교육기본법 및 종전 사회교육법상의 '사회교육'과 동일한 의미이다. 우리나라의 평생교육법은 협의의 평생교육 개념을 채택한 것이다. 평생교육 이념은 평생교육의 기회균등, 자발성, 자기주도성, 중립성, 평생교육과정 이수자의 사회적 대우 등과 같이 헌법 또는 교육기본법상의 교육일반에 관한 기본적 원칙과 권리가 보장되어야 한다. 다른 법률과의 관계는 다른 법률에 특별한 규정이 있는 경우에는 그 법률의 규정이 우선 적용되고, 그 외의 경우 평생교육법이 적용됨으로써 평생교육에 대한 일반법으로서의 지위를 가진다. 국가 및 지방자치단체의 임무는 모든 국민에게 평생교육 기회가 부여될 수 있도록 평생교육진흥정책을 수립 · 추진해야 하며, 그 소관에 속하는 단체 · 시설 · 사업장 등의 설치자에 대하여 평생교육의 실시를 적극 권장해야 한다.

둘째, 평생교육진흥기본계획은 교육부장관이 5년마다 수립하고, 시 · 도 지사는 평생교육진흥기본계획에 따라 연도별 평생교육진흥시행계획을 시 · 도 교육감과 협의하여 수립 · 시행해야 한다(평생교육법 제9조 및 제11조). 평생교육진흥시행계획의 수립과 시행을 위하여 평생교육법은 평생교육진흥위원회 설치, 시 · 도 평생교육협의회, 시 · 군 · 구 평생교육협의회, 관계 행정기관장 등의 협조, 평생학습도시, 경비보조, 지도 및 지원, 평생교육 통계조사 등에 관한 사항을 규정하고 있다.

셋째, 국가평생교육진흥원 등에 관한 내용에서 국가는 평생교육진흥 관련 업무를 지원하기 위하여 평생교육진흥원을 설립하고 시 · 도 지사는 대통령령이

정하는 바에 따라 시 · 도 평생교육진흥원을 설치 또는 지정 · 운영할 수 있도록 명시하고 있다. 또한 시 · 도 교육감은 관할구역 내의 주민을 대상으로 평생교육 프로그램 운영과 평생교육 기회를 제공하기 위하여 시 · 군 · 구에 평생학습관을 지정 또는 설치 · 운영하도록 하고, 기초자치단체의 장은 평생학습관의 설치 또는 재정적 지원 등 지역평생교육진흥사업을 실시할 수 있도록 명시하고 있다(평생교육법 제19조, 제20조, 제21조). 기타 사항으로 경비보조, 지도 및 지원, 평생교육 통계조사 등을 규정하고 있다.

넷째, 평생교육사에 관한 내용에서는 자격 및 업무, 양성기관, 배치 및 채용, 경비보조 등을 규정하고 있다.

다섯째, 평생교육기관의 내용은 평생교육기관의 설치자에 관해 규정하고 있으며, 평생교육기관으로서 학교의 평생교육, 학교 부설, 학교 형태, 사내대학 형태, 원격대학 형태, 사업장 부설, 시민사회단체 부설, 언론기관 부설, 지식 · 인력개발사업 관련 평생교육시설 등이 명시되어 있다.

여섯째, 문해교육에 관한 내용으로 국가, 지방자치단체 또는 그 소속 기관, 평생교육기관, 문해교육을 주된 목적으로 하는 비영시설 및 법인, 단체, 그 밖에 교육감이 정하는 문해교육 프로그램 등 프로그램의 지정, 설치 및 지정기준 등이 명시되어 있다.

일곱째, 성인 진로개발역량 향상교육은 성인이 자신에게 적합한 직업을 찾고 진로를 인식, 탐색, 준비, 결정 및 관리할 수 있도록 진로수업, 진로심리검사, 진로상담, 진로정보, 진로체험 및 취업지원 등을 제공하는 활동을 말한다.

여덟째, 보칙으로 등록 취소 및 폐쇄, 행정처분 및 지도 감독 권한의 위힘, 과태료 등을 규정하고 있다.

다음으로 평생교육법 시행령의 주요 내용은 제1장 총칙, 제2장 평생교육진흥기본계획 등, 제3장 국가평생교육진흥원 등, 제4장 평생교육사, 제5장 평생교육기관, 제6장 문해교육 및 부칙 등이며 구체적인 내용은 다음과 같다.

첫째, 총칙은 목적과 공공시설의 이용에 관하여 규정한다.

둘째, 평생교육진흥기본계획 등은 기본계획 및 연도별 시행계획의 수립 · 시행, 진흥위원회 심의사항, 진흥위원회의 구성 · 운영, 진흥위원회의 간사 및 수당 등, 전국평생학습도시협의회 등의 내용을 규정한다.

셋째, 국가평생교육진흥원 등에 관한 내용은 출연금의 요구 및 지급, 출연금의 관리, 결산서의 제출, 잉여금의 처리, 시 · 도 평생교육진흥원의 운영, 전문인력정보은행제의 운영, 학습계좌제의 운영 등이다.

넷째, 평생교육사에 관한 내용은 평생교육사의 자격요건, 평생교육사의 등급, 직무범위, 이수과정, 연수, 평생교육사의 자격증 교부절차 등 평생교육사 양성기관의 지정, 평생교육사의 배치대상기관 및 배치기준 등을 규정하고 있다.

다섯째, 평생교육기관에 대한 내용은 학습비의 반환, 학교 부설 평생교육시설에 관한 사항, 학교 형태 평생교육시설에 관한 사항, 학력인정시설에 관한 사항, 전문대학 학력인정 평생교육시설에 관한 사항, 사내대학에 관한 사항, 원격교육 형태의 평생교육시설에 관한 사항, 원격대학 형태의 평생교육시설에 관한 사항, 사업장 부설 평생교육시설의 설치신고, 시민사회단체 부설 평생교육시설의 설치신고, 언론기관 부설 평생교육시설의 설치신고, 지식 · 인력개발사업 관련 평생교육시설의 설치신고 등이다.

여섯째, 문해교육은 프로그램이 설치 및 운영 지정, 프로그램의 지정 프로그램의 설치 및 지정기준, 교육원연수기관, 프로그램 지정 취소 등의 내용을 제시하고 있다.

마지막으로 '평생교육법 시행규칙'은 '평생교육법'과 '평생교육법 시행령'에서 위임된 사항과 그 시행에 필요한 보다 구체적인 절차에 관한 사항을 규정하고 있다. 구체적인 내용은 평생교육실무조정위원회, 전문인력정보은행제의 운영, 학습계좌의 운영, 평생교육 관련 과목, 평생교육사 자격증의 수여 등, 평생교육사 양성기관 지적의 신청, 학교 부설 평생교육시설의 설치보고, 학교 형태 평생교육시설의 시설 · 설비기준, 학력인정시설의 지정 신청, 전문대학 학력인정 평생교육시설 설치계획서, 사내대학 설치인가의 신청, 원격평생교육시설의 신고, 원격대학의 설치인가 신청서류, 문해교육 프로그램의 지정 · 교원의 배치 · 이수자의 학력인정절차 등을 포함하고 있다.

생각해 보기

1. 평생교육법의 제정 배경 및 취지에 대해서 설명해 봅시다.

2. 평생교육법의 추진체계에 대해서 토론해 봅시다.

3. 평생교육법의 주요 내용에 대해서 설명해 봅시다.

CHAPTER 04

평생교육기관에 대한 이해

제1절 평생교육기관의 개념

제2절 평생교육기관의 성격

제3절 평생교육기관의 체제이론

제4절 평생교육기관의 분류와 유형

제5절 한국 평생교육기관의 특징

CHAPTER

04 평생교육기관에 대한 이해

제1절 평생교육기관의 개념

평생교육기관이라는 용어가 처음 등장한 시기는 2008년 평생교육법이 개정된 이후부터이며 개정 이전의 평생교육법에서는 '기관'이라는 용어 대신 '시설'이라는 용어를 사용하였다(교육과학기술부, 2008). 어의 사전에 의하면 '기관(institution)'은 '장소'와 동의어이다. 이러한 관점에서 평생교육기관은 '학교교육 이외에서 교육을 실시하는 장소' 또는 평생교육이 실시되는 장소로 정의할 수 있다(Kolb, 2002).

평생교육이란 '일생을 통한 교육'을 의미하며 '생애교육'이라고도 한다. 데이브(Dave, 1979)는 평생교육의 개념을 '가정, 교육기관, 지역사회, 직장 등 장소에 상관없이 그 안에서 행해지는 모든 차원의 학습활동으로서 형식(formal), 비형식(non-formal), 무형식(informal)의 학습활동의 전부를 평생교육'이라고 정의하였고, 노울즈(Knowles, 1980)는 평생교육을 성인의 자율적 학습 행위에 중점을 두면서 '개개인이 자신의 요구를 스스로 진단하고 학습목표를 설정하고 인적 · 물적 자원을 선택하여 학습성과를 스스로 평가하는 과정'이라고 하였다(강혜정 외, 2023).

우리나라 평생교육법 제2조에서는 평생교육과 평생교육기관을 다음과 같이 정의하고 있다. "평생교육이란 학교의 정규교육과정을 제외한 학력보완교육, 성인 문해교육, 직업능력 향상교육, 성인 진로개발역량 향상교육, 인문교양교육, 문화예술교육, 시민참여교육 등을 포함하는 모든 형태의 조직적인 교육활동을 말하며, 평생교육기관이란 다음 각 항목 중 어느 하나에 해당되는 시설 · 법인 또는 단체를 말한다."

- 「평생교육법」에 따라 인가 · 등록 · 신고된 시설 · 법인 또는 단체
- 「학원의 설립 · 운영 및 과외교습에 관한 법률」에 따른 학원 중 학교교과교습학원을 제외한 평생직업교육을 실시하는 학원
- 그 밖에 다른 법령에 따라 평생교육을 주된 목적으로 하는 시설 · 법인 또는 단체

평생교육기관에 대한 여러 학자들의 정의를 살펴보면 남정걸(2007)은 평생교육법과 다른 법령에 따라 평생교육을 주된 목적으로 설립된 단체와 시설이라는 협의적 정의와 평생교육을 조직적이고 계속적으로 실시하는 단체와 시설 및 기관을 모두 포함하는 광의적 의미로 정의하였다.

권인탁(2009)은 평생교육기관은 개인이나 집단으로 주민의 학습욕구를 충족시키기 위하여 설치된 장소 혹은 공간에 평생교육사 자격을 갖춘 전문가들을 배치하여 전문적인 지도 및 상담과 함께 평생교육 프로그램을 운영하는 시설이나 시스템을 말한다고 하였다.

이를 종합적으로 정의하면 평생교육기관은 정규과정을 제외한 모든 형태의 조직적인 교육활동을 목적으로 실현하기 위해 설치된 장소 및 공간의 단체나 시설로 정의할 수 있다.

제2절 평생교육기관의 성격

우리나라의 학교교육을 실행하는 교육기관은 아동과 청소년들이 초 · 중등교육법과 고등교육법의 적용을 받으며 성장한다. 그러나 평생교육기관은 모든 국민의 전 연령층을 대상으로 실시한다는 점에서 차이점이 있다. 따라서 평생교육기관이 가지고 있는 성격을 일곱 가지로 나누어 설명하면 다음과 같다(최은수 · 배석영, 2011).

(1) 개방성

교육이 모든 연령층에 개방되어 있다. 평생교육기관은 생애에 걸친 교육기관이므로 그 대상자를 어느 한 연령층에 국한하고 있지 않다. 따라서 모든 국민을 교육의 대상자로 삼고 개방되어 있다.

(2) 탄력성

교육과정이나 교육기간이 학교교육에 비해 비교적 탄력적이다. 평생교육기관은 교육과정과 교육시간 및 기간에 있어서 국가의 철저한 통제로부터 자유롭다. 즉, 평생교육기관의 교육과정과 내용, 방법, 시간 등은 평생교육 실시자의 재량에 달려 있다.

(3) 근접성

교육내용이 국민 개개인의 실생활과 밀접하다. 학교교육은 학습자들의 인성, 특기, 적성, 원리, 개념 등을 가르치는 것에 비해 평생교육은 학습자들의 실생활에서 즉시 활용할 수 있는 내용들이 주류를 이루고 있다. 즉, 평생학습자들은 자신의 삶에 필요한 부분을 체득하고 보충하기 위하여 학습에 임하는 경우가 대부분이다.

(4) 단기성

교육기간은 학교교육에 비해 단기이다. 학교교육은 입학에서 졸업까지 짧게는 2년에서 길게는 6년까지 비교적 장기간이며, 이들의 과정을 두루 거쳐야 하는 것이 현실이다. 그러나 평생교육은 실생활에 바로 적용할 수 있는 시급한 것이 대부분을 이루고 있기 때문에 교육기간은 1개월에서 길게는 비교적 짧게 설정되어 있다.

(5) 융통성

평생교육기관의 경영은 탄력적이고 융통성이 많은 것이 특징이다. 교육의 대상, 내용, 방법, 기간 등이 다양하고 융통성이 있을 뿐 아니라 입학과 퇴학이 매우 자유롭고 탄력적이어서 피교육자의 필요에 의해 교육을 받을 수 있기도 하고, 받지 않을 수도 있는 열린 교육의 형태를 가진다(남정걸, 2007).

(6) 광범위성

평생교육기관이 다루는 교육내용은 매우 광범위하고 다양하다. 교육내용은 실제 생활에 바탕을 두고 개설되기 때문에 교육내용의 범위는 매우 광범위하고 다양하게 구성되어 있다.

(7) 재정적 취약성

많은 평생교육기관들이 재정적으로 매우 열악하다. 평생교육기관은 대부분 비영리를 추구하고 공공성을 우선으로 하기 때문에 재정적으로 매우 열악한 환경에 놓여 있는 것이 현실이다. 공공성을 추구하다 보니 수강료를 높게 책정할 수 없어 기관의 수익을 올릴 수 있는 현실적 대안이 전무한 상태이다. 따라서 재정적으로 국가의 보조를 받거나 후원단체의 기금에 의존하는 상황에 놓여 있다.

제3절 평생교육기관의 체제이론

1) 일반체제이론

(1) 체제의 개념

체제(system)는 어원적으로 "여러 부분이 하나로 결합하여 생긴 전체"를 의미하는 그리스의 systēmat-, systēma로부터 이후 라틴어의 시스테마 systemat-, stystema에서 유래하였다. 웹스터(Webster)사전에 의하면 "공통의 목적에 기여하고 있는 서로 상이한 부분으로 구성된 복합적 내지 단일의 통일체"로 되어 있다. 이와 같은 의미에서 1960년대를 전후하여 생성 · 발전된 통합적 접근방법이 체제이론(systems theory)이다. 이러한 체제개념은 생물학자인 버탈란피(Bertalanffy)에 의하여 제시되었다(홍숙희, 2011).

버탈란피(1969)는 일반 시스템 이론(general system theory)을 자연과학 및 사회과학 두 분야의 학술 영역에 도입했다. 버탈란피의 시도는 시스템 접근의 중요한 출발점 중의 하나가 되었다. 모든 사회 체제의 조직에도 생물체계에서 볼 수 있는 바와 같이 투입－전환－산출의 과정이 있으며, 이 과정은 평가의 반성과 순환 과정을 이루는 개방체제로서 역동적인 구조를 가지고 있다고 보았다.

플래글(Flagle, 1960) 등은 체제란 정해진 기능을 협력적으로 발휘할 수 있도록 고안된 상호작용하는 요소들의 통합적인 집합체라고 정의하고 있으며, 베리엔(Berrien, 1968)은 체제란 상호작용하는 요소와 체제로 들어오는 투입과 체제에서 내보내는 산출 흐름의 종류와 비율을 여과하는 경계의 집합체로 정의하였다. 또한 터너(Tunner, 1972)는 체제를 경계에 의해 둘러싸인 상호 관련된 부분들의 집합체제로서 어떤 환경 속에 존재하는 것으로 정의하였으며, 카우프만(Kaufmann, 1972)은 체제란 정해진 목표를 달성하기 위하여 개별적으로나 상호 관련적으로 작용하는 개개의 요수(부분)들의 결합체라고 정의하고 있다.

스완슨과 홀튼(Swanson & Holton, 2001)은 체제란 세상은 전체적인 시각으로 바라보는 것으로 두 개 이상의 상호 의존적 부분이나 하위체제로 구성된 하나의 조직화된 종합된 전체인데 확인이 가능한 경계선에 의하여 상위체제인 환경과 구별된다고 정의하고 있다.

여러 학자들의 체제에 관한 정의를 종합하면 체제는 환경으로부터 일정한 투입을 필요로 할 뿐만 아니라 전환과 산출 과정을 통하여 다시 환경으로 내보내게 되면 그중 일부는 또다시 환류의 과정을 거쳐 체제 속으로 유입되게 된다(그림 4-1 참조).

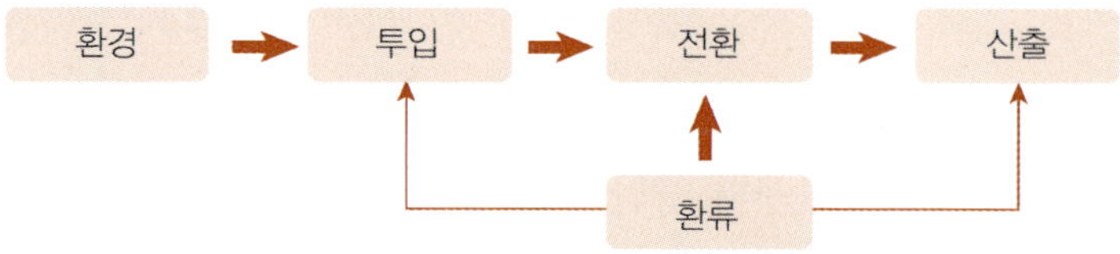

| 그림 4-1 | 체제의 기본 모형

(2) 체제의 구성요소

실버(Silver, 1983)는 체제(system)의 속성에 대해 구성요소, 경계, 개방체제, 폐쇄체제, 목표, 하위체제, 상위체제, 비평형 등의 여덟 가지를 제시하고 있다(조남두 외, 2006; 김창걸, 2003).

① 구성요소(Component)

한 체제의 구성요소는 체제가 추구하는 목적을 달성하기 위하여 상호작용하는 요소들을 의미한다. 따라서 구성요소는 보다 구체적으로 체제의 목적을 성취시키기 위해 상호작용하는 의미 있는 최소의 단위로 정의할 수 있다.

② 경계(Boundary)

체제의 경계는 체제를 환경과 구별해 주고 체제로 투입과 산출을 여과하는 구성요소이다. 경계는 물리적인 구성요소일 수도 있고, 무형적일 수도 있다. 체제의 개방성과 폐쇄성은 경계의 침투성 정도에 따라 구분할 수 있다.

③ 개방체제(Open System)

개방체제는 상대적으로 투과성이 아주 높은 상태이다. 따라서 이와 같은 체제는 환경으로부터 빠른 속도로 다양한 요소들이 유입되고 다양한 산출을 생산하기 위하여 투입요소들을 사용한다.

④ 폐쇄체제(Closed System)

폐쇄체제라 함은 상대적으로 외부로부터 투과성이 낮은 상태이다. 따라서 이러한 체제는 외부로부터 유입되는 요소가 거의 없으며, 투입은 그 유형에 있어 상대적으로 획일적이다. 그러므로 산출 역시 제한적일 수밖에 없다.

⑤ **목표**(Purpose)

체제의 목표란 그 체제가 인접체제 또는 그 체제가 한 부분으로 되어 있는 보다 큰 체제와 관련하여 수행하는 기능이다. 단순한 도구와 같은 일부 체제들은 오직 하나 또는 몇 개의 목표를 가질 수도 있다.

⑥ **하위체제**(Subsystem)

하위체제란 하나의 체제 안에 존재하는 보다 작은 체제를 일컫는다. 즉, 보다 큰 체제의 목적들과 관련되어 있으면서 특정의 목적을 달성하기 위하여 상호관계하는 일단의 구성요소들을 말한다.

⑦ **상위체제**(Suprasystem)

상위체제란 하위체제의 반대 개념으로서 어떤 특정 체제를 구성요소로 하는 보다 큰 체제를 말한다. 즉, 특정 체제의 목적을 포함하는 광범위한 목적을 성취하기 위하여 경계 내에서 상호작용하는 일단의 체제들이다.

⑧ **비평형**(Disequilibrium)

비평형이란 투입이 체제에 의해 처리되기에는 너무 빠르게 또는 너무 느리게 유입되거나 또는 너무 많거나 다양성이 없이 수용되는 불안정한 상태 또는 불균형의 상태를 의미한다. 그러므로 체제가 불균형의 상태에 놓여 있을 때에는 일부 구성요소들이 다른 요소들에 과도한 부담을 주게 된다.

(3) 평생교육기관 개방체제의 특징

실버(Silver, 1983)는 평생교육기관의 입장에서 본 개방체제의 특징을 투입·전환·산출 과정, 소멸저항 장치, 안정상태와 역동적 항상성, 환류, 이인동과성, 역동적 상호작용, 점진적 분리와 기제화 등의 일곱 가지로 분류하여 제시하고 있다. 구체적인 내용을 살펴보면 다음과 같다.

① 투입(Input) · 전환(Throughout) · 산출(Output) 과정

개방체제는 외부환경으로부터 여러 가지 종류의 에너지와 정보를 받아 다양한 방법으로 변형시켜 체제 자체도 유지하며, 외부환경에 필요한 산출물을 내보내는 작용을 계속한다. 따라서 개방체제는 외부환경에서부터 투입을 받아서 체제 자체의 존속을 유지하며 외부환경에 필요한 산출물을 내보냄으로써 환경에 봉사하는 역할을 하고 있다.

② 소멸저항 장치(Negative Entropy)

엔트로피(entropy)란 조직이 해체 또는 소멸되어 가는 과정을 의미한다. 폐쇄체제는 외부환경으로부터 에너지와 정보를 공급받지 못하기 때문에 해체 또는 소멸될 수 있으나, 개방체제는 그들이 소모하는 양보다 더 많은 에너지와 정보를 외부환경으로부터 받아들임으로써 이 엔트로피적인 효력을 상쇄시킬 수 있다.

③ 안정상태와 역동적 항상성(Steady State and Dynamic Homeostasis)

개방체제는 안정된 그 자체를 유지한다. 개방체제는 스스로 조절할 수 있는 자율규제 장치(self-regulating mechanism)를 가지고 있어 항상 평형상태(equilibrium)를 유지하며 관리한다.

항상성(homeostasis)이란 외부환경에서부터 계속 에너지가 들어오고 동시에 산출물이 외부로 나가지만 체제의 특성은 변하지 않고 계속 유지되는 것을 말한다.

④ 환류(Feedback)

개방체제는 환류과정을 통해서 안정된 상태를 유지하고 체제의 산출물과 과정을 평가한다.

⑤ 이인동과성(Equifinality)

개방체제에서 처음에 각각 다른 상태에서 출발한 체제들이 서로 다른 과정을 거치더라도 동일한 결과의 상태에 도달한다는 것을 말한다. 그러므로 개방체제들이 어떤 목표를 도달하는 데는 여러 가지 수단이 있을 수 있다.

⑥ 역동적 상호작용(Dynamic Interaction)

개방체제는 하위체제 간에 역동적 상호작용을 통해서 그 자체를 유지한다. 하위체제가 제 기능을 발휘하지 못하면 갈등이 있게 되고 체제를 유지하기가 곤란해진다.

⑦ 점진적 분리와 기제화(Progressive Segregation and Mechanism)

개방체제는 하위체제가 기능적이고 계층적인 질서로 분리하는 점진적 분리를 한다. 개방체제는 점진적 기제화를 통하여 어떤 절차나 과정이 확실하고 정교하게 된다.

2) 사회체제이론

사회체제는 주로 조직 속의 인간행위를 이해하려는 것이며, 그 규모나 수준과는 관계없이 적용이 가능한 일종의 명제들로 구성된 논리적 전개로서 변수와 변수 간의 상호관계 또는 인간관계를 이루는 이론체제이다(조남두 외, 2006). 이러한 개념을 바탕으로 호이와 미스켈((Hoy & Miskel)의 사회체제모형과 겟젤스와 구바(Getzels & Guba)의 사회체제모형에 대해 살펴보면 다음과 같다(김창걸, 1997; 2003).

(1) 호이와 미스켈(Hoy & Miskel)의 사회체제모형

호이와 미스켈(Hoy & Miskel)은 사회체제적 측면에서 교육성과에 영향을 주는 조직변수들을 체제접근모형으로 설명한다. 투입과 산출은 기관조직의 경계를 넘어 환경과 연결되어 있으며, 전환과정에서 교육기관조직을 관료적 구조, 집단풍토, 개인적 인성으로 나누어 설명하고 있고, 이때 성과는 사회적 행위로 나타나고 있다. 그러나 이 사회적 행위는 조직목표와 개인목표의 달성 정도로서 표시되며 이것들은 평가되어 필요에 따라 내·외적 환류과정을 거쳐 수정 및 보완된다(그림 4-2 참조).

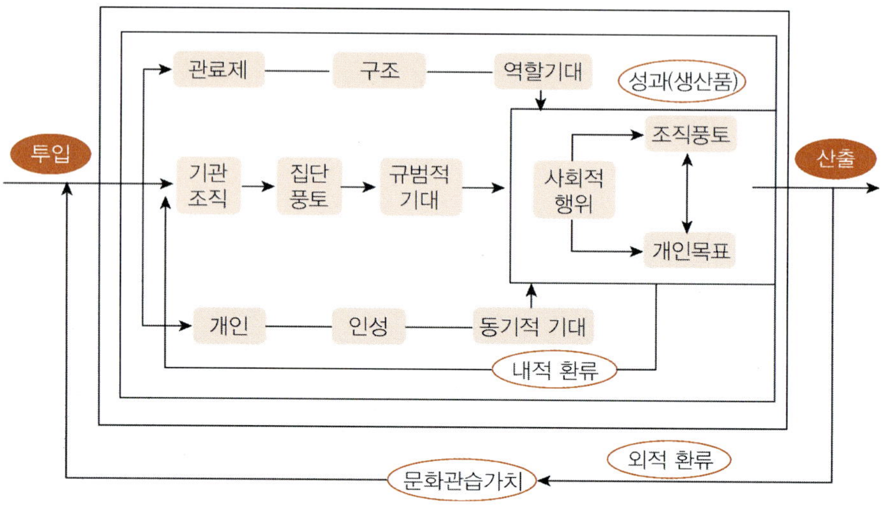

그림 4-2 사회체제 측면에서 교육과정에 영향을 주는 조직변수의 체제

(2) 겟젤스와 구바(Getzels & Guba)의 사회체제모형

겟젤스와 구바(Getzels & Guba)는 인간이 심리학적 · 사회학적 존재라는 논리적 가정하에서 무엇이 인간의 행위를 형성하고 조형화하며, 그 행위들은 체제 내의 구성요소로서 어느 정도 예측할 수 있는 방식으로 기능하는가에 대한 해답을 찾으려고 했다. 이들은 사회체제 내에서 나타나는 인간의 행위는 각 개인의 심리적인 고유함과 조직의 사회적인 정체성에 의해서 형성된다고 보고, 이때 사회학적 차원은 규범적 차원이라고 하며 심리학적 차원은 개인적 차원이라고 한다.

이와 같이 겟젤스와 구바는 사회적 체제를 조직적 또는 규범적 차원과 개인적 또는 인성적 차원으로 이루어져 있는 것으로 보고 있으며 이 둘은 서로 독립적인 요소이면서 한 사회체제 내부의 실제적 상황에서는 서로 밀접한 유대를 가지고 상호작용 관계에서 사회적 행위가 이루어진다고 보고 있다. 따라서 규범적 차원과 개인적 차원을 비롯하여 구성요소들 간의 관계를 살펴보면 다음과 같다.

① 규범적 차원

- 기관(제도) : 사회적 목적을 달성하기 위해 세워진 기관

- 역할 : 제도 속에서 직위, 업무, 지위를 나타내는 것
- 기대 : 역할기대로서 제도적으로 정해진 것

② 개인적 차원

- 개인 : 역할을 수행하는 행위자
- 인성 : 개인의 인습적 행위, 외적 자극가치, 내적 동기체제 등의 총체
- 욕구성향 : 목적지향적인 것 – 선호(preference), 관심, 태도, 충동, 욕구 등

③ 구성요소들 간의 관계

구성요소들 간의 관계를 함수(f)관계로 나타내면 B=f(R × P)의 행동공식으로 표시할 수 있다. 이때 B는 Behavior, R은 Role, 그리고 P는 Personality를 의미한다.

이와 같은 겟젤스와 구바의 사회체제모형은 ❙그림 4-3❙과 같다.

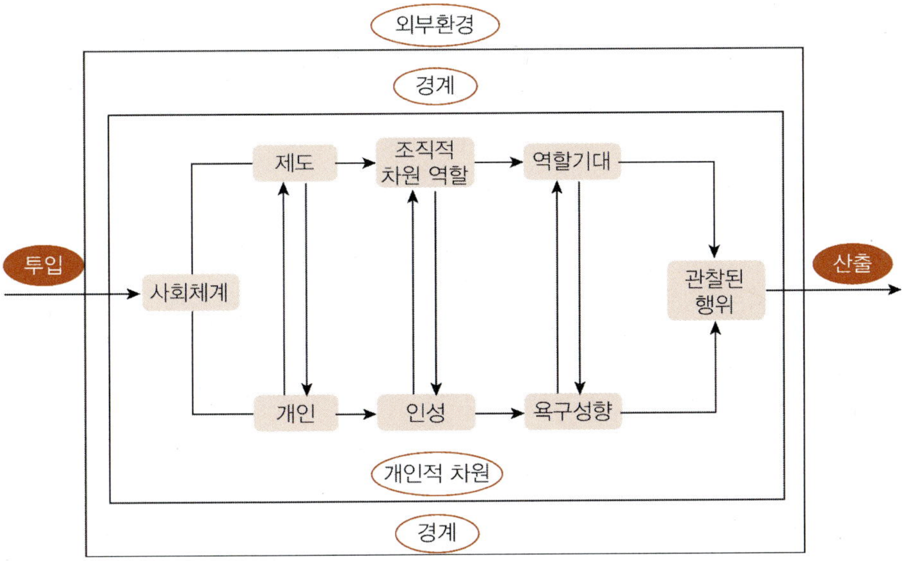

❙그림 4-3❙ 투입–산출체제로서의 기관운영

제4절 평생교육기관의 분류와 유형

1) 평생교육기관의 분류

평생교육기관의 분류는 설립 및 운영주체, 교육 형태, 소관부처 교육 프로그램의 목적 및 내용, 교육대상, 교육기간, 지역 등에 따라 다양하게 이루어지기 때문에 매우 복잡한 과정이다. 하지만 그럼에도 불구하고 기관을 분류하고 유형화하는 것은 차별성을 확보하여 기관 상호 간에 연계·협력을 가능하게 함으로써 학습자의 필요와 요구에 맞는 프로그램을 효과적이고 효율적으로 제공할 수 있게 해주는 토대를 제공하기 때문에 중요하다(권익탁·임영희, 2011).

법적 차원에서의 평생교육기관을 분류하면 평생교육시설과 평생교육단체로 구분된다. 평생교육시설은 공공 평생교육시설과 일반 평생교육시설이 있다.

공공 평생교육시설은 중앙-광역-기초 자치단체 차원에서 운영되고 있는 평생교육진흥원, 시·도 평생교육진흥원, 평생학습관이 있으며, 일반 평생교육시설은 평생교육법 제31~38조에 걸쳐서 규정하고 있는 시설을 말한다.

또한 평생교육법 제19조, 제20조, 그리고 제21조에서는 국가 평생교육 전담·지원기구를 국가평생교육진흥원 ⇔ 시·도 평생교육진흥원 ⇔ 평생학습관으로 이어지는 3단계 시스템으로 설치·운영할 수 있도록 명시하고 있다.

또한 평생학습관은 평생교육에 대한 연구, 평생교육 종사자에 대한 연수 및 평생교육에 관한 정보의 수집·제공과 평생교육 프로그램 운영 등의 기능을 수행하도록 되어 있으며, 현재 대부분의 시·군·구에 1개관 이상씩 설치·운영 중에 있다. 대부분의 평생학습관 관련 조례에서는 평생학습관의 기능으로 평생교육 프로그램 개발, 평생교육 종사자에 대한 연수, 평생교육에 관한 정보의 수집·제공 및 평생학습 상담, 지역주민을 위한 평생교육 프로그램의 운영, 기타 평생학습에 관한 사항 등의 다섯 가지를 명시하고 있다(권두승·최운실, 2014).

이와 같은 평생교육기관의 분류기준(표 4-1)과 추진체계(그림 4-4)를 체계적으로 나타내면 다음과 같다.

〈표 4-1〉 **평생교육기관의 분류**

법적 근거		평생교육기관	기관유형
평생교육법	제15조	평생학습도시	비형식
	제20조	시 · 도평생교육진흥원	비형식
	제20조의2	장애인 평생교육시설	비형식
	제21조	시 · 군 · 구 평생학습관	비형식
	제21조의2	장애인 평생교육과정을 운영하는 학교(유치원, 초 · 중등학교)	비형식
	재21조의3	읍 · 면 · 동 평생학습센터	비형식
	제29조	학교(초 · 중등학교, 대학교)	비형식
	제30조	학교 부설 평생교육시설	비형식
	제31조	학교 형태의 평생교육시설	비형식/준형식
	제32조	사내대학 형태의 평생교육시설	준형식
	제33조	원격대학 형태의 평생교육시설	비형식/준형식
	제35조	사업장 부설 평생교육시설	비형식
	제36조	시민사회단체 부설 평생교육시설	비형식
	제37조	언론기관 부설 평생교육시설	비형식
	제38조	지식 · 인력개발 평생교육시설	비형식
학원의 설립 · 운영 및 과외교습에 관한 법률	제2조	학원(입시 · 검정 및 보충학습, 교습소 제외)	비형식
학점인정 등에 관한 법률	제3조 등	평가인정 운영기관	준형식
지방자치법	제9조 제2항	시 · 군 · 자치구의 주민자치센터	비형식/ 준형식 미구분
지방자치법 시행령	제8조		
도서관법	제2조	도서관	
문화예술진흥법	제12조	문화시설	
문화예술진흥법 시행령	제19조		
문화예술교육지원법	제2조		
지방문화원진흥법	제8조	지방문화원	
문화예술교육지원법	제2조		
박물관 및 미술관 진흥법	제4조	박물관, 미술관	
사회복지사업법	제34조	사회복지관	
노인복지법	제36조	노인복지관	

출처 : 교육부 · 국가평생교육진흥원(2023).

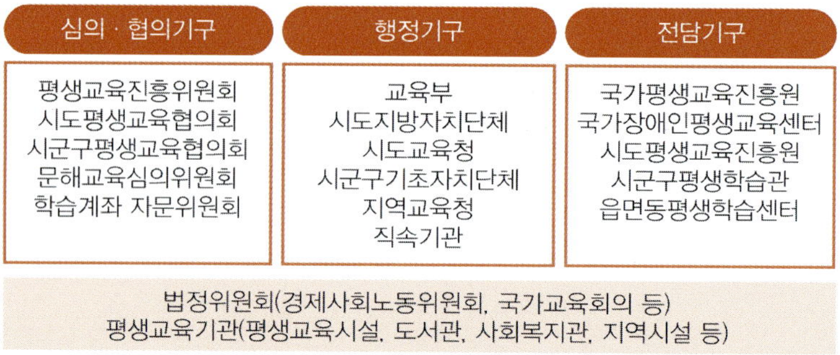

| 그림 4-4 | 평생교육 추진체계

출처 : 교육부 · 국가평생교육진흥원(2024).

(1) 교육 형태에 따른 분류

평생교육기관은 교육 형태에 따라 독립적 평생교육기관, 공교육적 평생교육기관, 유사교육 형태의 평생교육기관, 비교육적 기관 형태의 평생교육기관 등의 네 가지로 분류할 수 있다. 구체적인 내용을 살펴보면 다음과 같다(Darkenwald & Marriam, 1982; Merriam & Brockett, 1977).

① **독립적 평생교육기관**(Independent Lifelong Education Organizations)

독립적 평생교육기관은 평생교육을 독립적으로 실시하는 시설이나 기관으로 대학평생교육원, 지방자치단체에서 설치한 평생교육학습센터 또는 평생학습관, 평생교육 법령 규정의 절차에 따라 개인이나 법인에 의해 설립된 독자적인 평생교육기관이라고 볼 수 있다.

② **공교육적 평생교육기관**(Public School Education)

공교육적 평생교육기관은 학교 형태의 평생교육과 학력을 취득하는 형태의 평생교육기관이다. 미국에서는 공립성인교육학교(public school adult education), 커뮤니티 칼리지(community college), 대학의 확장교육 프로그램 등이며, 우리나라에서는 평생교육법에 의해 설립된 성인 중 · 고등학교, 학점은행제 운영기관 등이라고 볼 수 있다.

③ 유사교육 형태의 평생교육기관(Quasi-education Organization)

유사교육 형태의 평생교육기관은 정규교육기관은 아니지만 평생교육 활동이 이들 시설이나 기관의 중요한 기능과 연결될 수 있는 기관을 의미한다. 예를 들어, 도서관, 박물관, 각종 문화시설(영화관, 종교시설), 매스미디어, 공연시설, 전시장, 문화보급시설(문화원, 국악원, 전수회관) 등이 여기에 해당한다고 볼 수 있다.

④ 비교육적 기관 형태의 평생교육기관(Non-education Organization)

비교육적 기관 형태의 평생교육기관은 교육적 조직체제의 성격이 아닌 평생교육시설이나 기관이다. 즉, 교육적 시설과 비교할 때 교육을 주목적으로 하지 않는다는 점에서 유사한 점이 있지만, 평생교육을 그 기관 나름의 목적을 위한 도구로 간주한다는 점에서 차이가 있다. 주로 산업체의 평생교육 활동이 이에 포함된다. 또한 민간시민단체가 하는 평생교육 활동 등이 본연의 목적을 수행하기 위하여 부수적으로 교육 사업을 전개하고 있다고 할 수 있기에 비교육적 기관 형태의 평생교육기관이라 볼 수 있다.

(2) 운영주체와 성격에 따른 분류

평생교육의 운영주체에 따라 국가 주도형, 학교 주도형, 민간단체 주도형, 종교 및 문화기관 주도형, 기업 주도형 등의 다섯 가지로 분류할 수 있으며, 구체적인 내용을 살펴보면 다음과 같다(이향란, 2015).

① 국가 주도형

국가 주도형 평생교육기관에는 공무원교육기관, 공공직업교육기관, 농민교육기관, 공공여성교육기관, 정부산하교육기관 등이 있다.

② 학교 주도형

학교 주도형 기관에서는 산업체 부설 학교, 대학 부설 평생교육기관, 산업대학, 방송통신대학, 기능대학, 기술대학, 원격대학 등이 있다.

③ 민간단체 주도형

민간단체 주도형에서는 일반자원단체, 새마을교육기관, 학원 등이 있다.

④ 종교 및 문화기관 주도형

종교 및 문화기관 주도형은 종교기관과 박물관, 문화원, 도서관 등이 있다.

⑤ 기업 주도형

기업 주도형에는 기업체 연수원 및 기업체 훈련원 등이 있다.

2) 평생교육기관의 유형

평생교육기관의 유형을 학교 부설 평생교육시설, 학교 형태의 평생교육시설, 사내대학 형태의 평생교육시설, 원격 형태의 평생교육시설, 시민사회단체 부설 평생교육시설, 사업장 부설 평생교육시설, 지식 · 인력개발사업 관련 평생교육시설, 언론기관 부설 평생교육시설, 문화시설에서의 평생교육시설 등의 아홉 가지로 나누어 살펴보면 다음과 같다(안병환 외, 2011; 권두승 · 최운실, 2014; 이향란, 2015).

(1) 학교 부설 평생교육시설

학교 부설 평생교육시설이란 초 · 중등학교 및 대학의 장이 당해 학교의 교육환경을 고려하여 그 특성에 맞게 평생교육을 실시하기 위한 목적의 시설을 뜻한다. 즉, 평생교육법 제30조 제1항에 의하면 '각급 학교의 장은 학생 · 학부모 및 지역주민을 대상으로 교양의 증진 또는 직업교육을 위한 평생교육시설을 설치 · 운영할 수 있다'라고 규정하고 있다.

평생교육법 제30조 제2항에서는 '대학의 장은 대학생 또는 대학생 외의 자를 대상으로 자격 취득을 위한 직업교육과정 등 다양한 평생교육과정을 운영할 수 있다'고 규정하고 있다. 따라서 대학 부설 평생교육원의 설치 · 운영 현황을 살펴보면 4년제 대학교의 경우 전체의 88.3%에 달하는 212개 대학교에 평생교육원이 설치되어 있으며, 이 중 일반대학교의 평생교육원 설치 비율이 98.8%로 가장 높게 나타나고 있다. 뿐만 아니라 158개의 전문대학 등에서 131개의 평생교육원을 설치 · 운영 중에 있어 이제 대학에서의 평생교육은 대학뿐만 아니라 국가사회 전체의 보편적인 관심사로 부각되고 있다. 나아가 대학교의 기능 가운데 가장 핵심적이고 영향력 있는 영역으로 성장해 가고 있는 것으로 볼 수 있다.

〈표 4-2〉 대학 평생교육원 현황(2019~2023) (단위 : 개, 명)

연 도	2019	2020	2021	2022	2023
대상학교 수(a)	430	429	426	426	424
교육원 수(b) (b/a, %)	415 (96.5%)	414 (96.5%)	416 (97.6%)	419 (98.3%)	418 (98.5%)
프로그램 수	26,282	26,516	20,360	21,217	20,241
학습자 수	817,505	817,357	539,243	630,616	667,744

출처 : 교육부 · 한국교육개발원(2023). 교육통계분석자료집 : 평생교육통계편, 2023년 평생교육백서 재인용.

〈표 4-3〉 주제구분별 학습자 수(2019~2023) (단위 : 명, %)

연 도	2019	2020	2021	2022	2023	전년비
계	817,505	817,357	539,243	630,616	667,744	5.8
학력보완	334,205	346,405	283,239	248,248	226,833	-8.6
성인기초/문자해독	448	399	328	632	44	-93.0
직업능력향상	101,522	120,338	122,861	167,822	158,320	-5.6
인문교양	84,846	77,965	32,281	52,631	67,235	27.7
문화예술	294,646	270,292	100,033	160,993	213,268	32.4
시민참여	1,838	1,958	501	290	2,044	60.4

출처 : 교육부 · 한국교육개발원(2023). 교육통계분석자료집 : 평생교육통계편, 2023년 평생교육백서 재인용.

〈표 4-4〉 평생교육사 배치 현황(2019~2023) (단위 : 개, 명, %)

연 도	2019	2020	2021	2022	2023	전년비
기관 수	415	414	416	419	418	0.2
배치기관 수	337	333	336	333	346	3.9
평생교육사 수	667	656	641	645	648	0.4
배치 비율	81.2	80.4	80.8	79.5	82.8	4.1
전체기관 배치 비율	79.6	78.9	79.2	77.4	86.5	11.7
1인당 프로그램 수	39	40.4	31.8	32.9	31.2	-5.1

출처 : 교육부 · 한국교육개발원(2023). 교육통계분석자료집 : 평생교육통계편, 2023년 평생교육백서 재인용.

(2) 학교 형태의 평생교육시설

학교 형태의 평생교육시설은 정규교육을 받지 못한 청소년과 성인들을 위해 각급 학교에 준하는 교육을 제공하고 이에 상응하는 학력을 부여하는 교육시설로 학교교육의 보완과 평생교육 기능을 수행하는 시설이다. 이러한 시설은 초등학교 단계의 공민학교, 중등단계의 고등공민학교, 고등기술학교, 방송통신고등학교, 산업체 부설 학교, 학력인정 평생교육시설, 방송통신대학교, 산업대학 및 기술대학, 각종 대학과정 등이 있다. 또한 기타 특수학교, 소년원 학교 등도 평생교육시설에 포함된다고 볼 수 있다. 따라서 학교 형태의 평생교육시설은 교사의 가르칠 의무와 학생의 교육받을 권리가 지속적으로 보장되어야 한다. 또한 학력인정 평생교육시설은 관할청의 승인을 얻어 1년 3학기제로 운영할 수 있다.

학력인정 평생교육시설의 1년 3학기제는 학령기를 상실한 근로청소년, 일반 성인들에게 단기간에 중·고등 교육과정의 기회를 부여하고, 하계·동계방학을 수업시간으로 적용하여 인적·물적 자원의 활용을 극대화하려는 것이다(권인탁, 2014).

(3) 사내대학 형태의 평생교육시설

사내대학 형태의 평생교육시설은 시간적·경제적 여유가 없어 대학에 가지 못한 근로자들을 위해 학교법인을 설립하지 않고 일정한 기간 동안 사내교육을 이수하면 학력·학위가 인정되는 평생교육 차원의 고등교육기관이다. 교육경비는 고용주가 부담하고 근로자들은 면학욕구를 충족할 수 있으며, 기업 입장에서는 전문 직무교육과 특화교육 효과를 거둘 수 있다.

평생교육법 제32조 제1항에 의거 대통령령으로 정하는 규모 이상의 사업자의 경영자는 교육부장관의 인가를 받아 전문대학 또는 대학 졸업자와 동등한 학력·학위가 인정되는 평생교육시설을 설치·운영할 수 있도록 하였다. 국내의 사내대학은 삼성전자, 포스코, 현대중공업, 대우조선 해양, STX조선, 현대오일뱅크 등의 기업에서 운용되고 있으며, 고유의 기업문화와 첨단기술인력을 양성하고 있다.

(4) 원격 형태의 평생교육시설

원격 형태의 평생교육시설은 정보통신매체를 이용하여 특정 또는 불특정 다수인에게 원격교육을 실시하거나 다양한 정보를 제공하는 시설이다. 즉, 정보통신 기술, 멀티미디어 기술 및 관련 소프트웨어 기술 등을 이용하여 형성된 사이버 공간을 주 학습장으로 하여 시간과 공간의 제약 없이 주로 비대면 교육을 통하여 전문대 또는 졸업자와 동등한 학력을 인정하고 학위를 주는 평생교육 차원의 고등교육기관을 뜻한다.

평생교육법 제33조 제1항에서는 '누구든지 정보통신매체를 이용하여 특정 또는 불특정 다수인에게 원격교육을 실시하거나, 다양한 정보를 제공하는 등의 평생교육을 실시할 수 있다'고 규정하고 있다. 이러한 원격교육 형태의 평생교육시설은 동법 제33조 제2항 및 동법 시행령에 의거, 시 · 도 교육감에게 신고해야 하는 신고대상 시설과 신고절차 없이 운영 가능한 비신고 대상 시설로 분류하고 있으며, 제3항에서는 전문대학 또는 대학 졸업자와 동등한 학력 · 학위가 인정되는 원격대학 형태의 평생교육시설은 교육부장관의 인가를 받아야 한다고 규정하고 있다.

(5) 시민사회단체 부설 평생교육시설

시민사회단체는 비정부 조직이면서 시민사회의 의견과 주장을 상시적으로 대변하는 시민사회조직이다. 실질적인 권력이나 강제력은 가지고 있지 않지만, 공론 장에 의견 개진을 통하여 시민사회의 지지자들을 확보하고 그를 통하여 정부나 기업, 언론 등에 영향력을 행사한다(Internet Encyclopedia).

평생교육법 제36조 제1항에서 '시민사회단체는 상호 유기적인 협조체계를 구축하고 공공시설 및 민간시설 등 유휴시설을 활용하여 다양한 평생교육과정을 운영하도록 노력하여야 한다'고 규정하고 있다.

우리나라의 시민사회단체는 1987년 6월 민주화의 영향으로 탄생하였다. 1989년 경제정의실천연합의 출범이 그 시초이고, 그 뒤를 이어 많은 시민사회단체들이 출범하였으며, 사회 각 분야, 정치, 환경, 여성, 교육, 언론, 행정 등의 분야에 시민사회단체들이 결성되었고 매우 활발한 활동을 전개하였다.

〈표 4-5〉 비형식 평생교육기관의 연도별 · 유형별 현황 (단위 : 개)

연 도		2017	2018	2019	2020[2]	2020[3]	2021	2022
전 체		4,032	4,169	4,295	4,541	4,493	4,869	5,029
학교 부설	초 · 중등학교 부설	5	6	7	8	10	9	10
	대학(원) 부설	412	412	415	414	416	419	418
	소 계	417	418	422	422	426	428	428
원격 형태		949	1,012	1,041	1,048	1,042	1,204	1,237
사업장 부설	유통업체 부설	383	381	379	376	357	352	344
	산업체 부설	41	39	36	37	36	37	33
	소 계	424	420	415	413	393	389	377
시민사회단체 부설		515	500	492	474	439	423	408
언론기관 부설		707	741	842	1,098	1,134	1,343	1,528
지식 · 인력개발 형태		579	586	595	594	561	564	539
시 · 도평생교육진흥원[1]		17	17	17	17	17	17	17
평생학습관		424	475	471	475	481	501	495

주 : 1) 시 · 도평생교육진흥원은 2017년부터 조사되기 시작함.
2) 2020년 5월 31일 기준
3) 2020년 12월 31일 기준, 이후 12월 31일 기준
출처 : 교육부 · 한국교육개발원(2023). 교육통계분석자료집 : 평생교육통계편, 2023년 평생교육백서 재인용.

(6) 사업장 부설 평생교육시설

사업장 부설 평생교육시설은 사업장을 이용하는 고객이나 지역주민들의 여가선용, 개인의 소질개발, 생활문화 향상 등 시민들의 문화생활에 기여하는 평생교육시설이다. 평생교육법 제35조 및 동법 시행령에 의거 종업원 200인 이상 사업장의 경영자가 당해 사업장의 고객을 대상으로 설치 · 운영하는 시설을 뜻하며, 대표적인 사업장 부설 평생교육시설로는 백화점 문화센터를 들 수 있다.

(7) 지식 · 인력개발사업 관련 평생교육시설

지식 · 인력개발사업 관련 평생교육시설이란 평생교육법 제38조 제1항에 의거 '국가 및 지방자치단체는 지식정보의 제공과 교육훈련을 통한 인력개발을 주된 내용으로 하는 지식 · 인력개발사업을 적극 진흥 · 육성'함을 목적으로 하는 시설을 뜻한다. 이에 동법 시행령에서는 지식 · 인력개발사업 관련 평생교육시설을 설치 · 운영할 수 있는 자로서 지식정보의 제공사업, 교육훈련 및 연구용역 사업, 교육위탁사업, 교육훈련기관의 경영진단 및 평가사업, 교육자문 및 상담사업, 교수-학습 프로그램의 개발 및 공급사업 등을 경영하는 자로서 자본금 또는 자산이 3억 원 이상이고 전문인력을 5명 이상 확보하고 있는 법인으로 규정하고 있다.

평생교육법 해설 자료에서는 지식 · 인력개발사업 관련 평생교육시설의 유형을 한국능률협회, 한국생산성본부, 한국표준협회 등과 같은 산업교육기관 형태와 초 · 중등학교, 대학 등 학교 내에 컴퓨터, 실험실습 기자재 및 프로그램 등을 공급 · 설치하여 임대료 또는 교육비 징수를 목적으로 운영되는 학교실습기관으로 분류하고 있다.

(8) 언론기관 부설 평생교육시설

언론기관 부설 평생교육시설은 신문 · 방송 등 언론기관이 언론매체를 통하여 평생교육진흥에 일반 국민을 대상으로 교양 증진 및 능력 향상을 위한 평생교육시설을 설치 · 운영하는 시설을 뜻한다.

언론기관의 평생교육에 관하여 평생교육법 제37조 제1항에서는 '신문 · 방송 등 언론기관을 경영하는 자는 당해 언론매체를 통하여 다양한 평생교육 프로그램을 방영하는 등 국민의 평생교육진흥에 기여하여야 한다'고 명시하고 있다. 또한 제2항에서는 '대통령령으로 정하는 언론기관을 경영하는 자는 일반 국민을 대상으로 교양의 증진과 능력 향상을 위한 평생교육시설을 설치 · 운영할 수 있다'고 규정하고 있다. 이에 따라 언론기관 부설 평생교육시설을 설치 · 운영할 수 있는 기관에 대하여 동법 시행령에서는 세 가지로 정의하고 있다.

첫째, 「신문 등의 진흥에 관한 법률」 제9조 제1항에 따라 등록한 일간신문 ·

주간신문 · 인터넷신문 및 「잡지 등 장기간행물의 진흥에 관한 법률」 제15조 제1항에 따라 등록한 월간잡지를 발행하는 자로 정의하고 있다.

둘째, 방송법 제2조 제1호에 따른 방송을 하는 법인으로 정의하고 있다.

셋째, 「뉴스 · 통신진흥에 관한 법률」 제8조에 따라 등록한 뉴스통신사업을 경영하는 법인으로 정의하고 있다.

(9) 문화시설에서의 평생교육시설

문화시설은 문화체육관광부의 문화 공간 분류표에 따르면, 크게 공연시설, 전시시설, 지역문화 · 복지시설, 문화보급 · 전수시설, 도서관 등으로 구분되며, 그 중에서도 대표적인 문화시설은 미술관 및 박물관, 도서관, 문화학교, 문화원, 기타 문화시설 등이 있다.

제5절 한국 평생교육기관의 특징

지금까지 평생교육기관에 대한 개념과 분류 및 유형에 대하여 살펴보았다. 이들 평생교육기관의 경영과 관련된 특성 및 문제점에 대해 몇 가지로 나누어 살펴보면 다음과 같다(권두승, 2006).

첫째, 평생교육의 활성화 기반이 미비하다는 점이다. 즉, 평생학습사회에서의 교육은 공교육체제뿐만 아니라 민간영역 차원에서도 체계적으로 실시되어야 하며, 정부는 이러한 교육활동이 체계적으로 진행될 수 있도록 지원할 필요가 있다. 그럼에도 불구하고 현행 관련 법체계하에서는 민간 평생교육기관에 대한 지원체제뿐만 아니라 이들 활동들을 체계적으로 관리하고 지도할 수 있는 체제가 미비한 실정이다. 일반적으로 평생교육기관은 개인의 사회적응 능력과 학습능력, 직업능력을 향상시켜 지식기반 사회에서 필요한 인력을 양성하여 궁극적으로 국가경쟁력을 강화하기 위한 역할을 수행하는 조직으로 가정, 학교, 직장, 사회에서의 교육의 효과를 극대화 · 효율화하기 위한 교육시설로서의 의미를 지니고 있다. 이러한 평생교육기관은 지적 자본의 축적과 인력양성, 교육을 통한 국부창출, 지식의 보편화 및 대중화를 도모하는 데 있어서 없어서는 안 될 중요한 민간영역이다. 따라서 평생교육기관의 활성화를 비롯하여 이들과 관련된 각종 교육산업을 체계적으로 육성하고 지원할 수 있는 체제를 강구하는 것이 필요하다고 사료된다.

둘째, 평생교육기관에서 실시하고 있는 프로그램의 내용 및 교습대상에 따른 소관 법체계가 상이하다는 점이다. 즉, 평생교육법 및 학원의 설립·운영 및 과외교습에 관한 법률에 의하여 운영되고 있는 평생교육시설과 학원의 교습과정 운영 실태를 살펴보면 성인을 대상으로 하는 교습과정과 미성년자를 대상으로 하는 교습과정이 평생교육법과 학원법 모두에서도 운영되고 있는 것으로 나타나고 있다.

이러한 현상은 결과적으로 미성년자를 대상으로 하는 교습과정과 성인을 대상으로 하는 교습과정, 그리고 학교교육 교습과정과 평생직업교육 교습과정이 동일한 법령하에서 운영되고 있다는 것을 의미한다. 또한 원격 형태의 교습과정은 그 내용에 관계없이 평생교육법 체제하에서 운영되고 있는 실정이다. 따라서 평생교육법 적용에 있어서 교습내용 및 교습대상의 특성에 따라 성인을 대상으로 하는 교습과정 및 평생직업교육 교습과정에 대한 소관 법령을 정비하는가 하면, 성인의 평생직업능력 개발 교습과정에 대한 규제를 중심으로 불합리한 부분들을 개선하는 방향으로 법 체제를 정비할 필요성이 제기된다고 보인다.

셋째, 평생교육기관의 설치에 관한 내용을 살펴보면 국가나 지방자치단체에서 설치하고, 민간단체에서 운영하는 공설민영(公設民營) 형태의 위탁경영이 대부분이지만 경북 칠곡군과 같은 일부 지방자치단체에서는 지방자치단체가 직접 시설을 설치 및 운영하는 경우도 있다. 하지만 거의 대부분의 경우에는 국가나 지방자치단체가 설치 및 운영에 필요한 시설과 재정을 지원해 주고, 민간단체가 맡고 운영하는 것이 현실이다.

따라서 위탁경영은 운영자와 위탁의뢰기관의 목적과 이해관계가 조화를 이룰 때 실시될 수 있으며, 경영활동이 위탁의뢰 기관과의 협의를 통해서 이루어진다(오혁진, 2003). 이러한 기관 위탁 이외에도 프로그램의 일부를 국가나 지방자치단체로부터 위탁받아 운영하는 경향도 최근에 증가하고 있다. 이러한 경우 대부분은 공모를 통해 경쟁에 의한 선발을 원칙으로 하고 있다.

넷째, 현행 관련 법령에서는 평생교육기관의 설치 및 운영에 대한 기준이라든가 학습자 보호를 위한 제도적 장치가 거의 없는 형편이며, 이에 따라 여러 유형의 평생교육기관들이 매우 다양한 관점에서 지역에 따라 설치 · 운영되고 있는 실정이다. 나아가 교습과정이라든가 교습대상에 대한 명확한 구분 없이 소관 법령에 따라 규제지향적이거나 지원지향적인 체제로 운영되고 있는 것이 현실이다. 이러한 현상은 결과적으로 국민의 학습권을 보호하고 신장한다는 차원에서는 다소 문제가 있을 수 있으며, 이러한 형식적인 문제로 인해 내용적인 문제까지도 유발될 수 있을 것으로 보인다.

이상 위에서 언급한 평생교육기관의 경영에 관한 특성과 문제점을 바탕으로 고려되어야 할 사항을 추가적으로 살펴보면 다음과 같다.

학습자의 권익을 보호하기 위해 필요한 사항들에 대해 평생교육기관의 설치 및 운영자의 책무성을 강화하는 것이 필요하다고 보인다. 자율과 책임은 함께 가는 것이라는 단순한 논리를 차치하더라도 평생교육기관이 교육기관으로서 지나친 경쟁을 자제하고 교육의 질을 높여, 수요자에게 보다 질 높은 서비스를 제공할 필요가 있다는 것은 평생교육계의 일반적인 견해이다. 또한 평생교육기관의 책무성 강화와 관련해서는 그 시설의 설치 · 운영자로 하여금 시설에 대한 안전관리라든가 수강료 등의 반환 등에 있어서 보다 적극적이고 합리적인 자세를 견지하는 방향 같은 면에 있어서도 보완될 필요가 있을 것으로 사료된다.

생각해 보기

1. 여러분이 생각하는 평생교육기관이란 무엇인지 토론해 봅시다.

2. 평생교육기관의 분류 중에서 추가적으로 필요한 기관이 있는지 여러분의 생각을 토론해 봅시다.

3. 한국 평생교육기관의 특징과 문제점 중에서 보완 및 수정되어야 할 사항이 무엇인지 여러분의 생각을 토론해 봅시다.

CHAPTER

05

평생교육기관의 경영에 대한 이해

CHAPTER

05 평생교육기관의 경영에 대한 이해

제1절 평생교육기관의 경영 특성

평생교육기관은 학교의 정규교육과정을 제외한 학력보완교육, 성인 문자해득교육, 직업능력 향상교육, 인문교양교육, 문화예술교육, 시민참여교육 등을 포함하는 모든 형태의 조직적인 교육활동을 위해 평생교육법에 따라 인가·등록·신고된 시설·법인 또는 단체를 말한다. 또한 그 밖에 다른 법령에 따라 평생교육을 주된 목적으로 하는 시설·법인 또는 단체이다(평생교육법 제2조 제1호, 제2호). 이처럼 평생교육기관은 개인 또는 단체 등 평생학습자의 교육적 욕구를 충족시키기 위해 설립된 기관이라고 할 수 있다.

한편 평생교육기관의 경영 특성은 학습자들의 삶의 질 향상에 이바지해야 하는 사명을 완수하기 위해 평생교육조직이 운영되어야 하는 것과 평생교육기관 경영의 중요성에서 그 특성을 찾을 수 있다. 이를 바탕으로 평생교육기관의 경영 특성을 구체적으로 살펴보면 다음과 같다(최은수·배석영, 2011).

첫째, 평생교육기관의 핵심 활동인 교수-학습 활동을 지원하고 촉진한다. 평생교육기관의 주요 활동은 시대적 흐름에 맞는 새로운 프로그램을 개발하고, 활발하게 운영하여 기관이 활성화될 수 있도록 하고, 학습자들의 지적 욕구와 갈증을 해결할 수 있도록 효과적인 교수와 학습 활동을 지원하는 것이 가장 중요하다.

둘째, 교수-학습 활동 및 평생교육기관 운영이 효과적이고 효율적으로 이루어질 수 있도록 계획, 의사결정, 리더십, 관리 및 실행, 그리고 평가하는 활동으로 구성되어 있다. 평생교육조직의 핵심 활동인 교수-학습 활동이 보다 효과적이고 효율적으로 운영될 수 있도록 잠재된 학습자들을 발굴하고 분석하여 현실에 필요한 프로그램을 개발하고 효율적인 운영이 될 수 있도록 철저한 계획과 의사결정이 이루어져야 한다. 또한 합리적인 관리와 실행이 될 수 있도록 지원하고 적절한 평가가 이루어질 수 있도록 하는 일련의 활동으로 구성되어 있다.

셋째, 여러 사람들의 노력과 자원이 함께 결합되는 집단적 과정이다. 평생교육기관은 단순히 조직을 구성하고 있는 구성원들로만 운영되는 것이 아니라 자원봉사자, 학습자 등의 지원자가 함께 이끌어 가는 집단적 과정이다.

그리고 일반기업의 경영과 평생교육기관의 경영에는 차이점이 존재한다. 일반기업의 경영은 이윤추구를 위해 소비자를 대상으로 욕구를 파악하고, 그것을 바탕으로 생산 및 판매활동을 진행한다. 그에 반해 평생교육기관은 일차적으로 학습자에 대한 삶의 질 향상을 목표로 하여 기관을 경영하게 된다. 이처럼 일반기업 경영과 평생교육기관 경영에는 차이점이 있다.

구체적으로 일반기업 경영과 평생교육기관의 경영 차이점을 살펴보면 다음과 같다(안병환 외, 2011).

첫째, 평생교육기관의 경영의 목표와 성공의 기준이 일반기업보다는 복잡하다. 일반기업의 경우 이윤추구, 산출극대화, 생산체계 다양화 등과 같이 단일적이고 명확한 것에 비해서, 평생교육기관의 경영은 일차적으로 교육적 가치를 강조, 학습자 개인의 학업능력 향상, 학습자 개인이 속한 조직의 발전 등을 추구한다.

둘째, 평생교육기관은 경영의 실행원리 차원에서도 평생교육기관만의 독특하고 다양한 가치가 존재한다. 즉, 학습자의 경험과 주체성 존중, 민주주의의 원리, 학습공동체의 구현, 교육기회의 평등, 이론과 실천의 통합 등이다.

셋째, 평생교육기관은 다양한 집단들과 연결되어 있다. 일반기업들 역시 다양한 집단들과 연결되어 있지만, 그중 소비자 집단이 매우 중요하다. 소비자 집단은 기업의 제품이나 서비스를 구매하는 대상이며, 기업을 운영하는 데 있어 기업의 이윤을 제공해 주는 집단이기 때문이다. 반면 평생교육기관은 학습자 집단이 중요한 집단 중에 하나이지만, 강사 및 직원, 후원자, 자원봉사자 등과 같은 집단 등 다양한 집단 등이 운영하는 데 있어 중요한 비중을 차지하고 있다. 특히 평생교육기관은 비영리기관에서 운영되는 경우가 많기 때문에 후원자 및 자원봉사자 집단의 비중이 클 수밖에 없으며, 정부 및 지방자치단체의 중요성 역시 커지고 있다.

넷째, 평생교육기관 내부조직 구성원들의 확고한 자율성이다. 구성원들은 평생교육의 기본 원리나 기관의 사명과 목표를 공유하는 사람들로 구성되어 있다. 즉, 경제적인 보수보다는 학습자 교육의 가치와 그 기관의 생명을 최우선 가치로 추구하는 교육적 자세가 기본이다. 따라서 구성원은 단순히 평생교육기관에 고용된 단순 고용자가 아니라 평생교육의 사명을 완수하는 동반자이므로, 평생교육기관 경영자는 구성원들의 자율성을 최대한 충족시켜 주기 위해 노력해야 한다.

즉, 평생교육기관의 경영은 일반기업 경영과 달리 이윤추구가 아닌 학습자의 교육적 가치에 초점을 두어 삶의 질 향상을 위한 경영에 노력해야 한다는 시사점을 발견할 수 있다.

제2절 평생교육기관의 경영관리 과정

오늘날의 경영은 인적 · 물적 · 재무적 · 조직의 정보를 효과적이고 효율적으로 계획하고 조직화하고, 지휘하고 통제함으로써 조직의 목표를 달성하는 과정이라 할 수 있다. 이를 바탕으로 평생교육기관 경영을 정의하면 '경영자가 평생교육기관 조직의 목적을 설정하고 그 목적을 달성하기 위하여 전략을 결정하며 그 전략을 효율적으로 집행하기 위하여 관리 · 운영하는 동태적 과정'이라고 할 수 있다(이길헌, 2015). 즉, 평생교육기관이 새로운 프로그램을 개발하여 교육 서비스를 제공하기 위하여 생산의 기본 다섯 요소를 투입하고 프로그램을 개발하여, 최종적으로 평생학습자에게 교육 서비스를 제공하는 일련의 과정이라 할 수 있다(최은수 · 배석영, 2011). 여기서 기본 다섯 요소는 경영에서 말하는 노동,

자본, 물자, 정보, 기업문화와 유사한 것으로 평생교육기관에서는 자원, 노동(인력), 자금(자본), 정보, 기관 문화가 그것이다.

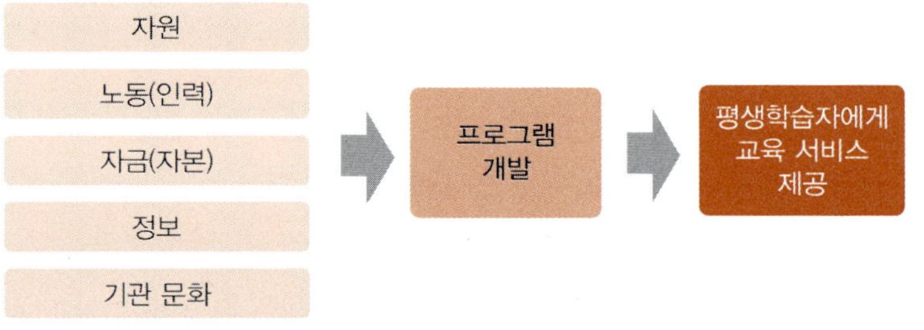

그림 5-1 평생교육기관 경영과정

평생교육경영 과정을 성공적으로 실현하는 것은 활동 과정을 얼마나 효과적이고 비중 있게 실천하느냐에 따라 달라질 수 있다(이향란, 2015). 이를 위해서 평생교육기관은 일반적으로 경영목표를 설정하고 경영자원을 조달·배분하여 경영활동을 수행하고 이러한 것을 통제하는 일련의 과정(process), 즉 PDS 순환과정을 거치게 된다. 여기서 계획(Planning)이란 목표설정과 목표에 이르는 경로를 설계하는 것을 말하며, 실행(Doing)이란 설정된 목표와 경로에 따라 자원을 조달하고 배분하며 경영활동을 수행하는 단계를 말하며, 평가(Seeing)란 수행된 활동을 감독하고 교정하는 것을 말한다.

그림 5-2 평생교육기관 PDS 순환과정

그러나 최근 평생교육기관은 기관 간 경쟁심화, 학습자의 욕구와 요구, 책무성에 대한 사회적 요구 등의 이유로 경영자는 경영관리 기능을 보다 체계적으로 이해하고 실행하지 않으면 안 되는 상황에 직면하게 되었다. 즉, 일반적으로 사용되는 경영과정인 PDS 순환과정보다 더욱 구체적이고 세분화된 경영관리 과정이 필요하게 되었다. 이에 따라 평생교육기관에서는 PDS 순환과정의 3단계에서 계획(planing), 조직화(organizing), 지휘(leading), 통제(controlling), 재무관리(financial management) 등 5단계의 경영관리 과정으로 변화하게 되었다. 구체적인 내용을 살펴보면 다음과 같다(최은수 · 배석영, 2011; 이길헌, 2015).

1) 계획(Planing)

계획은 평생교육기관의 경영의 목표를 설정하고 이를 달성하는 방법을 선택하는 의사결정으로, 경영활동에서 가장 먼저 수행해야 할 활동이다. 계획은 기관의 목적을 명확히 한 상태에서 '가장 높은 성공 가능성으로 이동'할 수 있도록 도와주는 공식적 · 구조적인 접근방법을 의미한다. 또한 기관의 목표를 달성할 수 있게 언제, 어디서, 누가, 어떻게, 얼마만큼 할 것인가를 설정하는 활동이다. 따라서 계획은 경영활동을 총괄적으로 바라볼 수 있는 '종합지도'라고 할 수 있다.

2) 조직화(Organizing)

조직화란 구성원들이 기관운영자가 수립한 목표를 달성할 수 있도록 조직의 업무와 권한, 자원들을 배치하고 조정하는 일련의 과정이다. 즉, 어떤 업무가 이루어져야 하며, 누가 수행할 것인가, 업무분장을 어떻게 할 것인가, 의사결정은 어디에서 이루어져야 하는가에 관한 문제를 다루는 활동이다. 조직화 단계에서는 기관경영 활동에 필요한 자원의 수집, 수집된 자원의 배분, 일의 구조화 기능 등이 포함된다. 그리고 조직화 과정을 통해 각 구성원의 공식적인 행동관계가 형성되고 구성원과 업무를 연결시키게 된다.

3) 지휘(Leading)

지휘란 평생교육기관의 목표 달성에 구성원들이 기여할 수 있도록 하기 위하여 기관이 의도하는 성과를 구성원에게 인식시키고 지도하고 감독하여 영향을 미치는 것을 말한다. 즉, 조직이 추구하는 목표를 달성하기 위하여 필요로 하는 인력을 조달하고 유지 · 개발 · 활용하는 계획적이고 조직적인 관리활동의 체계로 설명할 수 있다. 따라서 지휘는 동기부여, 리더십, 의사소통 등 인간관계적인 측면과 밀접한 관계가 있으므로 관리기능 중 매우 중요한 요소라 할 수 있다.

4) 통제(Controlling)

통제는 미리 설정한 계획된 목표치와 실제 경영활동 성과와 비교하여 검토 · 평가 · 수정하는 기능을 말하는데, 통제의 결과는 다음에 수행할 계획에 반영시키게 된다. 통제의 과정은 성과표준의 정의 → 업무진행의 감독 → 평가 → 조정으로 이루어진다. 그리고 경영활동의 결과가 사전계획보다 높거나 낮은 경우 모두 그 주된 원인을 찾아 다음 계획에 반영해야 한다.

5) 재무관리(Financial Management)

재무관리란 기관이 필요로 하는 자본의 조달과 운용에 관한 재무 활동을 계획하고, 지휘 · 통제하는 것을 의미한다. 평생교육기관은 대부분 영리를 추구하기보다는 공익성을 우선으로 하고 있기 때문에 재정적으로 매우 열악하다. 따라서 적은 예산을 보다 효율적으로 관리하고, 적절한 수강료 책정이나 후원자 그룹을 유치하여 기관의 재정 상태를 적정 수준으로 유지해 나가는 일은 매우 중요하다.

| 그림 5-3 | 평생교육기관 경영관리 과정

제3절 평생교육기관의 경영 유형

평생교육기관은 설립주체 및 교육의 핵심성과 경영의 독자성에 의한 경영 유형으로 구분할 수 있다. 구체적인 내용을 살펴보면 다음과 같다(이길헌, 2015).

1) 설립주체 및 교육의 핵심성에 의한 유형

평생교육기관의 경영 유형은 평생교육기관의 설립주체의 성격과 그 기관 내에서의 교육의 핵심성을 종합적으로 고려하여 유형화하여 보는 것이 의미가 있다.

평생교육기관은 설립주체에 따라 공공기관, 영리형 민간기관, 비영리형 민간기관으로 나뉜다. 공공기관은 정부와 지방자치단체에서 직간접적으로 운영하는 평생교육기관으로 주민자치센터, 각종 평생학습관 등을 말하며, 영리형 민간기관은 영리 추구를 목적으로 설립된 평생교육기관으로 사설학원, 기업형 연수시설 등을 말한다. 비영리형 민간기관은 최근 시민사회의 성숙과 더불어 증가하고 있는 각종 비영리적 성격의 평생교육기관으로 한국지역사회교육협의회, 각종 사회단체의 공익적인 프로그램 등을 말한다.

그리고 평생교육기관의 교육의 핵심성을 기준으로 논의를 한다면, 교육 사업이 기관의 핵심적인 부분을 어느 정도 차지하느냐가 기준이 될 수 있다. 교육 사업이 기관의 핵심적인 부분을 차지한다면 그 기관은 그만큼 생존을 위한 자립기반을 마련해야 할 필연성을 가지게 되며, 이러한 기관을 일차적 기관이라고 한다. 반면에 교육 사업이 모조직의 자원이나 통제를 받으면서 조직의 중추적 발전을 위한 수단으로 운영되는 경우는 이차적 기관이라고 하고, 일차적 기관에 비해서 자립기반의 필연성이 낮다.

따라서 평생교육기관은 설립주체나 교육의 핵심성에 따라 경영의 목적이나 운영 방식에서 큰 차이가 나타날 수 있다. 즉, 영리형 민간기관일수록 학습자의 위상이 높아지고 기관경영에 매우 중요한 위치를 차지하게 된다. 또한 교육 사업이 기관의 핵심적인 부분을 차지하는 일차적 기관이라면 교육 프로그램의 질을 높이고 발전시키려는 경영노력이 더욱 요구된다.

〈표 5-1〉 평생교육기관의 설립주체 및 핵심성에 따른 분류

설립주체 / 교육의 핵심성	공공기관	비영리형 민간기관	영리형 민간기관
일차적	• 여성인력개발원 • 공공직업훈련원	• 한국지역사회교육협의회 • 대학 부설 평생교육원	• 사설학원 • 민간 연수시설
이차적	• 공공도서관 • 주민자치센터 • 종합사회복지관	• 시민단체 부설 • 종교기관 부설 • 병원 부설	• 백화점 및 언론기관 문화센터 • 기업 부설 연수원

출처 : 이길헌(2015) 재구성.

2) 경영의 독자성에 의한 유형

(1) 독립경영

외부의 지시 및 통제 없이 경영자원을 스스로 조달하여 독자적으로 의사결정하고 결과에 대해 책임을 지는 경영을 의미한다. 독립경영기관에는 교육의 핵심성을 기준으로 하였을 때 일차적 기관이 다수 포함되며, 한국지역사회교육중앙협의회, 각종 사립학원, 민간 인력개발원 등이 이에 해당된다. 경영의 독자성은 크지만 재정적 자립에 부담이 크게 작용한다는 단점을 가지고 있다.

(2) 위탁경영

정부, 지방자치단체, 사회 각 단체 및 기업 등으로부터 경영자원의 일부 또는 전체를 위탁을 받아 경영되는 기관을 의미한다. 기관 경영의 성과극대화를 달성하기 위해 기존의 민간경영 전문가 집단에 위탁 운영되는 경우가 많다. 위탁경영의 특징은 경영활동이 위탁의뢰기관과의 협의를 통해 운영되며 사업결과보고, 예산집행에 대한 감사 등에서 자유롭지 못하다는 것이다.

(3) 하위조직경영

모기관에 종속된 하부 부서로서 평생교육을 실시하는 조직경영을 의미한다. 하위조직경영기관은 교육의 핵심성을 기준으로 하였을 때 이차적 기관이며, 모기관 예산에 의존하면서 경영의 지시 · 명령 · 통제 속에서 운영되는 조직의 성향

이 강하다. 하위조직경영기관에는 각종 평생교육기관, 대학 부설 평생교육원, 기업체 부설 연수원, 백화점 및 언론기관 부설 문화센터, 각 조직의 교육담당부서, 각종 시민단체의 회원대상 교육부서 등이 해당된다.

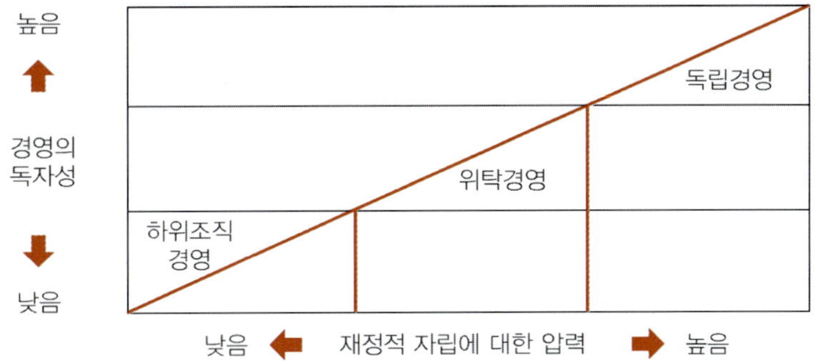

| 그림 5-4 | 경영의 독자성에 의한 평생교육기관 경영의 유형

출처 : 이길헌(2015).

제4절 평생교육기관의 경영 환경 분석

평생교육기관에서 경영은 평생교육기관의 규모 확장과 평생교육기관 간의 경쟁가속화, 정부재정지원의 한계, 책무성에 대한 사회적 요구 증가, 학습자들의 다양한 욕구와 요구 등의 이유로 중요하다고 제1절에서 서술한 바 있다. 이처럼 평생교육기관을 둘러싸고 있는 환경이 빠른 속도로 변화함에 따라 환경변화를 예측하고 분석할 수 있는 능력을 갖추어 능동적으로 적응 및 대응하여야 한다.

평생교육기관의 경영 환경 분석은 일반기업의 경영 환경 분석에서 그 방법을 찾을 수 있다. 그 내용을 구체적으로 이 절에서 살펴보고자 한다.

1) 경영 환경 분석의 의의

환경은 기업에 기회(opportunities)를 제공하기도 하고 한편으로 위협(threats)을 주기도 한다. 환경 분석은 경쟁자, 고객, 공급자, 정부, 금융기관, 지역사회 등의 과업 환경과 기술적, 경제적, 사회문화적, 국제적 등의 일반 환경이 기업에 미치는 변화의 내용을 확인하는 것이다. 환경 분석에서는 가장 중요하다고 생각되는 요소들을 확인하는 것이 필수적이다. 기타 모든 환경요인들에 대한 확인도 시도해야 하는데, 이때 필요한 정보는 소비자와 공급자 분석 등 다양한 자료에서 수집 가능하다.

경영 환경 분석에서는 예측기법을 비롯하여 경영과학기법이 사용되기도 하며, 가장 중요한 것은 환경변화를 미리 감지하는 것이다. 환경변화를 뒤늦게 파악하게 되면 경쟁자들의 표적이 되기 쉽다. 비록 경영 환경의 예측이 완벽한 정확도를 갖지는 못하지만 기업으로 하여금 일반 환경의 변화에 적응할 수 있게 하며, 과업 환경의 활동을 조정하고 예측하게 하는 효과가 있다(이원우 외, 1995).

2) 일반기업의 경영 환경 구성체계

일반기업의 경영 환경을 분류하는 기준이나 방식은 여러 가지 방법이 있으나, 일반적으로 환경의 조직에 대한 영향력과 조직의 환경에 대한 관리 가능성을 동시에 고려하여 과업 환경과 일반 환경으로 분류한다(Robbin, 1991; 이승영 외, 2000). 【그림 5-5】는 이와 같은 분류방식에 의한 경영 환경의 구성체계를 보여준다. 각 구성체계를 구체적으로 살펴보면 다음과 같다(유재욱 외, 2012; 이승영 외, 2000).

【그림 5-5】 경영 환경의 구성체계

(1) 일반 환경

일반 환경은 기업의 경영방식과 성과에 영향을 미칠 수 있는 가장 거시적인 환경단위로서 개별 기업들이 변화시킬 수 없는 요소들로 구성되어 있다. 일반 환경은 경제적, 사회·문화적, 인구통계학적, 정치·법률적, 기술적, 국제적 환경의 여섯 가지 요소들로 구분될 수 있다.

국가의 경제활동과 직접적으로 관련된 모든 환경요소들인 경제적 환경에는 경제체계, 국내총생산(GDP), 경제성장률, 이자율, 무역수지 등과 같은 경제 현황과 추세를 나타내는 요소들이 포함된다.

사회·문화적 환경에는 사회 구성원들의 행동에 영향을 미칠 수 있는 사회적 제도, 규범, 습관, 전통, 생활양식과 사회 구성원들의 전반적 특성, 가치, 문화 등과 관련한 요소들이 포함된다.

인구통계학적 환경은 인구성장률, 연령별 인구, 소득분포와 같이 연령, 성별, 소득과 직접적으로 연관된 환경요소들을 포함한다.

정치·법률적 환경은 사회의 모든 구성원들을 하나의 실행 가능한 조직으로 통합하기 위한 국가의 정치시스템 및 각종 법률과 관련된 요소들로 정부 안정성, 독점규제법, 세법 등이 포함된다.

기술적 환경은 기업의 경제활동에 필요한 과학적인 기술 및 경영적인 노하우의 집합체이다. 주로 신기술의 출현과 같은 기술적 변화와 관련된 요소들로서 기술 및 제품 혁신, 연구개발비 증가, 특허권 등이 포함된다.

국제적 환경은 기업이 자국의 국경을 넘어 경영활동을 실행할 때 직면할 수 있는 타 국가의 모든 기업 환경 요소들로, 외국의 대선을 포함한 정치적 사건, 신흥 개발도상국가들의 발전과 영향 등이 포함된다.

(2) 과업 환경

과업 환경은 관련 업종의 장기적인 성장전망과 핵심적인 성공요인들을 진단하는 데 주된 목적을 두고, 산업 내 기업 집단의 경영 활동 및 성과에 영향을 미치는 주요 이해관계자들에 대한 조사와 분석을 실행한다. 과업 환경의 구성요소들은 일반 환경 요소들에 비해 기업활동과 성과에 상대적으로 더 중대하고 직접적인 영향을 미치며, 영향력 있는 개별 기업들의 주도하에 변화될 수 있다는 특징이 있다. 또한 기업과 밀접한 관련을 가지기 때문에 기업경영에 직접적으로 영향을 미치는 근접 환경을 말한다. 따라서 과업 환경은 일반적으로 기업의 경영 활동으로 인해 직접적 · 간접적으로 이득이나 손해를 보는 이해관계자(stake-holder)들로 분류되는데, 여기에는 주주 · 노동조합 · 고객 · 지역사회 · 경영자 · 경쟁기업 · 공급자 · 금융기관 등이 포함된다.

이상과 같은 일반 환경과 과업 환경의 중요성은 상황의 변화나 조직의 성격이나 활동에 따라 달라질 수 있다. 특히 과업 환경의 상대적 중요성은 같은 기업조직이라 할지라도 업종이나 규모에 따라 차이가 있을 것이다. 그렇지만 일반 환경은 대체적으로 모든 조직들에 있어서 공통적으로 중시되는 환경이라 할 수 있다. 특히 오늘날처럼 사회가 다원화 및 세계화되어 가는 추세에서 이와 같은 일반 환경의 영향력은 더욱 커지고 있다고 할 수 있다.

3) 평생교육기관 경영 환경 분석

앞에서 살펴본 일반기업 경영 환경, 즉 일반 환경과 과업 환경 구성체계를 토대로 평생교육기관 환경 분석 내용을 살펴보면 다음과 같다(이길헌, 2015).

(1) 평생교육기관 경영 일반 환경

① 인구통계학적 환경

인구통계학적 환경은 잠재학습자 규모를 결정짓는 가장 중요한 요인으로서 성별, 연령, 인구밀도, 인구증가율, 직업률, 가족구성, 지역별, 평균수명 등과 같은 측정 가능한 인구 특성들을 말한다. 이러한 인구통계적 변수는 잠재학습자 세분화 기준으로 사용된다. 또한 현대사회는 국제화 시대로서 외국인들이 많이 유입되어 생활의 터전을 마련하고 있기 때문에 인구통계적 환경에서 외국인들과 관련된 증가율 등도 중요한 고려대상임을 명심해야 한다.

② 경제적 환경

경제적 환경은 학습자의 참여와 학습자 참여패턴에 영향을 미치는 요인들로 구성된다. 특히 경제의 전반적 성격과 방향을 의미한다. 이 요인에는 경제성장률, 이자율, 소득증가율 등이 포함된다.

③ 사회 · 문화적 환경

사회 · 문화적 환경은 사회 구성원들이 성장해 나가며 그 사회에서 형성되는 문화적, 사회 · 심리적, 종교적 조건 등을 의미한다. 이러한 환경요인은 사회 구성원의 가치관, 태도 등에 영향을 미침으로써 기관경영에 기회 또는 위협이 되기도 한다. 따라서 종교단체, 경제단체, 학습자 단체, 지역사회단체 등 각종 이해관계 집단들과 좋은 관계 형성을 위해 노력해야 한다.

④ 기술적 환경

기술적 환경이란 새로운 프로그램 개발로 새로운 잠재학습자에게 욕구충족을 시켜주는 창의적 요인들을 말한다. 혁신적인 프로그램 개발은 기존 프로그램을 진보시키는 동시에 새로운 프로그램을 출현시키며 기존 프로그램의 수명주기를 단축시킬 수 있다. 따라서 기관은 기술변화가 어떠한 영향을 미치게 될 것인지 예측하고 분석하여 대응해야 한다.

⑤ 정치 · 법률적 환경

정치 · 법률적 환경의 이유로 평생교육에 영향을 미치는 각종 규제조치가 추가되거나 제거됨에 따라 기관은 위협과 기회를 새롭게 맞이할 수 있다.

(2) 평생교육기관 경영 과업 환경

① 잠재적 학습집단

기관경영 환경의 이해집단 중에서 가장 영향을 미치는 환경은 잠재적 학습자 집단이다. 잠재적 학습집단은 프로그램 선택 및 서비스를 구입하여 기관 생존에 기본적인 영향을 미치기 때문이다.

잠재학습자의 만족을 위해 잠재학습자의 욕구와 취향의 변화를 인식하고 대응하는 것은 기관 성장에 절대적이다. 또한 잠재학습자에게 영향을 미치는 라이프스타일은 과거에는 획일적이었지만 점차 다양화되고 있기 때문에 기관경영에 차지하는 비중이 커지고 있다. 따라서 잠재학습자가 원하는 시간, 가격, 프로그램 등을 조사를 통해 신속하게 제공할 수 있어야 한다.

② 경쟁기관

경쟁이 심한 프로그램이나 서비스를 생산 및 공급하는 기관일수록 경쟁기관에 미치는 영향이 커진다. 따라서 경쟁기관의 수강료, 프로그램의 품질, 서비스, 학습자 확보율, 프로그램 개발 기술혁신, 연구개발 등에 대하여 지속적인 동향 파악 및 대응을 해야 한다. 한편 경쟁기관의 경쟁은 단기적으로는 어려움에 봉착할 수 있지만 장기적으로는 기관의 체질을 강화시켜 존속, 발전을 꾀하는 데 성장통이 될 수 있다.

③ 정부 및 지방자치단체

기관경영의 과업 환경으로서 정부의 역할과 기능은 기관경영에 많은 영향을 미친다. 정부는 기관경영 활동에 대해 통제기능뿐만 아니라 지원 역할도 한다. 즉, 평생교육시장의 효율성 제고, 공공정책 수행 등을 통하여 기관경영 활동에 영향을 미친다. 이와 같은 정부개입은 국민의 삶의 질 향상과 사회적 혜택을 증진시키는 긍정적 측면과 기관을 위협하는 부정적 측면도 갖는다.

④ 지역사회 및 유관집단

지역사회 및 유관집단은 각종 후원회 및 기부금 재단, 기업체, 종교단체, 시민단체, 학회 등을 들 수 있다. 이 지역사회 및 유관집단들은 기관경영에 매우 중요한 영향력을 행사한다. 따라서 기관은 공공성 및 사회적 책임성을 다하면서 지역사회 발전 및 지역사회 구성원들의 욕구를 충족시켜 주려는 사고로 전환하여 삶의 질 향상을 위한 평생교육으로 지속 발전을 모색해야 한다.

⑤ 언론매체

언론매체는 TV, 라디오, 신문, 잡지, SNS 등을 들 수 있으며 경영성과에 다양한 영향을 미친다. 기관은 언론매체를 적극 활용하여 광보 및 홍보를 해야 하며 이를 통해 기관 브랜드 및 프로그램과 서비스 가치를 높여 기관경영 성과를 극대화하여야 한다.

4) 평생교육기관 경영 환경 분석기법

(1) 중요도-성취도 분석(IPA : Importance Performance Analysis)

중요도-성취도 분석(IPA)은 마틸라와 잼스(Martilla & Jams, 1977)가 제안한 분석 방법이다(Yuan et al., 2006). 이는 서비스가 지니고 있는 중요 속성에 대해 소비자가 어떻게 인식하고 있는지를 분석하기 위해 마케팅에서 개발되었다(임재호, 2014). 중요도-성취도 분석은 이용자가 상품이나 서비스를 이용하기 전에 어떤 속성을 중요하게 여기는지를 조사하며, 나아가 이용 후에 성취도를 이용자 스스로가 평가하게 함으로써 각 속성의 중요도와 성취도를 동시에 비교·분석하는 기법이다(임재호, 2014 재인용). 이와 같은 특성으로 중요도-성취도 분석을 통해 정해진 인력과 예산을 가지고 우선적으로 해결해야 할 영역이나 사항, 정책들을 결정하는 데 유용한 정보를 제공할 수 있다(강민석, 2010; Myers, 2001). 또한 사용이 간편하여 결과 해석이 용이하며 문제 제시가 명확하다는 점에서 활용도가 매우 높다(안세길, 2008).

그리고 기업이 통제할 수 있는 변수들의 상대적인 중요도와 성취도를 파악하여 중요도 대비 만족도가 낮은 변수를 우선 개선한다는 논리로서, 중요도와 성취도를 숫자로 표현하여 중요도-성취도 분석 매트릭스에 시각화하여 확인할 수 있다. 따라서 중요도-성취도 분석은 이용자의 만족도를 측정하기 위하여 이용 전에는 각 속성의 중요도, 이용 후에는 성취도를 이용자 스스로가 평가하게 함으로써 각 속성의 상대적인 중요도와 성취도를 동시에 비교·분석하는 기법이라 정의할 수 있다(이화정, 2009).

또한 중요도-성취도 분석은 두 가지 차원의 조사가 진행되는데 X축에 사용되는 요인의 중요도와 Y축에 사용되는 실제 성취도를 조사하게 된다(양준영, 2010). 즉, 중요도-성취도 분석 매트릭스는 평가요소의 중요도와 성취도를 측정한 후 이차원 도표에 표시하고 그 위치에 따라 의미를 부여하는 것으로(김미옥,

2012), 중심점을 기준으로 나누어진 4사분면에 대해 각각 '좋은 성과 지속 유지', '과잉노력 지양', '낮은 중요도', '노력집중화의 지향'으로 표시함으로써 결과를 쉽게 파악할 수 있는 분석기법이다(장정범, 2014).

제1사분면은 중요도와 성취도가 모두 높은 부분으로 제품이나 서비스의 경쟁력을 가지고 있는 경우를 의미한다. 이러한 경우 기업은 상대적 우위를 계속 유지하기 위해 노력하게 된다. 아울러 이러한 속성은 특정 기업이나 제품이 가지고 있는 차별적 우위요소를 작용하여 마케팅에 적극 활용하는 속성이 되며 따라서 유지 강화가 필요한 영역이다. 제2사분면은 성취도는 높게 나타나지만 중요도가 낮은 경우를 의미한다. 즉, 이러한 속성을 위해 투입된 노력은 다른 분야에 투입된다면 보다 좋은 효과를 가져올 수 있는 경우로서, 중요하지 않은 속성에 대해 과잉투자가 이루어지고 있는 경우를 나타낸다. 그러나 이러한 요인에 대한 높은 성취도가 적은 투입을 통해서 이루어진 것이라면 지속적으로 유지할 필요가 있다. 제3사분면은 성취도와 중요도가 모두 낮은 경우이다. 이러한 경우 추가적인 자원을 배분할 필요성은 매우 낮다. 이와 같은 경우 재원의 가용 여부에 따라서 투자 여부가 결정될 수 있다. 제4사분면은 소비자들이 매우 중요하게 생각하는 속성임에도 불구하고 제품이나 서비스의 만족도는 매우 낮은 경우를 의미한다. 즉, 서비스나 제품의 입장에서는 만족도 수준을 높이기 위해 가장 집중적으로 투자되어야 할 부분이며 최소한의 투자로 최대의 효과를 거둘 수 있는 분야이다(김미옥, 2012; 양준영, 2010; 안세길, 2008).

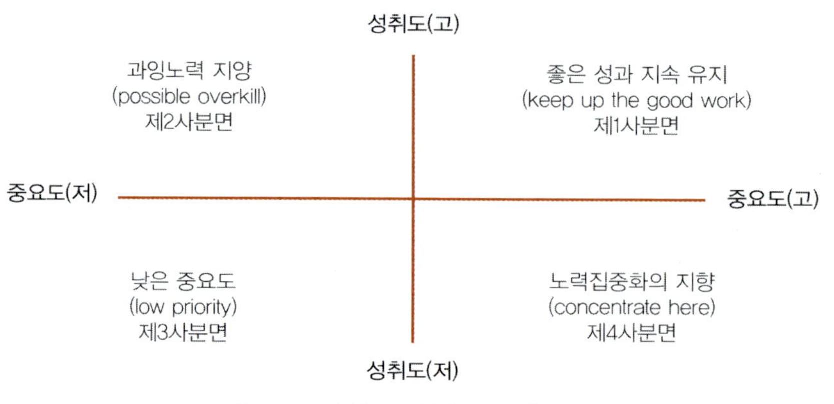

| 그림 5-6 | 중요도-성취도 분석(IPA) 매트릭스

생각해 보기

1. 평생교육기관의 경영 특성에 대해 토론해 봅시다.

2. 평생교육기관의 경영관리 과정에 대해 토론해 봅시다.

3. 평생교육기관의 경영 유형에 대해 설명해 봅시다.

4. 평생교육기관의 경영 환경 분석에 대해 토론해 봅시다.

CHAPTER

06

평생교육기관의 경영기획

CHAPTER

06 평생교육기관의 경영기획

제1절 평생교육기관의 경영기획 개념과 필요성

1) 경영기획의 개념

(1) 기획의 개념

기획은 많은 학자들이 일반적으로 목적이나 목표를 분명히 설정하는 것으로 설명하고 있으나 어떤 관점에서 보는가에 따라 개념정의는 약간의 차이를 나타낸다.

강인준(2010)은 기획의 단계부터 전략이 요구된다고 주장한다. 다시 말해, 기획을 성공적으로 추진하기 위해서도 전략이 요청되지만, 기획단계의 수립부터 특별한 전략을 통해 이루어질 수 있어야 한다는 것이다. 한마디로 기획도 전략적으로 수립되어야 한다는 것이다. 이와 같은 의미로 해석된다면 기획과 전략은 상호 교호적이면서 상호 순환적이다. 또한 전략은 기획의 핵심 과제이기도 하다(최기운, 2006).

더글라스(Douglass, 1996)는 기획을 다섯 가지로 나누어 정의하였다.

첫째, 기획은 활동과정뿐만 아니라 결과에 대한 예측을 가능하게 하여 경영활동의 성공 가능성을 높여준다.

둘째, 기획은 조직의 인적 및 물적 자원을 효과적으로 예측 통제하게 함으로써 미래상황에 대한 실질적 대처능력을 제고시켜 준다.

셋째, 기획은 개인과 조직 활동의 통제 및 관리 기준을 일목요연하게 제시한다.

넷째, 기획은 모든 조직 활동에 투입되는 소요경비의 계산에 구체적으로 기여한다.

다섯째, 기획은 조직경영의 운영 전반에 대한 분석적 사고와 평가능력을 제고하게 함으로써 관리자에게 의사결정의 수준을 높여준다.

길버트와 스펙트(Gilbert & Specht, 1977)는 기획이란 당면 문제를 해결하기 위한 목표에 따라 예측이 가능한 사건들의 경로와 과정을 통제하려는 의식적 시도로서, 미래전망, 체계적 고찰, 과학적 조사, 가치의 선택 등을 통해서 현실적인 대안을 수립해 나가는 의사결정의 과정이라고 하였다.

드로어(Y. Dror)는 기획을 최적의 수단으로 목표를 성취하도록 하는 미래행동에 대한 일련의 결정을 준비하는 과정으로 정의하였다.

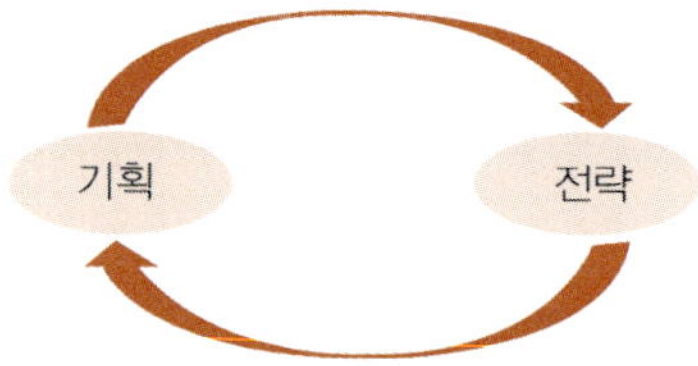

| 그림 6-1 | 기획과 전략의 관계

출처 : 강인준(2010) 재구성.

(2) 경영기획의 개념

바우메 등(C. Baume et al., 2002)이 제시하는 경영기획을 여섯 가지로 나누어 살펴보면 다음과 같다.

첫째, 기획은 미래지향적이다.

둘째, 기획은 지속적인 과정이다. 즉, 기획은 다양한 대안들을 지속적으로 탐색하는 과정이다.

셋째, 기획은 결정 수립과 불가분의 관계를 가지고 있다.

넷째, 기획은 목적 및 목표 지향적이다. 특히 현실성이 수반된 기획을 위해서는 목표를 명확히 하는 것이 관건이다.

다섯째, 기획은 현장성, 현실성, 실현성을 중심으로 이루어진다.

여섯째, 기획은 목표와 수단을 연결시켜 주는 개방성을 가진다. 다시 말해,

수시로 발생하는 돌발상황에 대처하기 위한 역동성과 가변성을 갖추기 위해서 기획은 확정적이거나 정형적이지 않다. 따라서 기획의 개방성을 통하여 다양한 아이디어가 창출되고 우리가 이를 수용할 수 있는 유연성을 얻게 된다는 것이다.

| 그림 6-2 | 기획과 전략의 관계

출처 : 김용현 외(2015) 재구성.

2) 경영기획의 필요성

경영목표 달성을 위한 성공전략의 수립은 성공적인 기획으로부터 시작된다. 기획은 목표달성을 위해 반드시 요청되는 전략적 요인을 중심으로 지속적으로 성취해야 할 것을 선택해 내는 작업이다. 따라서 성공적인 경영기획은 성공적인 경영전략의 수립을 위한 전제조건이 된다. 즉, 기획을 잘 하면 경영의 성과도 긍정적으로 나타날 수 있다는 것이다. 조직의 기능과 역할이 점점 더 복잡하고 다양해지며 의사소통의 절차와 방법이 세분화·전문화·민주화되면서 조직 활동에서의 혼선 가능성은 더욱 가중되고 있다. 따라서 경영의 목표와 절차 그리고 방법과 수단이 명확하지 않다면, 조직경영의 효율성과 생산성은 그만큼 보장되지 않는다. 또한 현대는 네트워킹 시대로 기획이 치밀하게 짜여 있지 않으면 조직기관의 상호 교류 등 정보체제에도 차질이 빚어질 것이다.

이와 같이 기획은 경영조직 활동의 혼란을 최소화함으로써 경영의 효율성과 생산성을 극대화하기 위해 작용한다고 볼 수 있다. 경영기획은 또한 경영전략을 수립하고 실행하는 데에도 매우 결정적 역할을 한다. 즉, 경영기획은 결과에 대한 예측을 가능하게 하여 경영활동의 성공 가능성을 높여주는 촉진역할을 수행하기도 한다(이향란, 2015).

제2절 평생교육기관의 경영기획 수립 과정

1) 경영기획의 수립 과정

경영에서의 기획 과정은 세 가지로 나누어 설명할 수 있다. 즉, 계획, 실행, 평가의 과정은 경영기획에 의해 전체적으로 조망된다. 다시 말해, 효율적이고 생산적인 경영관리를 위해서는 첫째, 경영계획을 수립해야 하며, 둘째, 이를 실행하고 실천해야 한다. 셋째, 이를 평가하고 통제·조정하는 일련의 경영 과정을 설계한다.

주로 계획단계에서는 예산관리, 투자사업의 타당성 분석, 재무예측 등에 관한 관리가 이루어지며, 실행단계에서는 관리회계, 사업부제, 구분손익관리, 원가계산, 원가관리, 표준원가 등에 대한 관리가 이루어지며, 끝으로 평가단계에서는 경영성과 분석 및 업적평가가 이루어진다(강인준, 2010).

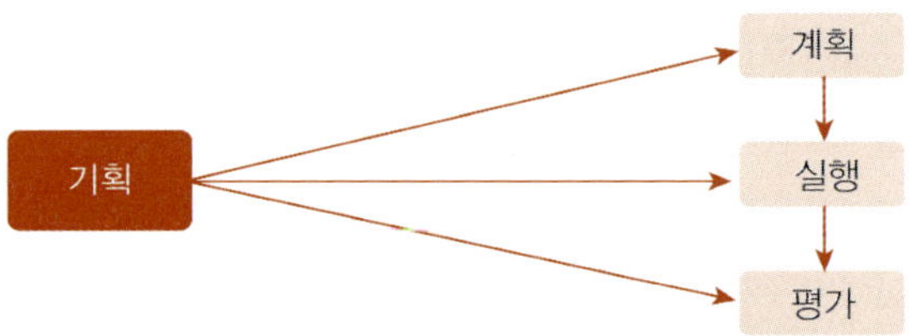

❙그림 6-3❙ 기획의 절차와 과정

출처 : 김용현 외(2015) 재구성.

또한 최기운(2006)은 '분석을 기반으로 하는' 경영기획 수립의 7단계를 제시하였으며, 호시노 다다시는 12단계로 제시하여 설명하였다. 구체적인 내용을 살펴보면 다음과 같다.

(1) 최기운의 경영기획 수립의 7단계

1단계 : 과제분석의 단계로서 '무엇을 왜 기획해야 하나?'에 대한 연구단계
2단계 : 시장분석의 단계로서 관련 자료의 수집 및 분석 단계

3단계 : 기본 전략 수립의 단계로서 아이디어 및 전략 도출의 단계
4단계 : 관련 부문별 세부 전략 도출의 단계로서 구체적인 전략 세우기의 단계
5단계 : 일목요연한 기획서 작성의 단계로서 문서로 정리하는 단계
6단계 : 프레젠테이션 단계로서 관련된 사람들에게 보고하는 단계
7단계 : 실행 및 보완 작업의 단계로서 기획을 사후 관리하는 단계

(2) 호시노 다다시의 경영계획 수립의 12단계

1단계 : 기획 수립의 과정을 이해한다.
2단계 : 과제를 발견 및 파악한다.
3단계 : 연관되는 제 조건을 정리한다.
4단계 : 작업계획을 세워서 준비한다.
5단계 : 정보를 모아 읽어본다.
6단계 : 아이디어를 내고 구상을 정리한다.
7단계 : 세부 사항을 채워나간다.
8단계 : 기획서를 만든다.
9단계 : 제안하여 결정하게 한다.
10단계 : 실행을 예측한다.
11단계 : 피드백(feedback)한다.
12단계 : 새로운 전망을 얻는다.

제3절 평생교육기관의 경영기획 유형

평생교육기관의 경영기획의 유형을 프로그램 기획에 따른 유형과 기획주체와 기간에 따른 유형으로 구분할 수 있으며, 구체적인 내용을 살펴보면 다음과 같다(김용현 외, 2015).

1) 프로그램 기획에 따른 필요성과 유형

(1) 프로그램 기획의 필요성

스키드모어(Skidmore)는 프로그램 기획의 필요성을 다음과 같이 제시하였다(Skidmore, 1994).

첫째, 불확실성을 감소시켜 준다.
둘째, 합리성을 증진시켜 준다.
셋째, 효율성을 증진시켜 준다.
넷째, 효과성을 증진시켜 준다.
다섯째, 책임성을 이행시켜 준다.
여섯째, 프로그램 관련자들의 이해와 욕구를 충족시켜 준다.

프로그램 기획은 프로그램 전체 설계도이며 실행도이다. 프로그램을 기획하는 과정이 생략된다면, 우리는 무엇이 어떻게 진행되고 또한 무엇이 어떻게 진행되어야 하는지를 알아낼 수가 없다. 프로그램은 혼자 기획할 수도 있으며 여럿이 기획할 수도 있다. 또한 기관이나 기관장의 지시나 주문에 따라서 특별히 기획하는 경우도 있지만, 기관 경영상의 목표과제로서 프로그램은 정기적으로 기획되는 것이 원칙이다. 어떠한 과제와 미션을 중심으로 프로그램을 기획할 것인가 아니면 어떠한 방식으로 기획할 것인가에 따라서 프로그램 기획의 유형은 달라진다(김용현 외, 2024).

(2) 프로그램 기획의 유형

① 학습요구 중심의 기획

학습요구 중심의 프로그램 기획은 학습자의 요구조사 및 요구분석(need analysis)을 통하여 이루어진다. 참여 학습자들을 대상으로 그들의 학습요구에 대한 조사 분석 결과를 프로그램 기획에 반영하는 방식으로 학습자들이 바라고 요구하는 내용을 중심으로 하는 기획의도가 있다. 오늘날 대부분 평생교육기관에서 이루어지는 프로그램은 대부분 학습요구 중심의 기획이다. 왜냐하면 학교교육 이외의 영역에서 이루어지는 평생교육은 원칙적으로 수익자부담으로서 학습수요자의 기호대로 선택되는 뷔페식(buffet-type), 카페테리아식(cafeteria-type)으로 접근되기 때문이다. 오늘날 세계 각국의 학교현장에서 실시되고 있는 방과 후 프로그램(after school program)이나 선택중심 커리큘럼 역시 교육수요자인 학생 및 학부모의 요구조사 및 요구분석을 토대로 이루어지는 경우로 학습요구 중심 기획의 대표적 사례라 할 수 있을 것이다.

② 문제해결 중심의 기획

문제해결 중심의 프로그램 기획은 우리 사회가 현실적으로 당면한 시급한 문제를 우선 인식하고 이를 해결하기 위한 목표를 염두에 두는 경우에 유효하다. 즉, 문제가 발생된 곳으로부터 학습이 시작되고 문제가 해결되는 시점에서 학습이 종료되는 것이다. 그러나 이러한 프로그램 기획의 구조적 한계는 사람마다 문제를 인식하는 수준이 다르고 문제해결의 의지, 노력, 능력 등에서도 개인차가 존재하기 때문에 실제로 문제를 해결하고 극복하는 데 공감대를 형성하기가 쉽지 않다는 사실이다. 그럼에도 불구하고 급변하는 현 사회 환경 속에서 문제해결 중심의 기획은 점점 더 큰 의미를 추구하고 있다. 그 대표적인 사례로 문제중심학습(PBL : Problem Based Learning)을 위한 프로그램 기획을 들 수 있다. 또 다른 사례로 프레이리(P. Freire)의 '의식화교육 프로그램'이나 매지로우(J. Mazirow)의 전환학습 프로그램(transformative learning program)의 문제해결 중심 기획 등이 있다. 이는 '위기를 기회'로 만드는 프로그램 기획으로서도 적절하다고 할 수 있을 것이다.

③ 자원활용 중심의 기획

자원활용 중심의 프로그램 기획은 현재 보유하고 있는 가용자원(enabling material)의 활용 가능성을 중심으로 기획하는 것이다. 즉, 지역이나 집단, 혹은 기관이나 조직에서 현재 보유하고 있거나 네트워크 활용 등으로 현장에서 가용할 수 있는 인적·물적 자원을 중심으로 프로그램을 기획한다.

즉, 가용자원의 획득 여부, 실현성, 구체성, 충실성, 충분성 등에 의해 기획의 수준과 실행력도 결정된다. 따라서 자원의 한계에 봉착하는 순간 기획력은 떨어진다. 그러나 자원을 외부에서 취득하여 전용하는 아웃소싱(outsourcing)의 강점이나 자원네트워킹을 잘 활용한다면, 자원가용의 한계극복 내지 극대화도 가능하여 최적의 기획력을 발휘할 수도 있을 것이다.

④ 참여중심의 기획

참여중심의 프로그램 기획은 프로그램을 주도적으로 계획–실행–평가할 운영주체와 프로그램에 참여할 학습자가 기획 작업부터 모두 함께 참여하는 방식이다. 여기서 참여라는 의미는 관여(involvement), 기여(contribution), 책임(responsibility)의 의미를 내포하고 있다(김용현 외, 2015). 따라서 참여중심의 기획은 민주적 의사소통의 절차와 방법으로 의사결정을 해나가는 방식으로 이루어지므로, 합리적·민주적 방식의 기획이라고 할 수 있다. 이때 참여중심 기획은 교수–학습 프로그램의 기획에서도 ISD(Instructional System Design) 모형보다는 RCP(Rapid Cooperative Prototyping)을 따른다. RCP란 교수–학습 모형을 설계할 때 한두 사람의 전문가나 교육공급자의 연구나 아이디어에 의해서가 아니라, 모든 스태프들이 지속적으로 협력하고 협동하여 마침내 교수학습의 최종적 원형(prototype)을 만들어 내는 것이다. 여기서 참여라는 개념은 관여(involvement), 기여(contribution), 그리고 책임(responsibility)의 의미를 내포한다.

2) 기획주체와 기간에 따른 유형

(1) 기획의 주체에 따른 유형

기획의 주체에 따라 국가 평생교육 기획, 지역사회 평생교육 기획, 기관 단위 평생교육 기획 등으로 유형화할 수 있다. 즉, 국가 평생교육 기획은 교육부나 국가평생교육진흥원 등 국가가 평생교육의 주체가 되어 수립하는 기획이다. 다음으로 지역사회 평생교육 기획은 특별시, 각 시·군·구의 지방자치단체에서 수립하는 기획이다. 또한 기관단위 평생교육 기획은 단위기관에서 수립하는 기획으로 기관의 자율성 확대로 그 중요성이 부각될 전망이다(권인탁·임영희, 2017).

(2) 기간에 따른 유형

기간에 따라 기본 구상계획, 장기 · 중기 · 단기계획 등으로 구분할 수 있다. 기본 구상은 20년 이상의 계획을 말하며, 해당 기관의 비전 수립을 의미한다. 장기계획은 10~20년의 전 국가적 기본 정책이 해당되며, 평생학습진흥 종합계획이 이에 해당된다. 중기계획은 5~10년 정도의 기획을 말하며 대개 1년 이내의 당해 연도 기본 운영계획 등이 속한다.

(3) 종합성 정도에 따른 유형

종합성 정도에 따라 종합교육 기획과 부문교육 기획으로 구분할 수 있다. 예를 들어, 평생학습진흥 종합계획 5개년 기획이 부문교육 기획에 속하며, 1995년 5월 31일 교육개혁안은 종합교육 기획이라 할 수 있다.

(4) 시간적 단계에 따른 유형

시간적 단계에 따라 문제해결 기획, 전술적 기획, 전략적 기획으로 구분된다 (권인탁 · 임영희, 2017).

〈표 6-1〉 시간적 단계에 따른 기획의 유형

구 분	문제해결 기획	전술적 기획	전략적 기획
목 적	정상적 수행 복귀	정상적 수행 복귀, 원하는 수행수준 도달	자치단체, 시 · 도 교육청, 평생교육기관 등의 목적과 임무에 도달하기 위한 수행 증진
구성원 참여	팀 참여와 실행에 대한 책임, 개인의 높은 참여	모든 임원의 참여	자치단체, 시 · 도 교육청, 평생교육기관 등의 중간행정가의 많은 참여
위험요소	매우 높다	높다	높다
기 간	1~2개월	보통 1년	3~5년
예산과정	품목별예산제도	영기준예산제도	기획예산제도
비 용	하	중	상
연 계	전술적 기획	전략적 기획	교육구성의 교육목적과 업무

출처 : 권인탁 · 임영희(2017) 재구성.

생각해 보기

1. 여러분이 생각하는 평생교육기관 경영기획의 개념은 무엇인지 토론해 봅시다.

2. 자신만의 경영기획 과정을 기획하여 다른 사람들과 서로 비교하여 토론해 봅시다.

CHAPTER 07

평생교육기관의 경영전략

제1절 평생교육기관의 경영전략 개념 및 원리와 중요성

제2절 평생교육기관의 경영전략 수립 과정

제3절 평생교육기관의 경영전략 유형

제4절 평생교육기관의 경영전략 특성과 SWOT 분석

CHAPTER

07 평생교육기관의 경영전략

제1절 평생교육기관의 경영전략 개념 및 원리와 중요성

1) 경영전략의 개념

전략(strategy)이란 한 조직이 나아가야 할 장기적인 방향을 제시하고, 지속적 경쟁우위를 유지하면서 그 조직의 사명과 목표를 달성하고자 자원을 활용하도록 하는 종합적인 행동계획이다(유필화 외, 2006).

래플리 등(Lafley et al., 2013)에 의하면 전략이란 경쟁자들에 비해 지속 가능한 우위와 우월한 가치를 창출하기 위해 기관이 전체 사회 내에서 자신의 특유한 위치를 확보하기 위하여 하는 통합된 일련의 선택이다.

이와 같은 전략의 개념을 바탕으로 경영전략은 무엇인지 구체적으로 살펴보면 다음과 같다(이승주, 2006).

첫째, 경영전략은 기관의 기본적인 목표를 달성하기 위한 종합적인 활동계획이다. 이는 일상적인 업무나 기능별 활동과는 구별되는 것으로 미래지향적이며 통합적인 측면을 강조하는 개념이다.

둘째, 경영전략은 기관의 경쟁우위를 구축하고 구체적인 경쟁방식을 선택하는 의사결정이다. 이는 경영전략의 상대성 및 경쟁우위의 중요성을 강조하는 시각이다.

셋째, 경영전략의 핵심은 고객을 위한 가치창조에 있다. 경쟁우위는 결국 자기 기관이 제공하는 고객에 대한 가치가 경쟁기관보다 뛰어날 때 발생한다고 볼 수 있으므로, 고객을 위한 가치창조를 강조하는 견해이다.

넷째, 경영전략은 기관의 한정된 경영자원을 효과적으로 배분하는 의사결정의 패턴이다. 즉, 한정된 경영자원을 어떤 사업 및 어떤 활동에 집중할 것인가는 경영성과를 결정하는 중요한 전략적 의사결정이다.

이와 같은 의미의 경영전략은 결국 환경 변화에 대한 기업 활동을 전체적·계획적으로 적응시키는 전략으로, 변동하는 기업 환경에 능동적으로 대처하여 기업의 존속과 성장을 꾀하는 것이다. 특히 오늘날의 기업경영의 현장에서는 급격한 주변 산업 환경의 변화 속에서 기업 경영방침의 유지, 발전, 혁신, 향상 등을 위한 제반 경영활동을 전체적·계획적으로 변화, 발전, 재적응시키기 위한 특단의 조처를 취해야 할 필요성이 높아지고 있다고 할 수 있을 것이다(한국경제신문기획부, 2001).

앞서 살펴본 경영전략의 개념과 경영전술의 개념은 유사하다고 볼 수 있다. 따라서 경영전략과 경영전술의 개념의 차이점을 비교하면 다음과 같다.

〈표 7-1〉 경영전략과 경영전술의 차이

항 목	경영전략	경영전술
주체자	최고경영층	중간관리층, 하위관리층
대상관점	진시적	기능적
성 격	비구조적	구조적, 반복적
주관적 가치	경영자의 주관적 가치가 큼	경영자의 주관적 가치가 적음
규칙성	규칙성이 없음	규칙성이 있음
선택범위	큰 범위	작은 범위(세분화)
불확실성	큰 불확실성	작은 불확실성
필요정보	매우 많은 정보	비교적 적은 정보
공간적	대국적	국지적
시간적	장기적	단기적
평 가	조금 어려운 평가	평가가 쉬움

출처 : 김성수(2000) 재구성.

전략

조직의 목표를 달성하기 위한 장기적 광범위한 행동 형태와 기본적 방법론

경영전략

통합적 · 체계적 · 미래지향적 활동계획, 장기적 · 대단위적 경영 문제 관련 가치 창조의 의사결정

전술

전략을 보다 단기적이고 구체적으로 세분화한 분야별 설계와 목표

경영전술

경영의 특정 부문(생산, 마케팅, 연구와 개발 등)에 한정적 · 단기적 행동 결정, 소규모 단위 경영문제

| 그림 7-1 | 전략과 전술, 경영전략과 경영전술의 개념 비교

출처 : 이향란(2015) 재구성.

2) 경영전략의 원리와 중요성

(1) 경영전략 결정의 원리

경영전략을 결정하는 원리를 특정의 프로그램 시장분야, 성장벡터, 경쟁상의 이점, 시너지 전략 등의 네 가지로 구분할 수 있다. 구체적인 내용을 살펴보면 다음과 같다(최은수 · 배석영, 2011).

① 특정의 프로그램 시장 분야

현재 진행하고 있거나 앞으로 진행하려는 특정의 프로그램 시장 분야를 결정하며, 프로그램 상호 간의 공통 관련성이 있는 사업 활동의 내용을 명확히 해야 한다. 이것이 결정되어야 비로소 프로그램 개발, 교육, 판매 등에서 공통 관련성이 있는 분야의 성장기회를 모색하는 행동이 생기게 되는 것이다.

② 성장벡터

성장벡터란 특정의 프로그램 시장 분야와의 관련에서 기관이 성장하기 위해 선택하는 성장방향을 말한다. 특정의 프로그램 시장 분야의 전략기준은 종사할 교육 분야를 결정하는 것이지만, 그 교육 분야에서 어느 방향으로 성장하도록 행동하느냐는 성장벡터의 전략기준에 의하여 결정하게 되는 것이다.

㉠ 시장침투

현 프로그램 시장에서 시장점유율을 증대시킴으로써 성장하려는 방향을 의미한다.

예 수강료 인하, 광고 증대, 프로그램 운영 횟수의 증가

㉡ 시장개척

현 프로그램에 대하여 새로운 시장을 개척하여 성장하려는 방향을 지칭한다. 즉, 새로운 지역시장을 탐구하거나, 현 프로그램의 운영에서 발생하는 새로운 시장을 개척하는 경우이다.

예 운영 프로그램과 연관된 프로그램, 즉 시리즈 프로그램을 운영하는 것

㉢ 프로그램 개발

새로운 시장에서 새로운 프로그램을 개발하여 성장하려는 방향을 지칭한다. 프로그램의 개선이나 프로그램에 새로운 내용을 추가하는 행동으로 나타난다.

예 리더십 프로그램에 의사결정 프로그램을 추가로 운영하는 것

㉣ 다각화

- **수평적 다각화** : 같은 유형의 고객이나 내용과 관련이 있는 프로그램 개발에 의한 성장 방향을 지칭한 것으로서, 교육 · 판매 면에서 공통 관련성이 높다.
- **수직적 다각화** : 최종적인 프로그램 분야는 같지만 상이한 개발단계에 전 · 후진적으로 다각화하여 성장하는 것을 말한다.
- **집중적 다각화** : 프로그램이나 시장에 어떠한 관련이 있는 분야로 다각화하여 성장하는 것을 말한다. 교육과 판매 면에서 또는 쌍방의 관련성이 강한 경우에는 다각화함으로써 중심 프로그램의 판매를 강화하는 방법이다.
- **집성적 다각화(비관련 다각화)** : 기존의 프로그램 시장에 거의 관련이 없는 분야로 다각화하는 것을 말한다.

③ 경쟁상의 이점

특정의 프로그램 시장 분야에서 강력한 경쟁상의 지위가 될 수 있는 프로그램 시장의 특성을 말한다. 이는 경쟁상의 우위성을 뜻하는 것으로서 프로그램의 독창성, 희소성이 경쟁상의 이점 전략이 된다.

④ 시너지 전략

구프로그램 시장과 신프로그램 시장, 또는 유사 프로그램의 두 결합효과를 측정하는 척도를 말한다.

예 양자의 결합이 1+1=3이라는 결과로 나타남을 의미

이와 같은 시너지 전략은 판매 시너지, 작업 시너지, 투자 시너지, 경영관리 시너지 등의 효과를 얻을 수 있다.

	기존 프로그램	새로운 프로그램
기존 시장	시장침투 전략	프로그램 개발 전략
신시장	시장개척 전략	다각화 전략

| 그림 7-2 | 프로그램 시장 확장 그리드

출처 : 지호준(2000).

(2) 경영전략의 중요성

경영전략이 조직 운영자에게 중요한 이유는 조직경영에 영향을 미치는 환경의 급속한 변화에 준비하고 대처할 능력을 부여하기 때문이다. 현대와 같이 미래를 예측할 수 없고, 많은 것들이 매우 빠르게 변화하고 있는 상황에서 이에 대비한 전략 수립은 장래에 발생할 수 있는 위험요소를 최소로 줄일 수 있는 방안이다. 변화의 속도가 느리고 완만했던 과거에는 단순히 경험에 입각하여 목적과 계획을 수립하면 되었다. 그러나 불확실성의 미래를 준비하기 위해서는 경험보다는 보다 체계적인 준비가 필요하다.

따라서 조직은 막대한 시간과 돈, 그리고 인력의 투자가 소요된다 할지라도 체계적인 전략을 수립하기 위해 많은 노력을 기울여야 할 것이다.

제2절 평생교육기관의 경영전략 수립 과정

경영전략은 기관이나 개인에 따라 다양한 방법으로 수립되는데 경영전략 수립의 기본적인 과정을 살펴보면 다음과 같다(안병환 외, 2011; 최은수 · 배석영, 2011).

1) 사명과 비전 수립

경영전략 수립은 기관의 사명을 정의하고 전략목표를 설정하는 것으로부터 시작된다. 기관의 사명은 기관이 사업을 통해 궁극적으로 어떤 가치를 창출할 것인가 하는 기관의 존립근거를 명확히 제시하는 것이다. 비전 수립은 전략을 수립하는 데 있어서 가장 중요한 단계로서 사업영역의 작성, 경영이념과 경쟁관계의 집약, 구조와 기능평가, 핵심 프로그램 파악, 주요 경영목표의 설정 등의 절차를 통해 이루어진다.

2) 목표설정

수립된 사명과 비전을 기초로 하여 전략적 프로그램 영역이 정해지면 그 영역에서 기관이 추구해야 할 구체적인 세부 목표를 설정한다. 기관의 사명이 추상적이고 포괄적인 성격을 띠고 있으므로 이를 보다 정량화된 형태로 구체화한 것이 전략목표이다. 이러한 전략목표는 수익성, 효율성, 경쟁력 확보, 프로그램 개발 등 다양한 형태로 설정될 수 있다.

3) 기회와 위협의 평가

평생교육기관을 둘러싼 환경적 요인은 다양하게 전개된다. 환경적 요인은 미시적 환경과 거시적 환경 요인으로 구분하여 살펴볼 수 있는데, 미시적 환경은 평생교육기관을 중심으로 내부적 요인과 외부적 요인으로 다시 구분하여 평가하여야 한다.

(1) 내부적 요인

새로운 예산의 확보, 인재의 채용, 경쟁력 있는 외부인사의 영입, 교육시설의 확충 등의 요인이 있을 수 있다.

(2) 외부적 요인

재정적 지원을 받을 수 있는 기관과의 연계, 유명인사의 협조, 새로운 교통수단의 도입, 봉사자의 참여, 지역주민의 평생교육에 대한 관심 증가 등이 있을 수 있다.

반면 거시적 환경은 국가의 정치적 환경, 경제적 환경, 인구통계적 환경, 사회적 환경 등으로서 지역주민의 평생교육 참여에 커다란 요인으로 작용하게 된다.

4) 약점과 강점의 평가

기관의 약점과 강점은 평생교육기관 내부의 개인적 · 조직적 차원에서 핵심역량을 분석하는 것이다. 다른 기관들과 차별화될 수 있는 요인들은 강점으로, 상대적으로 부족한 부분들은 약점으로 평가하여 강점은 더욱 강화될 수 있는 방안을 모색하고, 약점은 보완하여 경쟁력을 갖출 수 있도록 하는 것이 필요하다.

5) 전략 수립

전략은 조직의 장기적 방향과 기본 성격을 지배하는 중요한 요소로서 보다 높은 수준에서 조직의 목표를 달성하기 위한 틀을 제공하여야 한다. 따라서 평생교육기관의 경영전략은 앞서 분석한 기회요인과 위협요인, 기관의 강점과 약점을 분석하여 서로 상호 분석함으로써 대안을 모색하도록 한다.

6) 전략계획의 개발

전략계획의 개념은 환경에 의해 제공된 기회와 기관 스스로의 강점과 약점을 합리적 접근방법에 의해 면밀히 분석하여 자사이윤의 극대화라는 목표하에 그 사이를 서로 연결시키는 전략을 선택하는 계획기법이다. 조직의 전략적 자세를 논리적으로 재정의하는 합리적 계획기법이다(조동성, 2001).

7) 전술계획의 개발

전략을 구체적으로 실현할 수 있는 세부적 방안을 의미한다. 따라서 앞서 수립된 전략계획을 구체화할 수 있는 실제적이고 구체적이며 세부적인 방안을 개발하여야 한다.

제3절 평생교육기관의 경영전략 유형

평생교육기관의 경영전략 유형을 기관수준 전략(포트폴리오 전략, 포괄전략), 사업수준 전략(원가우위 전략, 차별화 전략, 집중화 전략), 기능별 전략으로 구분할 수 있으며, 구체적인 내용을 살펴보면 다음과 같다(안병환 외, 2011).

1) 기관수준 전략(Corporate Strategy)

기관수준 전략이란 기관 전체의 장기적인 방향을 설정하는 전략이다. 즉, 평생교육기관이 나아갈 방향을 정하는 것이다. 따라서 프로그램을 독립적으로 운영하는 것보다 다각화된 프로그램을 통합하여 운영하면 프로그램 단위들 간에 시너지효과를 얻을 수 있다.

(1) 포트폴리오 전략

포트폴리오 전략이란 여러 분야에 걸쳐 프로그램 영역을 가지고 있는 평생교육기관이 프로그램 구상을 어떻게 할 것이며, 각 프로그램에 자원을 어떻게 할당할 것인가를 결정하는 전략이다. 사업 포트폴리오 전략과 프로그램 포트폴리오 전략이 있다.

사업 포트폴리오 전략은 기관 전체 수준에서 적용하는 것을 의미하는 것으로 기관 전체 차원에서 각 프로그램 단위구성에 초점을 두고 있다. 반면 프로그램 포트폴리오 전략은 프로그램 단위수준에서 적용하는 것으로 프로그램 구성에 초점을 둔다.

(2) 포괄전략

포괄전략이란 평생교육기관이 환경을 평가하고 설립한 목표를 달성하도록 하기 위한 광범위한 계획을 말한다. 즉, 비전과 사명, 목표를 정하고 프로그램 수준에서 제시하는 여러 형태의 제안들이나 과제들을 검토하는 것을 의미한다. 포괄전략은 성장전략, 안정전략, 감량전략 등의 세 가지로 구분된다(표 7-2 참조).

〈표 7-2〉 포괄전략 구성요소

구분	성장전략	안정전략	감량전략
의미	미래의 목표를 과거보다 높여 시장점유율과 매출액을 증가시키려는 전략	기업이 과거의 경영성과에 만족하여 과거와 동일한 목표를 추구하고 현재의 성장을 유지하려는 전략	조직의 내적 약점과 외적인 위험에 의해 성과가 감소할 경우 비용절감을 통해 조직활동의 효율성을 제고하려는 전략방법
방법	집중화 전략 통합화 전략 분산화 전략	–	우회전략(다운사이징, 구조조정) 영업양도 전략 청산전략

출처 : 윤종훈 외(2008).

2) 사업수준 전략(Business Strategy)

사업수준 전략은 프로그램 개발 및 운영을 효과적이고 효율적으로 유도할 수 있는 전략을 말한다.

개별사업의 경쟁우위는 경쟁시장에서 평생교육기관 평균수익률보다 지속적으로 높은 수익률을 올릴 수 있게 하는 힘이다. 이러한 경쟁우위를 확보하기 위해서 기관은 원가우위 전략, 차별화 전략, 집중화 전략을 실행한다.

(1) 원가우위 전략(Cost Leadership Strategy)

원가우위 전략이란 프로그램 개발이나 마케팅에서 극도의 효율성을 강조함으로써 원가우위를 확보하려는 전략이다. 기관의 시설 이용률을 최대화하고, 규모의 경제를 실현하며, 기술혁신 추구, 능력 있는 평생교육사를 고용함으로써 원가를 최소화하는 것이다. 경쟁기관이 새로운 프로그램이나 값싼 노동력을 이용하여 더욱 저렴한 가격으로 경쟁함으로써 경쟁우위를 빼앗길 가능성이 있으며, 경쟁기관이 동일한 프로그램을 모방할 가능성도 배제할 수 없다.

(2) 차별화 전략(Differentiation Strategy)

차별화 전략이란 자기 기관의 프로그램이나 서비스를 경쟁기관의 프로그램에 비해 아주 독특하다고 인식시키는 전략이다. 프로그램 차별화, 시장 차별화, 서비스 차별화 등이 있다. 차별화의 특성으로는 고품질의 프로그램, 월등한 고객서비스, 편리한 교육장소 등을 들 수 있다.

(3) 집중화 전략(Focusing Strategy)

집중화 전략이란 특정 지역이나 시장의 한 부분에 제한된 교육수요자들에게 독특한 프로그램과 서비스를 제공하는 전략을 말한다.

시장세분화는 지리적, 교육수요자 형태, 프로그램 영역별로 이루어진다. 원가전략이나 차별화 전략이 평생교육산업 전체를 대상으로 함에 반하여 집중화 전략은 세분화된 특정 시장에 대한 원가우위 전략이나 차별화 전략을 사용하는 것으로 특정 목표만을 집중함으로써 효과적이고 능률적으로 대응하는 전략이다.

3) 기능별 전략

기능별 전략이란 사업전략의 원활한 수행을 위하여 조직의 자원을 어떻게 사용할 것인지에 대한 지침을 제공하는 것이다. 이 전략의 핵심은 제한된 자원을 어떻게 하면 효과성과 효율성을 극대화되도록 배분할 것인가이다. 기관의 프로그램 개발, 마케팅, 인적자원관리, 재무관리, 연구개발 등에 있어서 필요한 기능을 개발하는 전략이다.

제4절 평생교육기관의 경영전략 특성과 SWOT 분석

1) 경영전략의 특성

평생교육기관의 경영전략은 기업에서 수립되는 경우와 별반 다르지 않다. 다만, 기업은 경쟁관계에서 보다 많은 이익을 창출하는 것이 중요한 관건인 것에 반해, 평생교육기관은 단순한 이익의 창출이 아니라 기관의 운영과 유지·발전을 위한 수익의 창출에 목적이 있다. 경영전략의 특성을 구체적으로 살펴보면 다음과 같다(박민생, 2005).

첫째, 경영목적 달성의 수단이다. 즉, 경영전략은 경영목적을 달성하기 위한 포괄적인 수단이며, 경영목적과는 구분된다. 그러나 둘의 관계는 상호 밀접한 관계가 있으며 경영전략의 결정을 통해 경영목적의 달성 가능성이 평가된다.

둘째, 환경적응의 기능을 가지고 있다. 경영전략은 변화하는 조직의 내·외부 환경의 변화에 적응하기 위한 수단과 방법을 마련하는 것이다.

셋째, 전략적 문제의 발견 기능을 가진다. 경영전략은 기관이 향후 직면하게 될 전략적 문제나 전략적 기회를 발견하는 기능을 가진다. 어떤 프로그램을 개발하여 운영할 것인가를 결정하는 문제는 평생교육기관을 둘러싼 환경변화에 적응시키는 대안을 전략이 갖게 됨을 의미한다.

넷째, 각 부문의 경영활동을 종합하는 기능을 가진다. 평생교육기관이 가지고 있는 기능은 매우 한정적이다. 따라서 각 부문의 활동을 특정 방향으로 집중시킴으로써 자원이용의 최대효과를 얻게 한다. 이에 따라 경영전략은 기관전략(corporate strategy) → 사업부 전략(divisional strategy) → 기능적 전략(functional strategy)과 같은 체계적 전략을 갖게 된다.

다섯째, 경영전략에는 정보수집을 효율화하기 위한 결정 룰이 있다. 전략결정에 의하여 각 부문의 정보수집 활동 등 특정한 방향으로 효율화를 촉진하게 된다.

2) SWOT 분석

(1) SWOT의 개요와 분석 틀

SWOT 분석은 외부환경 분석으로 도출된 기회(Opportunity)와 위협(Threat), 내부환경 분석으로 도출된 강점(Strength)과 약점(Weakness)에 의해 만들어진 네 칸의 분석 틀이다. SWOT 분석은 외·내부 환경의 분석을 바탕으로 개발, 기술, 관리, 계획 등 주어진 상황을 전략적인 시각으로 분석하여 기회와 위협의 요인들을 도출하고 이렇게 도출된 기회와 위협을 자사의 강점을 통하여 활용하고, 자사의 약점을 보완하거나 회피할 수 있도록 전략적 계획을 수립할 때 사용되는 분석방법이다(안병오, 2016).

조직의 강점, 약점, 기회, 위협 요인들을 토대로 특별히 복잡한 작업이나 계량화 작업 없이도 기존에 수행한 상황분석만으로 전략을 수립할 수 있다는 실용성 때문에 널리 사용된다(이정희, 2008).

SWOT 분석은 경영조직체에서 파악된 기회와 위협요인, 강점과 약점요인을 정리하여 당면하고 있는, 그리고 앞으로 당면하게 될 환경에 대하여 조직체가 확보하고 있는 강점과 약점요인을 중심으로 어떻게 대응할 것인가를 분석하는 도표이다. 이를 토대로 전략을 수립할 때 조직이 강점을 가지고 기회를 살리는 전략(강점-기회전략, SO), 강점을 가지고 위협을 회피하거나 최소화하는 전략(강점-위협전략, ST), 약점을 보완하여 기회를 살리는 전략(약점-기회전략, WO), 그리고 약점을 보완하면서 동시에 위협을 회피하거나 최소화하는 전략(약점-위협전략, WT) 등을 도출할 수 있다. 좀 더 구체적으로 살펴보면 다음과 같다(김진권, 2007).

① SO전략(강점-기회전략) : 자신이 가지고 있는 강점과 시장의 기회를 적극적으로 활용하여, 전략상 가장 좋은 위치 상태이다.

② ST전략(강점-위협전략) : 자신이 가지고 있는 강점을 이용하지만, 시장의 상황은 좋지 않은 상태이다. 이 시기에는 좋지 않은 시장 상황 속에서 시장의 위협을 회피하기 위해 자신이 가지고 있는 강점을 많이 활용하는 전략을 선택해야 한다.

③ WO전략(약점-기회전략) : 자신이 가지고 있는 것은 불리한 점이 많지만, 전체적인 시장의 환경은 좋은 상태이다. 이 시기에는 자신의 약점을 극복하여 강점으로 살리고, 시장의 기회를 적절하게 이용해 전략을 펼쳐야 한다.

④ WT전략(약점-위협전략) : 자신이 가지고 있는 것도 불리하고, 시장의 기회도 좋지 않은 위의 네 가지 유형 중에서 가장 좋지 않은 상태이다. 이때는 시장의 위협을 회피하고, 약점을 최대한 강점으로 살려서 위협을 회피하는 전략을 사용해야 한다.

〈표 7-3〉 **SWOT 분석 매트릭스 모형**

내부요인 / 외부요인	S(강점)	W(약점)
O(기회)	SO전략	WO전략
	• 강점을 활용하여 기회 살림 • 기회를 살리기 위한 강점 발굴	• 강점을 활용하여 위협 회피 • 위협 회피 위해 강점 발굴
T(위협)	ST전략	WT전략
	• 약점 보완하여 기회 살림 • 약점을 강점으로 전환하여 기회 살림 • 기회를 살릴 수 있는 약점 무시	• 약점을 보완하여 위협 회피 • 약점을 보완할 수 없고, 위협을 회피할 수 없으면 철수

(2) 평생교육기관의 SWOT 분석

평생교육기관 실천현장의 강점, 약점, 기회, 위협의 네 가지 요소를 SWOT 분석을 통해 살펴보면 다음과 같다(김창엽, 2014).

첫째, 강점은 우리 평생교육현장 또는 프로그램을 타 평생교육기관이나 타 프로그램보다 경쟁우위에 위치하도록 만드는 요소를 가리킨다. 강점의 구성요소로는 타 기관보다 월등한 경영자원과 조직문화, 구성원의 역량 등이 포함된다.

둘째, 약점은 우리 평생교육현장 또는 프로그램을 타 기관이나 타 프로그램보다 열세우위에 위치하도록 만드는 요소를 가리킨다. 약점의 구성요소로는 목표 달성을 저해하는 조직의 한계나 단점 또는 결함이 해당될 수 있으며, 경쟁기관에 비해 열등한 경영자원이나 구성원의 역량이 해당된다.

셋째, 기회는 우리 평생교육의 수요를 확대하고 조직의 포지션을 제고시키는 우호적인 현재나 미래의 상황을 의미한다. 기회요소는 긍정적인 외부환경 내의 동향과 변화, 잠재적 학습자와 사회의 필요 등을 들 수 있다.

넷째, 위협은 우리 평생교육현장의 경쟁력을 침해하거나 위협하는 비우호적인 상황이나 동향, 변화를 가리킨다. 이 요소로는 수익성 제고를 방해하는 장애물이나 기관에 악영향을 미치는 수준이 해당된다.

지금까지 살펴본 SWOT 분석방법에 따른 ○○대학교 평생교육원의 지역 평생교육원의 장·단기 발전계획 수립에 대한 실천전략을 제안하면 〈표 7-4〉와 같다.

〈표 7-4〉 ○○대학교 평생교육원 SWOT 분석 사례

Strength(강점)	Weakness(약점)
• 캠퍼스 진입도로 확장(6차선)으로 접근성이 용이 • 평생학습도시에 따른 시민인식 확산 • 풍부한 역사문화 지원 및 학습자원 보유 • 지방자치단체장의 평생학습 활성화에 대한 의지 고조 • 인접 공단 및 중소기업 접근 용이 • 지역 유일의 의학 교육기관으로 특성화 프로그램과 지역주민의 선도적인 대학 이미지 고수	• 평생교육 관련 인프라 및 네트워크 미흡 • 본교 교수진의 평생교육 참여기회 미비 • 지역주민과의 소통 미비 • 캠퍼스 내 전용 강의장 미흡 • 지역권 내 대학 부설 평생교육원의 다양화에 따른 경쟁력 제고 • 캠퍼스 이전에 따른 평생교육원에 대한 인지 및 홍보 부족
Opportunity(기회)	**Threat(위협)**
• 지역평생교육진흥원 개원에 따른 프로그램 예산 지원 • 지방자치단체 차원의 평생교육 활성화 의지 • 다양한 지역특화 문화행사와 평생교육 연계 가능성 증대 • 레저관광산업 활성화 여건 구축 • 전철 2호선 연장에 따른 교통 환승이 용이하여 접근성 수월 • 대학중심의 평생학습 활성화 지원 사업(비학위 전문가 과정)에 선정 • 지역주민의 학습요구 증대	• 고령화, 저출산으로 인한 인구 감소 및 지역인재 유출 증가 • 경기침체로 인한 재정 및 예산 미흡 • 산발적이고 획일적인 평생교육 프로그램 운영 • 지방재정 여력 부족 및 자치단체 간 경쟁심화 • 지역의 11개 대학의 평생교육 프로그램의 공급 초과 • 지역 관공서 및 기관의 무료강좌 증가

출처 : 이향란(2015).

생각해 보기

1. 여러분이 생각하는 평생교육기관 경영의 전략은 무엇인지 토론해 봅시다.

2. SWOT 분석에 대한 여러분의 생각을 토론해 봅시다.

CHAPTER

08

평생교육기관 경영자의 역할과 리더십

CHAPTER

08 평생교육기관 경영자의 역할과 리더십

제1절 평생교육기관 경영자의 개념과 유형

1) 경영자의 개념

경영자(manager)란 기관의 목적을 달성하기 위해 필요한 경영활동을 수행하는 과정에서 중요한 의사결정을 행하며 기관의 활동이나 기관 구성원의 활동을 지휘·조정하는 권한과 책임을 지닌 사람이라 할 수 있다.

경영자에게는 기관 경영 활동의 핵심적 역할을 수행하는 권한과 책임이 주어진다. 권한이란 직무를 수행할 수 있는 공식적 권리로서 기관 구성원의 행동에 영향을 미치는 능력을 의미한다. 또한 경영자에게는 권한에 상응하는 책임이 부여되는데 경영자의 책임은 기관 목표를 달성하기 위하여 능률적이고 효율적인 방법을 계획하고 결정하는 것이다. 즉, 기관을 지속 발전시켜 구성원에게는 자부심과 긍지 그리고 고용의 기회를 안정적으로 부여하고 기관을 둘러싼 이해 관계자들에게 만족을 줄 수 있도록 평생교육기관 경영의 성과극대화를 얻으려는 것이다.

경영자는 구성원들이 상황을 파악하고 문제에 대처할 수 있도록 준비시키는 역할을 수행해야 한다. 특히 기관이 어려움에 봉착할수록 구성원에게 기관의 비전을 제시하고 사명을 상기시켜 현재의 어려움을 모든 구성원이 다 함께 극복함으로써 밝은 미래의 희망을 심어줄 수 있어야 한다.

따라서 현대사회에서의 평생교육기관 경영자는 기관의 장기적 근속, 성장, 발전을 추구하기 위하여 혁신을 주도해 나갈 수 있어야 한다. 특히 환경변화가 급격하게 이루어지거나 기관이 변혁기·확장기에 있는 경우에 이러한 혁신 노력은 더욱 필요하다. 따라서 경영자는 경영관리 기능을 수행하는 데 있어서 창조적 · 혁신적 사고로 기관을 성장 발전시켜 나가려는 적극적인 노력이 있어야 한다(이길헌, 2015).

2) 경영자의 유형

계층에 따른 경영자(최상층경영자, 중간경영자, 일선경영자)와 지배구조에 따른 경영자(소유경영자, 고용경영자, 전문경영자)로 분류하여 살펴보면 다음과 같다(유재욱 외, 2012).

(1) 계층에 따른 경영자 유형

① 최상층경영자(Top Manager)

최상층경영자의 대표적인 유형으로 한 기업의 경영 전반에 관한 책임과 권한을 가진 최고경영자(CEO : Chief Executives Officer)를 들 수 있다. CEO는 기업의 중장기 목표 및 전략 수립, 의사결정, 지휘, 통제, 혁신 기능을 주되게 수행하는 경영자이다. CEO 이외에 최고운영책임자(COO : Chief Operating Officer), 최고재무책임자(CFO : Chief Financial Officer), 최고정보책임자(CIO : Chief Information Officer) 등도 최상층경영자에 속한다. COO는 기업 내의 사업을 총괄하며, 일상 업무를 원활하게 추진하기 위한 의사결정을 행하는 경영자를 뜻한다. CFO는 기업의 경리, 자금, 원가 등의 조직을 총괄하는 경영자로 재무제표의 작성 및 결산, 자본조달, 투자 의사결정 등의 업무를 수행한다. CIO는 기업의 정보기술과 컴퓨터 시스템 부문을 책임지는 경영자이다. 정보기술과 정보시스템이 기업의 경쟁력을 좌우하는 핵심 요소로 부각되면서 이를 총괄하는 CIO라는 새로운 유형의 최상층경영자가 출현하게 되었다.

② 중간경영자(Middle Manager)

중간경영자는 최고경영자와 현장경영자의 중간에 위치하는 경영자이다. 중간경영자는 주로 구매, 인사, 재무 등 기업의 세부 기능부문에 대한 관리책임을 맡는다. 구매, 인사, 재무 등 각 부문의 활동을 관리하는 부장, 차장, 과장들이 중간경영자에 속한다.

중간경영자는 최상층경영자가 설정한 경영방침이나 전략을 실행으로 옮기기 위한 여러 가지 활동들을 수행한다. 즉, 중간경영자는 최상층경영자의 경영방침이나 전략을 자신이 관리하는 세부 부문에 대한 구체적인 목표나 계획으로 전환시키고, 다른 세부 부문들과의 업무 조정을 하는 활동들을 수행한다.

③ 일선경영자(First-line Manager)

일선경영자는 중간관리자의 명령과 지시에 따라 업무의 현장에서 생산직 또는 사무직 직원을 지휘 감독하는 관리자를 지칭한다. 일선경영자는 주로 실무에 종사하는 직원들의 업무 수행을 감독하고 업무 현장에서 발생하는 일상적인 문제 해결에 대한 책임을 지고 있다. 반장, 대리, 계장 등이 일선경영자에 속한다.

(2) 지배구조에 따른 경영자 유형

① 소유경영자

소유경영자는 자본조달, 위험부담, 의사결정, 지휘, 통제, 혁신 등의 모든 기능을 직접 담당하는 경영자를 지칭한다. 대주주이면서 최고경영자로 기업경영에 직접 참여하는 중소기업의 경영자가 소유경영자의 대표적인 예이다.

② 고용경영자

고용경영자는 소유경영자가 혼자서 수행하기 어려운 일부 기능을 맡기기 위해 고용한 경영자이다. 즉, 자본조달과 경영 전반에 대한 책임은 소유경영자가 부담하고 일부 기능만을 고용경영자가 책임지는데, 이 경우 고용경영자는 유급경영자(salaried manager)로 간주될 수 있다.

③ 전문경영자

전문경영자는 전문적인 지식을 가지고 자본조달을 제외한 소유경영자의 기능 대부분을 수행하는 경영자이다. 전문경영자는 기업의 소유와는 무관하다는 점에서 소유경영자와 구분된다. 또한 소유와 경영이 분리된 상태에서 자율성을 가지고 자신의 전문적인 능력을 활용하여 경영자의 기능의 대부분을 수행한다는 점에서 고용경영자와 차별화된다.

제2절 평생교육기관 경영자의 역할과 기능 및 능력

1) 경영자의 역할과 기능

평생교육기관 경영자의 역할을 대인관계 역할, 정보처리 역할, 의사결정 역할로 나누어 살펴보면 다음과 같다(Mintzberg, 1975).

(1) 경영자의 역할

① 대인관계 역할

㉠ 대표자

대표자로서의 역할은 상징적인 의미에서 기업을 대표하는 역할이다. 예를 들면, 경영이념 및 비전의 선포식, 창립기념일 행사 등 공식적인 행사에서 기업을 대표하는 역할은 대표자로서의 역할에 해당된다.

㉡ 리더

리더로서의 역할은 기업의 목표 달성을 위해 부하직원들에 대한 동기부여, 업무지침 제시, 종업원 격려, 갈등 조정 등 부하직원들을 통솔하고 조정하는 역할을 의미한다. 모든 계층의 경영자는 자신의 위치에 맞는 리더로서의 역할을 수행해야 한다.

㉢ 연결자

연결자로서의 역할은 기업 내부와 외부의 연결자 또는 기업 내부의 집단 간 연결자로서의 역할을 의미한다. 최상층경영자는 정부, 경쟁기업, 소비자 등 기업 외부와 기업을 연결하는 외부 연결자(external liaison)로서의 역할을 주로 수행한다. 반면 중간경영자와 일선경영자는 내부 집단 간을 연결하는 내부 연결자(internal liaison)로서의 역할에 치중한다.

② 정보처리 역할

㉠ 모니터

경영자들은 각종 정보원으로부터 끊임없이 유용한 정보를 얻기 위하여 외부환경을 면밀히 탐색하여야 한다. 이러한 목적으로 하는 활동에는 보고서와 정기간행물을 검토하는 일, 회의나 브리핑에 참석하는 일, 그리고 각종 연락망을 점검하고 현장을 시찰하는 일 등이 포함된다. 특히 많은 정보는 비공식적인 경로를 통하여 전달되기 때문에 경영자는 그러한 정보의 신뢰도와 가치를 평가할 수 있어야 한다.

㉡ 전달자

경영자는 내외의 각종 정보원으로부터 얻은 정보를 그대로 또는 그 뜻을 해석하고 적절히 편집한 뒤 조직 내의 다른 사람들에게 전달해야 한다. 이는 보통 회합 · 메모 · 서신 · 브리핑 등과 같은 경로를 통하여 전달된다. 그리고 중요한 것은 경영자는 어떤 정보를 얼마만큼 어느 사람에게 전달해야 할지를 결정해야 한다는 것이다.

㉢ 대변인

경영자는 자신의 하급자들뿐만 아니라 조직의 외부에 있는 사람들에게 조직의 가치를 반영하는 정보(예 조직의 계획 · 정책 · 활동 등)를 전달하여 그들에게 조직에 대한 좋은 인상과 믿음을 심어주어야 한다. 다시 말하면, 경영자는 조직을 대표하여 주주 · 고객 · 납품업자 · 정부부처 · 언론 등에 대한 조직정보의 제공을 통하여 자기 조직의 입장을 효과적으로 밝혀 그들로부터 신망을 얻어낼 수 있어야 한다.

③ 의사결정 역할

㉠ 평생교육 전문가

기관의 발전과 성장을 위해 기회를 탐색하고 자원과 프로그램 개발기술의 혁신적 활용방법을 찾아내려는 창의적인 노력을 의미한다.

㉡ 위기수습자

경영자는 조직이 예기치 못한 위기에 직면하거나 절박한 상황에 놓였을 때 이를 효과적으로 수습할 책임이 있다. 위기상황으로는 부하직원들 간의 마찰, 화재나 사고, 태업, 주요 하급자의 이직 등을 들 수 있는데, 경영자들은 이러한 상황이 갑작스럽게 발생했을 때 지혜롭게 대처하고 수습할 수 있어야 한다.

㉢ 자원배분자

경영자는 인력 · 용역 · 자재 · 설비 등과 같은 인적 · 물적 자원의 분배에 책임을 지고 조직의 각 부문에서 필요로 하는 자원은 무엇이며, 한정된 자원을 어떻게 균등하게 할당할 것인지를 결정해야 한다. 다시 말하면, 경영자는 예산 및 주요 결정사항들을 검토 · 승인하고 인원의 할당, 목표의 설정, 자본지출의 결정, 그리고 작업계획의 수립 등과 같은 일련의 의사결정을 수행하여야 한다.

㉣ 협상자

경영자는 조직을 대표하여 종업원 · 고객 · 공급자들과의 협상에 임하여 이들과 조직 간의 이해관계나 분쟁문제를 조정 · 해결해야 한다. 예를 들면, 최고경영자는 공급자나 고객과의 계약협상 · 주요 임원들과의 고용협상, 그 밖에 타기업의 인수나 은행융자의 신청 등과 같은 협상에 참여하여 필요한 결정을 내려야 한다.

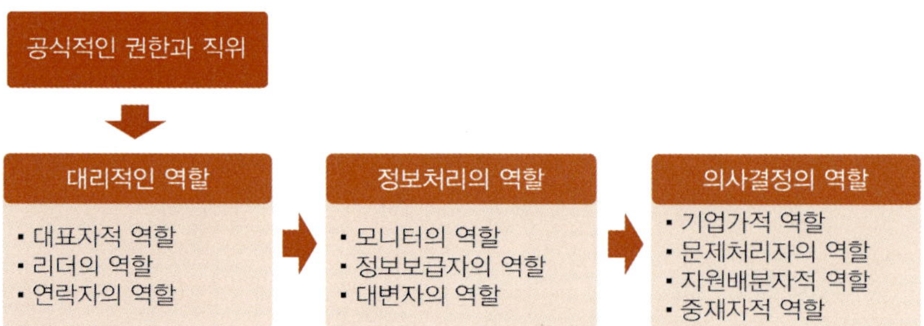

| 그림 8-1 | 경영자의 역할

출처 : 권두승 외(2014) 재구성.

(2) 경영자의 기능

경영자의 기능을 기획(Planning), 조직(Organizing), 지휘(Commanding), 조정(Coordinating), 통제(Controlling)의 다섯 가지로 분류할 수 있으며, 구체적인 내용을 살펴보면 다음과 같다(안병환 외, 2011, 김미자 2023 재인용).

① **기획**(Planning)

경영자의 주된 기능임과 동시에 여타 기능의 기반을 이루는 과정으로서 미래 활동에 관하여 현재의 의사결정을 하는 총체적 과정으로서 조직목적을 명백히 하고 이들 목적을 달성하기 위한 전반적인 전략을 수립하고, 제반 활동을 통합하고 조정하기 위해 보다 큰 계획으로 발전시키는 일이다. 이러한 기능은 조직 목적을 달성하기 위하여 다음과 같은 과정을 거치게 된다.

- 어떠한 자원이 필요한가를 결정한다.
- 기관이 필요로 하는 구성원의 수와 유형을 찾아낸다.
- 업무가 제대로 수행될 수 있는 조직 환경의 기반을 개발하고 탐색한다.
- 필요하다면 조정 등을 통해 수정하도록 하고, 목표측정 기준을 정한다.

② **조직**(Organizing)

조직 구조를 설계하는 데 중점을 두는 이 기능은 조직의 내부구조를 설정하고 직무 · 구성원 · 권한 및 책임 간에 적당한 분업과 협력관계가 발생하도록 하여 각종 업무와 관리행위가 효과적으로 진행될 수 있도록 하는 과정을 뜻한다.

조직은 먼저 조직의 전체 목표를 달성하는 데 요구되는 각종 직무를 어떤 기초에 의거하여 몇 개의 부문 또는 단위로 조합하여야 한다. 만일 조직의 과업 범위가 협소하거나 단순하다면 이러한 부문이나 단위의 조합작업은 그리 복잡하지 않을 것이다. 그러나 많은 경우에 있어서 필요한 직무의 항목과 그 성질이 매우 다양하여 설치해야 할 부문이나 단위가 종과 횡으로 상당히 복잡하게 된다. 일반적으로 우리가 흔히 볼 수 있는 조직도는 바로 이러한 기본 구조를 나타낸 것이다. 그러나 조직화의 문제는 조직도를 만드는 것 이외에도 각 부문에 대한 과업할당, 그리고 그에 따른 권한과 책임관계를 설정하여야 하며, 또

효과적인 의사소통 경로를 설정하고 필요한 적합한 인원을 충원하여야 하는 것이다.

③ 지휘(Commanding)

흔히 지시, 영향 또는 동기부여라고도 불리는 이 기능은 계획을 수립하고 조직 구조를 만들고 구성원을 채용한 다음, 조직을 이끌어 가는 기능을 말한다. 구성원들이 부여받은 업무를 자발적으로 수행하도록 의욕을 불어넣어 주고 영향력을 행사하는 경영자의 기능을 말한다. 지휘는 경영목표를 효과적으로 달성할 수 있도록 조직의 구성원들이 각자의 직무를 충실히 수행하도록 지도하고 격려하는 것을 말한다.

④ 조정(Coordinating)

여러 사람이 모이면 언제나 의견의 상충과 개인 상호 간, 개인과 집단 간 또는 집단 상호 간의 갈등과 긴장이 있게 마련이다. 경영자는 여러 입장과 관점을 고려하고, 의도하는 목표에 타당한 방향으로 의견의 차이를 조정하고 합의점을 찾아야 하는데, 무엇보다도 인간관계와 의사소통에 관한 기술이 필요하다(권인탁 · 임영희, 2017).

⑤ 통제(Controlling)

경영자의 의지 등을 통하여 조직 내에서 수행되고 있는 제반 경영활동의 결과를 측정하고 그것을 이미 결정한 성과목표와 비교해 보고, 필요하면 수정하는 기능을 말한다.

2) 경영자의 능력

경영자의 능력을 기술적 능력, 인간관계 능력, 개념화 능력 등의 세 가지로 분류할 수 있으며, 구체적인 내용을 살펴보면 다음과 같다(Katz, 1955).

(1) 기술적 능력

기술적 능력이란 작업이나 업무를 처리하는 데 응용할 수 있는 지식과 경험을 말한다. 앞에서 설명한 것과 같이 이와 같은 기술적 능력은 경영능력과 같은 것이 아니며, 경영자가 반드시 이런 방면의 전문가가 되어야 할 필요도 없고, 꼭 필요한 경우에는 전문기술자의 협조를 이용할 수도 있다. 그러나 경영자가 만일 이 방면에 전혀 문외한이라면 그는 조직 내의 기술자들과 의사소통이 불가능하게 되어 필요한 경우에 그들로부터 협조를 구할 수가 없다. 따라서 경영자는 어느 정도의 기술적 능력을 구비할 필요가 있다.

(2) 인간관계 능력

경영자는 반드시 타인의 역량을 효과적으로 활용할 수 있어야만 주어진 과업을 성공적으로 완성할 수 있다. 따라서 그들이 사람과의 신뢰와 협조적인 인간관계를 어떻게 이룩하느냐 하는 것은 매우 중요하다. 인간관계 능력 중에서 일반적으로 가장 중시되는 것이 경영자의 커뮤니케이션 능력과 리더십 능력이라고 할 수 있다. 전자는 경영자가 자기의 의도나 생각을 다른 사람들이 명확히 이해할 수 있도록 하는 능력을 말하며, 후자는 경영자가 그의 부하들에 대하여 발휘하는 영향력을 말한다.

(3) 개념화 능력

경영자가 부딪히는 문제들은 항상 매우 복잡하고 애매한 성질의 것들이다. 또한 이들 문제는 여러 방면에 다양하게 영향을 미치면서 중대한 결과를 가져오게 된다. 따라서 이러한 문제들에 대하여 그 중요성과 시간적 필요성에 따라 해결의 우선순위를 정하고 각종 해결방안의 우열성과 위험도를 평가하기 위해서는 주로 경영자가 지니고 있는 사고능력 또는 개념화 능력에 의존해야 한다.

개념화 능력은 각종 계층의 경영자들에게 모두 중요하다. 특히 계층이 높아질수록 당면하는 문제가 더욱 복잡해지고 추상적이며 비일상적인 성질을 나타낸다. 따라서 경영자가 속해 있는 계층이 높아질수록 이러한 개념화 능력의 필요성은 더욱 커진다. 미국 제너럴 일렉트릭(General Electric) 회사의 한 고위간부는 일찍이 "제너럴 일렉트릭과 같이 규모가 큰 기업의 높은 계층 경영자는 다만 그들이 책상 앞에 앉아서 지시를 내리거나 그 직위에만 의존하여 직무를 수행하는 것이 아니며 바로 그들의 개념화 능력에 의존하여 직무를 수행한다"고까지 이 능력의 중요성을 강조하였다(Thackray, 1978). 또한 개념화 능력은 기술적 능력이나 인간관계 능력과는 달리 타인에게 위양하거나 타인의 협조를 얻을 수 있는 성질의 것이 아니다. 따라서 높은 계층의 경영자를 선발하거나 훈련할 때에는 반드시 이 능력을 중시하여야 한다.

제3절 평생교육기관의 리더십 개념 및 기능

1) 리더십의 개념

리더십을 행사하는 데에는 계획과 조직 · 통제 · 지시 및 종업원 등의 요소가 경영과정(managerial process)에 포함되어 있다. 일반적으로 리더십은 주어진 상황 속에서 목표달성을 지향하는 개인과 집단 활동에 영향력을 행사하는 과정이라고 이해된다. 이와 같은 리더십은 리더라는 특정 개인에게 국한된 사항이 아니라 과정행위임을 알 수 있다. 더욱이 기본적인 변수인 리더(leader), 집단(group), 상황(situation)의 세 가지 요소는 이러한 리더십 과정에 리더, 추종자 및 상황의 조건 등으로 포함되고 있다.

리더십의 개념에 대한 여러 학자들의 정의를 살펴보면 테리(Terry)는 리더십이란 모든 사람들이 집단목표를 위해 자진해서 노력하도록 사람들에게 영향을 주는 활동이라고 정의하였으며, 플레쉬맨(Fleishman)은 리더십을 어떤 목표나 목표들의 달성을 향하도록 커뮤니케이션 과정을 통해서 개인 간에 영향력을 행사하려는 시도로 보고 있다. 또한 허쉬와 블랜차드(Hersey & Blanchard)에 의하면 리더십이란 일정한 상황하에서 목표를 달성하기 위하여 개인이나 집단의 활동에 영향을 미치는 과정이며, 리더십 과정(L)은 리더(leader : l)와 추종자(follower : f) 및 상황적 변수(situational variables : s)의 함수관계인 L=f(l, f, s)로 표시할 수 있다고 정의하고 있다(신응섭 외, 2004).

2) 리더십의 기능

리더십의 기능을 상황판단의 기능, 집단 통일 유지의 기능, 집단 목표달성의 기능 등의 세 가지로 분류할 수 있으며, 구체적인 내용을 살펴보면 다음과 같다(권두승 외, 2014).

(1) 상황판단의 기능

이는 어떠한 리더에게도 불가결한 기능으로서 리더가 자기 자신을 포함해서 그가 위치하고 있는 집단 내외의 상황에 대한 정확한 정보를 획득하여 일정한 집단효과를 얻을 수 있는 자료로서 분석 · 정리하는 것을 의미한다. 즉, 부하를 아는 일, 커뮤니케이션의 통로를 개방해 두는 일, 전체적인 상황에 대해서 고려하는 일, 계속 급변하는 사회적 여건과 복잡한 심리적 활동을 이해하는 일 등이다.

(2) 집단 통일 유지의 기능

이는 우선 지도적 지위를 유지하는 데 노력함과 동시에 집단을 구성하는 단위(개인 및 하위집단)의 이해를 조정함으로써 집단 내부의 분쟁을 방지하고 필요에 따라 상과 벌을 주어 집단 성원의 일체감, 연대감을 촉진하여 최종적으로 집단의 통일을 유지 · 강화함을 그 내용으로 하고 있다. 따라서 성원을 하나의 팀으로서 훈련하는 일, 개인으로서 책임을 지고 모범을 보이는 일, 리더로서의 지위를 확보하는 일, 집단규범에 충실히 하는 일, 구성원의 유지, 부하의 통합 등의 행동원칙은 모두 이 기능의 내용을 구성하게 된다.

(3) 집단 목표달성의 기능

이는 집단목표를 결정하고 그를 위한 구체적 계획을 수립하여 보다 생산적인 활동에의 참여를 가능하게 하는 집단 성원의 조직화, 사기의 향상 등을 내용으로 하는 행동이 포함된다. 즉, 정책결정 및 동기부여의 행동이라고 할 수 있다. 성원의 행동을 유도해서 지시하는 일, 따르지 않을 것 같은 명령은 하지 않는 일, 목적의 달성, 제도의 사명과 역할을 규정하는 일, 대폭적으로 권한을 위양하는 일 등의 행동원칙은 이에 속한다.

제4절 평생교육기관 리더십의 권력 유형

우리는 리더십이라는 말을 자주 사용한다. 정치지도자들, 기업의 경영자들 또는 학생회장의 리더십에 대해 나름대로 평가하기도 한다. 리더십은 다른 사람에게 영향력을 행사하여 그들로부터 조직의 목표 달성에 기여할 수 있는 행동을 이끌어 내는 과정이다. 따라서 리더십의 근원은 영향력 또는 권력(power)이라는 것을 알 수 있다. 그러나 권력이라는 말은 부정적으로 받아들여지는 경향이 있다. 하지만 권력을 사용하는 것이 항상 남을 억압하고 그 사람이 원하지 않는 행동을 하게 만드는 것만은 아니다. 권력이 잘 사용되면 사용하는 사람과 영향을 받는 사람 모두가 유익한 결과를 얻을 수도 있다. 따라서 경영자들은 권력이 무엇으로부터 생기며 어떻게 사용해야 하는지 잘 알고 있어야 한다.

이에 이 절에서는 권력 유형을 지위에 부여된 권력(보상권력, 강압적 권력, 합법적 권력)과 개인적 특성 때문에 갖게 되는 권력(전문적 권력, 준거적 권력)으로 분류하여 구체적인 내용을 살펴보았다(서성무 외, 2005).

1) 지위에 부여된 권력

(1) 보상권력

조직 구성원들이 원하는 보상을 줄 수 있기 때문에 생기는 권력이다. 예를 들면, 임금인상, 상여금의 지급 또는 승진 등에 관한 결정에 경영자가 영향을 미칠 수 있기 때문에 그것을 원하는 구성원들은 경영자에게 복종하게 된다.

(2) 강압적 권력

경영자는 흔히 처벌이라고 말하는 여러 가지 것들, 즉 꾸지람, 감봉, 좌천, 해고 등을 결정할 수 있기 때문에 구성원들에게 권력을 갖게 된다.

(3) 합법적 권력

권한 배분에 의해 지위에 부여된 공식적인 권한(formal authority) 때문에 생기는 권력이다. 어떤 부서의 차장에게 임금인상이나 감봉에 관한 결정권이 주어지지 않았다 하더라도 차장이라는 직책에 공식적으로 부여된 여러 권한 때문에 업무와 관련해 하급자에게 지휘·명령할 수 있으며, 이를 합법적 권력이라고 한다.

2) 개인적 특성에 따른 권력

(1) 전문적 권력

전문적 지식이나 능력을 가지고 있기 때문에 생기는 권력이다. 조직 구성원이 주어진 업무를 처리할 때 경영자들이 가지고 있는 전문적 기술이나 정보에 의존해야 하는 경우 경영자는 그 구성원에게 영향력을 행사할 수 있다.

(2) 준거적 권력

구성원들이 리더에게 개인적으로 호감을 느껴 자신을 리더와 동일시(identification)

하려는 경향 때문에 생기는 권력이다. 존경심, 호감 또는 카리스마적인 기질 때문에 조직 구성원들은 리더가 원하는 방향으로 행동하게 된다.

제5절 평생교육기관 리더십의 주요 이론과 모델

1) 리더십의 이론적 전개 과정

리더십에 관한 접근방법으로는 그 배경과 흐름에 따라 크게 리더의 특성에 착안한 특성론적 접근방법과 리더의 행동에 착안한 행동론적 접근방법, 상황에 착안한 상황론적 접근방법으로 구분할 수 있다.

초장기 리더십에 관한 연구에서는 리더에게는 남과 다른 개인적인 특성이 있다고 생각하고 이러한 개인적 특성을 추출하려고 노력하였다. 이를 리더십의 특성이론(trait theory) 또는 자질이론이라고도 하는데 리더십의 본질을 리더의 개인적 특성에서 찾으려 한 리더십 연구의 초기 형태적 접근방법이며, 1940년대에서 1950년대까지 성장했던 이론이다. 그러나 이 이론은 리더의 공통적인 특성을 추출하는 데 실패하고 성공적인 리더십과 리더의 특성 간에 나타나는 관련성이 별로 발견되지 않아 곧 한계에 부딪히게 되었다.

리더의 특성 추구에 실패하게 됨으로써 리더십 연구는 외부로 나타나는 리더의 행동을 관찰하는 방향으로 연구를 진행하게 되었다. 따라서 이들은 리더의 행동에 착안하여 리더십의 유형을 연구의 대상으로 삼게 되었다. 특성이론은 개인이 리더가 되는 데에 대한 연구인 반면 행동이론은 어떠한 유형의 리더가 가장 높은 조직의 효율성을 보여주는가에 대해서 연구하였다.

즉, 리더십 유형에 관한 초기의 연구들은 가장 이상적인 유일·최선의 리더십을 발견하는 데 집중되어 있었으나, 그와 같은 연구결과가 리더십의 유효성이라는 관점에서 실망을 안겨주게 되자 리더십에 대한 연구는 복잡한 상황에 초점을 두게 되었다. 이를 리더십의 상황이론(contingency theory)이라고 한다.

상황이론에서는 어떤 상황에서나 유효한 유일·최선의 리더십 유형은 없으며, 리더의 행동이 구체적인 상황에 가장 잘 부합할 때 리더십은 효과적인 것이 될 수 있다고 생각한 것이다(권두승 외, 2014).

이와 같은 리더십의 이론적 전개과정을 그림으로 나타내면 ❙그림 8-2❙와 같다.

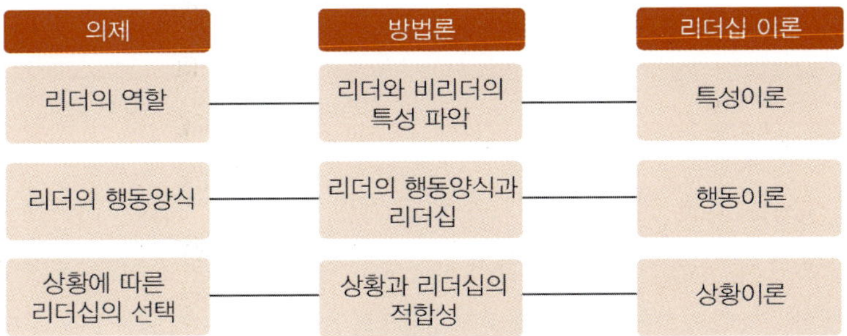

❙그림 8-2❙ 리더십의 이론적 전개 과정

출처 : 김진철 외(2015).

2) 리더십의 주요 이론

(1) 특성이론(이길헌, 2015)

특성이론은 우수한 리더들의 자질과 능력 등 특성을 추출하여 규명하고자 하는 연구로서 일명 '자질이론'이나 '위인이론'이라고 한다. 이 이론에 따르면 리더는 고유한 개인적인 특성만 가지고 있으면 그가 처해 있는 상황이나 환경이 바뀌더라도 훌륭한 리더가 될 수 있다는 것이다. 스토그딜(Stogdill, 1974)은 1949년부터 1970년 사이의 자료를 바탕으로 163개의 리더십 특성을 발견하여 1974년에 발표하였다. 스토그딜의 연구에 의한 리더의 주요 특성 요인들을 정리하면 〈표 8-1〉과 같다.

〈표 8-1〉 리더의 주요 특성 분류

구 분	내 용
신체적 특성	연령, 체중, 키, 외모
사회적 배경	교육 정도, 기동성, 사회적 지위, 가정 배경
지적 능력	능력, 판단력, 결단력, 설득력
성 격	독립심, 지배력, 자신감, 적극성
과업수행 특성	성취욕구, 책임욕구, 과업지향성, 지구력
사회적 특성	감독 능력, 통합력, 협동성, 대인관계

특성이론의 연구 관심은 세 가지로 요약할 수 있다. 첫째, 우수한 리더들이 지닌 공통적 특성은 무엇인가, 둘째, 리더와 일반 사람을 구별하는 특성은 무엇인가, 셋째, 리더의 지위에 있으면서 효과적인 리더와 비효과적인 리더의 차이는 무엇인가를 연구하는 것이다.

리더의 특성에 관한 연구들은 우수한 리더 특성에 관해 일관성 있는 집약적 결론을 도출하지는 못하였지만 리더십 연구와 실무에 크게 기여하였다. 특성 연구의 한계점에 대해 구체적으로 살펴보면 다음과 같다.

- 우수한 리더들의 특성을 명료하게 집약하지 못한다는 점이다. 이는 리더십의 대상과 상황이 워낙 다양하고 연구 방법의 한계 때문에 간명한 집약이 불가능한 것이 오히려 당연한 것으로 생각된다.
- 리더의 특성과 효과성 간에 상관관계만을 제시하고 있을 뿐 그 과정을 밝히지 못하고 있다. 또한 리더의 특성은 같은데도 리더십 효과성의 상관관계가 다른 경우도 흔히 있다. 이는 한 개인이 어떤 특성들을 소유하였기 때문에 리더가 되는 것이 아니라 그 특성들이 발휘 상황에 적합하여야 한다는 것이다.
- 성격이나 가치관 같이 리더 특성에 관한 많은 요소들이 내면적인 것이어서 외적인 언행을 통해 추정하지만 내면의 실체를 정확하게 진단하기 어렵다.
- 리더의 특성들은 유전적 또는 선천적 영향도 있고 또한 후천적으로 획득 및 개발되기도 하는 것이다. 즉, 계속 변화하는 것인데 대부분 연구자들은 리더의 특성을 고정적인 것으로 간주하고 연구하기 때문에 실제 현상과 다를 수 있다.

- 리더의 자질을 추종자와는 구별되는 선천적이거나 유전적인 것으로 인식하면 후천적 개발의 효율성을 부정하는 것이며, 윤리적인 면에서 정당하지 못하다.

리더 특성 연구는 여러 한계와 문제점에도 불구하고 오늘날에도 중요하게 인식되고 있다. 리더의 특성들은 리더의 자격을 판단하는 데 평가기준으로 활용하고 있으며, 리더에 대한 대외적 이미지나 평판을 결정하는 데 작용하므로 여러 조직에서도 계층별 리더십 개발 프로그램을 체계적으로 시행하고 있다.

(2) 행동이론

특성이론에 대한 불만으로 1950년대 행동과학자들은 실제적인 지도자의 행동에 관심을 두기 시작하였는데, 효과적인 지도자는 그들의 특별한 리더십 행동에 있어 비효과적인 지도자와 구별된다는 이론이다(김경희, 2009, 김미자, 2023 재인용). 행동이론들은 리더가 실제로 무엇을 하는가에 초점을 둔다. 행동이론에서는 리더십의 스타일과 그 특정 스타일에 대한 적정 상황에 대한 연구가 이루어졌다. 이러한 접근은 리더십 개발에 대한 중요한 시사점을 주는데, 그 이유는 그 전의 연구가 선천적인 자질의 양육에 관심이 있었지만, 행동적 접근의 리더가 되는 데 필요한 기술을 배울 수 있는 가능성을 제공하기 때문이다(최은수 · 배석영, 2009, 김미자, 2023 재인용). 지도자의 행동유형과 리더십 유형을 연구하여 이론화한 것 중에서는 오하이오 연구, 미시간 연구 그리고 관리격자 이론 등이 있는데 이 중에서 행동이론의 대표적인 이론으로 관리격자 이론에 대해서 살펴보겠다.

리더의 행위에 관한 대부분의 연구가 조직의 유효성에 있어서 리더십이 얼마만큼 중요한 것인가를 설명하는 데 그치고 있는 것에 비하여 관리격자 이론은 어떤 방향에서 리더의 행위를 개발하는 것이 가장 효과적인가 하는 것에 중점을 두고 있다는 점에서 보다 실무적인 중요성을 가진다.

오하이오 연구와 미시간 연구의 리더십 행동의 두 가지 차원에 기초를 두고 블레이크와 모튼(Blake & Mouton)은 ❙그림 8-3❙과 같이 리더가 지향할 수 있는 방향을 생산에 대한 관심(과업)과 인간에 대한 관심(관계)의 두 차원으로 나누고,

이를 다시 그 정도를 파악할 수 있도록 각각 9등급으로 나누어 관리격자를 형성하였다. 따라서 이론적으로는 81가지의 리더십 유형이 있는 것으로 이해할 수 있으나 대표적인 것으로는 다음의 다섯 가지의 형태를 들 수 있다(Blake & Mouton, 1964).

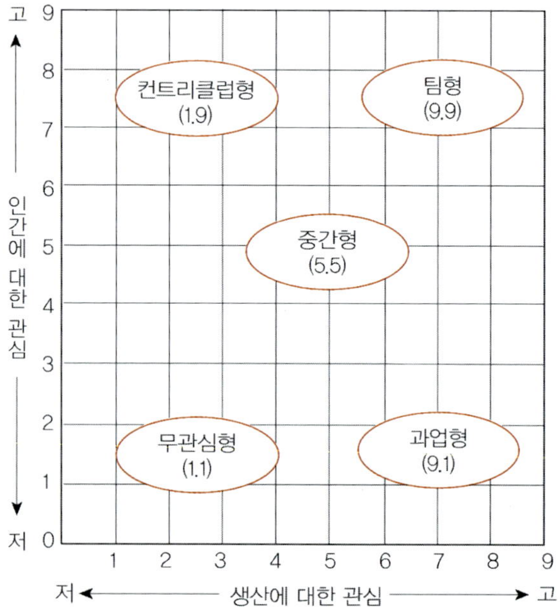

| 그림 8-3 | 관리격자

① (1.1)형 : 이는 무관심(impoverished)형으로서, 생산(과업)과 인간관계에 대해 모두 관심을 보이지 않는 유형이다.

② (9.1)형 : 이는 과업(task)형으로서, 생산(과업)에 대해서는 지대한 관심을 보이는 반면, 인간관계는 매우 소홀히 하는 유형이다.

③ (1.9)형 : 이는 컨트리 클럽(country club)형으로서, 생산(과업)에 대한 관심은 낮으나, 인간관계에 대해서는 지대한 관심을 나타내는 유형이다.

④ (5.5)형 : 이는 중간(middle of the road)형으로서, 생산(과업)과 인간관계에 대해 모두 적당한 관심을 보이는 유형이다.

⑤ (9.9)형 : 이는 팀(team)형으로서, 생산(과업)과 인간관계에 대해 모두 지대한 관심을 나타내는 유형이다.

블레이크와 모튼은 이들 다섯 가지 리더십 유형 중에서 (9.9)형이 가장 이상적인 것이라고 주장한다. 즉, 리더가 종업원에 대한 신뢰와 지원을 통하여 보다 협동적인 작업관계를 유지하고 동시에 과업달성을 이룩하기를 강조할 때 가장 효율적으로 조직의 생산성 증대에 기여할 수 있다는 것이다. 이들은 실제로 (9.9)형에 접근시키는 데 필요한 각종 교육훈련 기법들을 개발해 내고 이를 실무에 적용시키려 노력하고 있다.

(3) 상황이론

상황이론은 1960년대 말~1970년대에 영향을 준 이론으로서 리더의 효과성은 리더 자신의 행동유형에 의해 결정될 뿐만 아니라 리더십의 환경을 둘러싸고 있는 상황에 의해 결정된다는 이론이다. 상황이란 리더가 처해있는 조직의 목표와 성격, 규모, 역사, 유형, 발전의 정도, 구성원의 자질과 행동, 기대와 욕구 등으로 주어진 상황에 따라 리더의 능력이나 가치가 다르게 평가되는 동시에 요구되는 리더의 형태와 자질이 달라진다는 것이다.

상황이론에는 피들러의 상황적합성 이론, 하우스의 경로-목표이론, 허쉬와 블랜차드의 상황적 리더십 이론 등이 있는데, 가장 대표적인 상황이론인 피들러의 상황적합성 이론에 대해서 살펴보겠다.

피들러(Fiedler)의 상황적합성 이론(contingency model leadership effectiveness)은 상황변수를 리더의 직위권력, 과업구조, 리더-구성원 관계로 구체화하였다. 리더의 직위권력(position power)은 리더의 직위가 구성원들로 하여금 명령을 받아들이도록 할 수 있는 정도를 의미하며, 이를 강·약으로 구분하였다. 과업구조(task structure)는 과업이 어느 정도 명확하고 구체적으로 규정되어 있는가 하는 정도를 의미하며, 구조적·비구조적으로 구분하였다. 리더-구성원 관계(leader-member relations)는 구성원들이 리더를 어느 정도 신뢰하고 좋아하는가 하는 정도를 의미하며, 좋음·나쁨으로 구분하였다.

피들러는 리더들이 자기가 가장 싫어하는 동료들에 대해 어떻게 평가하느냐에 대한 점수를 측정하는 LPC(the Least Preferred Co-worker) 척도를 개발하였다.

LPC 점수를 사용하여 리더십 유형을 상황과의 적합관계를 통해 살펴보면 세 가지 상황변수(리더의 지위권력, 과업구조, 리더-부하 관계)의 결합이 리더에 대한 상황의 호의성, 즉 리더가 집단에 영향력을 행사할 수 있는 정도를 결정한다. 리더가 강력한 직위를 차지하고 있고, 명확하게 정의된 직무를 직시할 수 있으며, 구성원들이 모두 리더를 좋아하는 상황일 때가 가장 호의적인 상황이다.

연구결과에 의하면 상황이 매우 호의적 또는 매우 비호의적일 때는 과업지향적 리더십이 효과적이고, 중간 정도의 호의적 상황일 경우에는 인간관계 지향적 리더십이 효과적이다. 따라서 피들러의 상황적합성 이론은 LPC의 객관적 논쟁이 있음에도 불구하고 독창적이고 새로운 리더 유형 분류방법을 창안한 것으로 평가되며, 세 가지 상황변수와 측정방법을 개발하여 제시함으로써 리더십의 연구방법론을 발전시켰다.

하지만 상황적합이론에 대한 문제점 및 비판으로 상황변수들이 복잡하고 측정하기가 어렵다는 점, 하위자의 특성에는 별로 관심을 두지 않는다는 점, 리더나 하위자의 기술적 능력의 변화에 관심을 두지 않는 점, 상황요소와 리더유형의 상관관계를 명확히 규명하지 못한 점과 리더유형을 분류하는 측정도구가 불명확하다는 점, 리더십과 상황적 요소가 서로 독립적이 아닐 수도 있다는 점 등을 들고 있다(김수신 · 조홍식, 2006, 김남수 외, 2023 재인용).

제6절 평생교육기관 리더의 특성과 유형

1) 평생교육 리더의 특성

평생교육기관에서는 일반기업과는 달리 교육수요자들에게 맞춤형 프로그램의 월등함을 인식시켜 홍보하고, 학습참여에 대한 만족을 충분히 느낄 수 있도록 하는 것이 훌륭한 리더로 인식되고 있다. 따라서 업무에 대한 전문적 실천능력과 조직 구성원들과의 인간관계 능력을 성공적인 리더의 기본적인 자질로 보고 있다. 즉, 조직 구성원들과의 인간관계 능력은 구성원들과의 일체감과 신뢰

감으로 볼 수 있으며, 이 인간관계 능력은 다시 네 가지 특성으로 구분할 수 있는데 구체적인 내용을 살펴보면 다음과 같다(김용현 외, 2015).

첫째, 리더의 전심전력하는 사명감이다.

둘째, 구성원들이 리더를 믿고 의지할 수 있는 존경심이다.

셋째, 부하직원들의 감성을 움직일 수 있는 감수성이다.

넷째, 상황대처 능력과 유연성이다.

2) 평생교육 리더의 유형

평생교육 리더십의 유형을 에델손(Edelson, 1992)의 분류에 근거하여 프로그램 리더십, 정책 리더십, 정치 리더십, 대중 리더십, 전문적 조직 리더십 등의 다섯 가지로 구분할 수 있으며, 구체적인 내용을 살펴보면 다음과 같다(Edelson, 1992, 권두승 외, 2014 재인용).

(1) 프로그램 리더십

평생교육기관에서의 프로그램은 기관의 계획된 사업수행 여부 및 기관의 존립 여부를 결정 짓게 마련이다. 평생교육 프로그램의 개발 및 그에 의한 공급은 전체 기관의 존립에 핵심적인 위치를 차지하고 있다. 프로그램은 공급체제 또는 포장 형태를 취하고 있어 더욱더 구조적인 형태로 나타나기 마련이며, 대부분의 일반인들, 특히 수강생들은 프로그램을 평생교육의 실체 또는 그 기관의 본질로 인식한다. 그러므로 성공적인 프로그램 관리는 생존의 핵심적인 요소이다.

평생교육기관의 경영자는 기본적으로 프로그램을 검토하거나 분석해 보는 수준을 넘어서서 프로그램의 필수적인 요소라고 볼 수 있는 프로그램의 질이 지니고 있는 중요성을 이해할 수 있어야 할 뿐만 아니라, 경쟁적 전략이라든가 프로그램에 대한 포트폴리오를 편성해야 한다는 점에서 프로그램에 대한 리더십을 발휘할 수 있어야 한다. 따라서 평생교육 경영자는 등록관리, 손익과 지출의 결정, 전임 직원 및 교육 강사의 확보와 같은 문제에만 매몰되어서는 아니되며, 평생교육 프로그램의 전문성을 깊이 인식하고 다른 분야와는 다른 리더십을 개발해야 하며, 이를 실천에 옮길 수 있어야 한다. 실제로 프로그램 리더십은 평생교육에 대한 이해와 비전에 입각할 수 있어야 하며, 평생교육 마케팅과 조직체에 대한 현장 지식을 갖추고 있는 상태에서 평생교육에 대한 지식을 계속적으로 습득해야만 더욱더 개발될 수 있는 성질의 것이기도 하다.

(2) 정책 리더십

평생교육 프로그램은 독자적으로 존재하는 것이 아니라 불가피하게 정책을 포함하여 그 프로그램이 개설되어 있는 조직과 환경에 연계되어 있다. 즉, 정책은 일상의 조직 실제와 절차에서의 공식적인 임무뿐만 아니라 소속 기관의 일반적인 목표와 가치에서 추출된다. 정책은 서면 형태와 같이 매우 구조화되고 체계적인 형태로 존재할 수도 있고, 일시적인 묵시적 형태의 강조이거나 일종의 합의와 의견 또는 원칙과 같은 형태로 제시될 수도 있다.

평생교육 경영자는 기관의 경영계획과 정책 개발을 위한 출발점으로 현재의 정책을 제대로 파악해야 하며, 이를 바탕으로 새로운 계획과 정책을 개발해 나가야 한다. 평생교육 정책을 이끄는 기존의 가정과 기술이 유효하려면 그 의미를 재검토하고 구성할 필요가 있다. 평생교육기관의 목표는 대부분의 평생교육기관들이 문서 형태로 정형화하여 기술하고 있는 것이 대부분이다. 그러나 평생교육기관 경영자는 평생교육기관 정책 개발의 리더로서 기관의 새로운 정책 개발이라든가 비전을 개발하도록 하고, 그러한 정책 개발을 기관의 구성원들로 하여금 새롭게 추진하도록 하는 리더십을 발휘할 필요가 있다.

(3) 정치 리더십

평생교육기관의 최고경영자라든가 혹은 평생교육기관의 하위부서에 있는 평생교육 일선경영자는 그 자신이 책임지고 있는 조직의 임무와 활동에서 목표달성과 성과향상을 위하여 정치적으로 행동을 해야만 할 필요성이 있다. 예를 들어, 기업체 연수원은 모기업체인 그룹의 하위체계이므로 그룹 차원에서 제공하는 주어진 임무와 역할을 수행하고 있으며, 연수원에 교육생을 보내는 다른 하위체제인 일반회사와의 경쟁 내지는 갈등관계가 성립한다.

이러한 측면은 대학에 부설되어 있는 대학평생교육원이나, 법인 형태로 운영되면서 중앙정부나 지방정부로부터 교육시설을 위탁받아 운영하는 평생교육기관의 경우도 마찬가지의 양상을 보인다. 또한 이러한 조직체의 책임자는 모조직체 또는 정부기관과의 정치적 능력을 발휘해야만 생존이 가능하다. 이것은 결국 평생교육 기관경영자가 내부역량만을 중심으로 리더십을 발휘해야 하는 것이 아니라 기관의 외부환경에 대한 대외적 관계(ER : External Relations)에 있어서도 리더십을 발휘해야 한다는 것을 의미한다. 또한 평생교육기관 경영자는 내부자원에 대한 조직관리, 갈등관리, 재무관리 등에 있어서도 정치적 역량을 발휘하여 조직 구성원으로 하여금 조직의 목표를 효과적으로 달성할 수 있도록 해야 한다.

(4) 대중 리더십

대중 리더십은 평생교육기관 경영자가 조직 내외의 인간관계에서 지녀야 할 리더십을 말한다. 평등주의적 관점에서 볼 때 평생교육에서의 리더십은 어디까지나 팀워크이고, 리더는 일이 시작되고 마무리되는 단계에 조정자로서의 피드백을 주는 것이다. 이러한 상황에서의 리더십은 구성원들로 하여금 과업수행에 있어서 자율적인 책임을 갖도록 하는 데 있다. 이와 함께 평생교육기관이 고도의 지식공유 조직이라는 점을 감안하여 교육 강사들이나 교육담당자들에 대한 배려의 리더십을 발휘할 필요가 있다.

(5) 전문적 조직 리더십

평생교육 분야는 각 기관이 독립적으로 존재하는 것이 아니라 다양한 영역에서 협력체제로 연결되어 있다. 이러한 점에서 평생교육기관 경영자는 리더로서 타 기관과의 협력적 체제를 이끌어 낼 수 있어야 한다. 이와 함께 평생교육기관 경영자는 평생교육기관이 하나의 전문적인 교육조직체라는 것을 감안하여 평생교육기관이 전문적 조직으로서 제대로 된 기능을 수행할 수 있도록 하여야 하고, 그러한 기능을 통하여 보다 높은 성과와 만족을 이끌어 낼 수 있어야 한다.

전문적 조직체로서 평생교육기관의 경영자는 구성원들에게 평생교육기관의 운영, 프로그램 개발, 조직 구성원의 역량강화 등과 같은 영역에서 부딪히는 여러 문제, 도전, 그리고 이슈에 관한 관심을 유도할 수 있어야 하며, 그러한 기회를 다양한 차원에서 제공해야 한다. 이러한 입장에서 소속 기관을 발전시키고자 하는 리더는 개인의 전문성 함양은 물론 조직체의 전문성을 개발하여야 하며, 전문조직체에 참여하여 그 조직체를 확대하고 활성화시킬 수 있는 책무성을 수용할 수 있어야 한다.

생각해 보기

1. 여러분이 생각하는 평생교육기관 경영자의 역할과 능력은 무엇인지 토론해 봅시다.

2. 현대사회에서 필요한 리더십은 무엇인지 토론해 봅시다.

CHAPTER

09

평생교육경영의 조직

제1절 조직의 정의 및 목표

제2절 조직의 형태 및 원리

제3절 조직의 구성요인 및 목표의 변화

제4절 조직의 유형

CHAPTER

09 평생교육경영의 조직

제1절 조직의 정의 및 목표

1) 정 의

인간은 조직을 떠나서 살 수 없다. 우리 주변에는 수많은 조직이 존재하고 있기 때문이다. 인간을 위한 최초의 조직이라 할 수 있는 가정으로부터 시작하여 학교조직, 기업조직, 정치조직, 정부조직 그리고 국제조직 등의 사회조직이 구성되어 있다. 이러한 사유로 인하여 우리들이 생활하고 누리고 있는 사회는 조직사회이다(안병환 외, 2011).

조직(organization)이란 인간이 서로 모여 힘을 합쳐서 공동의 목표를 추구하는 인간집단이다. 사이먼(Herbert A. Simon)에 의하면 조직은 인간들의 습관을 형성하고 생활의 질을 발전시키는 힘을 제공할 수 있는 환경 자체를 가지고 있기 때문에 인간에게 중요하다. 그러므로 우리 인간과 밀접한 관계를 형성하면서 영향을 주고받고 있는 조직이론을 올바르게 이해하고 분석할 필요가 생기는 것이다.

교육경영에서 가장 기본적인 개념이 조직이다. 교육에 있어서 조직의 문제는 다른 분야에서와 마찬가지로 교육체제가 지향하는 공동목표를 달성하기 위하여 조직 구성원의 협동적인 노력을 요구함으로써 조직목표 달성에 최대의 효과를 거두는 데 의의가 있다(이상기 외, 2006).

이 외에도 학자들의 관점에 따라 여러 가지 조직의 정의가 있다. 조직은 의사결정의 구조로서, 주로 업무분담, 업무 수행상 표준의 설정, 권한과 영향력의 구사, 의사소통, 교화와 훈련 등 다섯 가지의 기능을 수행한다(Herbert A. Simon).

조직은 또한 개방체제인 사회적 체제의 일종이다(Katz & Katz).

홀(Richard H. Hall)은 조직이란 대체로 확인이 가능한 경계, 규범적인 질서, 권한의 계층, 의사전달 체제 및 구성원을 조정하는 체제를 가진 집합체로 보았다. 이러한 집합체는 비교적 지속적으로 환경 속에 존재하며 대개 하나의 목적 또는 일련의 목적에 관련된 활동에 종사한다.

조직에 대한 개념을 다시 한 번 정의하면 조직이란 '모든 인간이 가진 개별적 목표를 합리적으로 달성하기 위해 두 사람 이상이 모여 분업과 통합의 활동체제를 갖춘 사회적 단위'라 할 수 있다. 보다 간단히 정의한다면 조직이란 '어떤 공동의 목적을 달성하기 위해 두 사람 이상이 과업을 분담하여 협동하는 사회체제' 또는 '공동목적을 효율적으로 달성하기 위하여 의도적으로 구성된 협동의 체제'라고 할 수 있을 것이다.

조직은 조직 구성원들의 행동 및 사고, 그리고 구성원들 간의 상호작용 방식뿐만 아니라 조직의 생산성 및 효율성 등과 같은 경제적 성과와 같은 기능을 통해 지대한 영향을 미친다. 따라서 조직은 다음과 같은 측면에서 중요성이 나타난다(단국대학교 경영학원론 출판위원회, 2005).

첫째, 조직 구성원들로 하여금 공동의 목표를 갖도록 해준다.

둘째, 조직은 구성원들로 하여금 협력의사를 갖도록 해준다.

셋째, 조직은 구성원 간의 인간관계의 형성 및 개선에 커다란 영향을 미치게 된다.

교육기관의 목적을 효과적으로 달성하기 위하여 조직을 합리적으로 편성하고 운영할 수 있는 능력을 경영자는 갖추어야 한다. 따라서 경영자는 조직을 체계적으로 구성하여 교육기관이 목적에 도달할 수 있도록 이끌어 갈 책무가 있는 것이다. 그러면 조직에서 조직화를 이루려는 경영자의 목적은 무엇인가?(최은수 외, 2014)

첫째, 책임과 권한의 관계를 명확하게 하여 조직 내의 질서를 유지하고 확립하려는 데 있다. 조직 내 책임과 권한 관계가 불명확하면 조직의 위계질서가 서 있지 않아 혼란을 초래하게 된다. 따라서 권한 계통을 명확하게 확립하기 위하여 조직화를 한다.

둘째, 직무의 분업을 통하여 각 구성원 간의 협력관계를 확립하여 일의 효율성을 추구하는 데 있다.

셋째, 책임과 권한의 관계를 명확하게 하여 의사소통이 원활하게 이루어질 수 있도록 하는 데 있다.

넷째, 효과적인 조직편성을 통하여 보다 높은 조직의 효율성을 기대할 수 있다.

여기서 조직화(organizing)는 계획이 수립되고 나면 목표달성을 위하여 행동계획을 효율적으로 실행할 수 있는 조직을 구성하는 과정이다. 이러한 과정은 조직의 목표를 효과적이고 효율적으로 달성하기 위하여 어떤 형태로 조직을 구성할 것인가를 설정하고 인적, 물적, 재무, 정보 등의 각종 자원을 배분하고 조정하는 활동이다.

한마디로 조직화란 경영자가 조직의 목표를 달성하기 위해 자원과 업무를 적절하게 배분하고 조정해 가는 과정을 말한다. 즉, 조직화의 핵심은 조직구조를 설계하는 것에 있다.

2) 목 표

조직의 목표(organizational goal)란 조직이 달성하려고 하는 소망스러운 상태(desired state)를 의미한다. 조직의 목표는 조직 활동의 방향을 제시하고 현재 활동에 실질적 영향을 미치는 사회적 힘을 가지고 있으며, 조직의 합법성 및 정당성의 근거를 제공하고 조직 구성원의 행동의 기준을 제공하고 동기를 부여하며, 의사결정의 지침을 제공하고, 나아가 효과성 평가의 기준을 제공하는 기능을 수행한다.

조직이 명백한 목표를 추구한다는 가정하에 경영자는 기관의 목표를 효과적으로 달성하기 위하여 조직을 합리적으로 편성하고 운영할 수 있는 능력을 갖추어야 한다. 자연적 조직관에서 보는 조직은 분명한 목표로서 항상 합리성의 최우선하에 행동하는 행위자가 아니다. 오히려 조직 내외의 상황에 그때그때 적응하며, 이 과정에서 경우에 따라서는 목표도 같이 변화하게 된다.

(1) 개인목표와 조직목표

조직의 구성원들은 개인적 목표인 개인목표를 가진다. 이러한 개인목표는 조직 구성원 개인이 갖는 동기이다.

고전적·합리적 조직관에서는 조직에서의 보상에 의해 개인목표를 포함한 바람직스럽지 못한 개인적 요소들을 완전히 배제시킨다는 전제하에 조직의 설계를 꾀하였으며, 조직이 그러한 전제하에 운영되는 것을 가정하였다.

버나드(Bernard, 1938)와 사이먼(Simon, 1976)은 조직 구성원 개인의 동기로서의 목표와 조직이 추구하는 목표 간의 조화는 계약에 의해 이루어진다고 보고 유인-헌신계약을 강조했다. 이러한 조직 구성원에 대한 보상은 조직의 유형에 따라 달라진다. 예를 들어보면 규범적 조직에서는 도덕, 공리적 조직에서는 경제적 보상, 강제적 조직에서는 물리적 강제이다. 유인-헌신계약으로 개인의 조직행동에서의 한계가 설정되고 조직에서의 개인적인 행동은 제한된다.

다음으로 개인목표와 조직목표의 통합에 대한 모형을 크게 구분하여 보면 교환모형, 교화모형, 수용모형이 있다(안병환 외, 2011).

첫째, 교환모형은 조직과 개인 사이의 거래협상의 관계를 활용하는 방법이다. 즉, 외재적 보상에 기초한 모형으로 조직의 입상에서 개인의 목표에 도움이 되는 유인을 제공하고, 개인은 대가로서 시간과 노력을 조직의 목표 달성에 제공하는 것이다.

둘째, 교화모형은 조직의 목표를 위해 개인의 목표를 포기하도록 설득하는 방법이다. 즉, 개인으로 하여금 조직의 목표에 도움이 되는 행동을 가치 있는 것으로 받아들이게 하기 위하여 설득, 감화 등 바람직한 것으로 인식시키면서 목표를 통합하는 것이다.

셋째, 수용모형은 조직이 목표를 설정할 때, 개인들의 목표를 충분히 고려하여 수용하는 방법이다. 즉, 조직의 구성과 운영 시 조직의 목표를 추구하는 것 자체가 개인에게 가치 있는 것으로 느껴지도록 하는 것으로 개인을 의사결정 과정에 참여시킨다.

이 조직목표와 개인목표의 통합에 관한 세 모형은 모두 혼재하여 조직의 목표에 몰입하도록 하지만 개인이 그 조직에서 바라는 바가 없다면 그 조직 구성원은 이직을 하게 된다.

(2) 조직목표의 기능

조직의 목표가 구체화되면 그것은 다음과 같은 여러 가지 기능을 가지게 될 것이다.

① 조직의 지침 제공

조직의 목표란 조직의 바람직한 미래 상태에 조직운영과 활동을 위한 방향과 지침을 제공한다. 즉, 여러 행동대안 중 적절한 선택기준을 제시해 주고 의사결정 과정의 불확실성을 감소시켜 준다.

② 정당성의 근거

조직은 처음부터 조직의 정당성을 인정받을 수 있는 목표를 설정해야 한다. 왜냐하면 조직의 목표는 특정 조직체제가 그 사회에 적합하다고 하는 신념을 낳게 하며 그 신념을 줄곧 지속하도록 하기 때문이다. 즉, 조직은 그 목표를 통해 조직의 존재 그 자체와 조직 활동을 사회 내에서 정당화하는 것이다.

③ 효과성 측정의 기준

조직의 목표는 조직의 성공도와 그에 대한 기여도를 평가하는 기준이 된다.

④ 계획기능

조직의 목표는 조직의 구조와 과정을 설계하는 준거 틀을 제공한다. 즉, 특정 목표의 성취에 필요한 자원이나 기술적 과정, 구성원의 활동 등은 조직의 분업과 권력구조, 의사전달의 양태 등 조직의 여러 국면에 영향을 미친다.

제2절 조직의 형태 및 원리

1) 조직의 형태

현대 조직의 형태는 공식조직과 비공식조직 그리고 계선조직과 참모조직이 있다. 이에 대하여 구체적으로 살펴보면 다음과 같다.

(1) 공식조직과 비공식조직

조직에서는 공식조직과 함께 비공식조직에 대한 연구가 중요하게 인식되고 있다. 공식조직(formal organization)은 일정한 목적을 합리적으로 달성하기 위하여 의식적 · 인위적으로 전문화된 조직도표상 형성된 조직이다. 공식조직은 공통의 목적을 가지고 있으며, 조직 내에 지위, 부서, 계층, 역할 등을 사전에 정해 놓았다. 공식조직은 명령집단과 과업집단으로 구성된다.

비공식조직(informal organization)은 현실의 인간관계 및 형태를 중심으로 한 비합리적 · 감정적 · 대면적 측면에서 이루어진 자연발생적 조직으로, 공식조직 내의 개인조직, 클럽과 파벌 등의 소집단 및 일차적 집단을 들 수 있다. 비공식조직은 비형식조직이라고도 한다.

〈표 9-1〉 공식조직과 비공식조직의 비교

구 분	공식(인위적)조직	비공식(자연적)조직
가입동기	지명, 선발	자연발생적, 자의적
조직구조	안정적, 불변	가변
지도자	투표, 공식지명	자연적 지도자 탄생
과 업	미리 정해져 있음	다양함, 변함
존속기간	미리 정해짐	구성원들 의도대로
행동기준	능률, 효율	감정, 인간

출처 : 임창희(2003).

공식조직과 비공식조직의 차이점은 다음과 같다.

첫째, 공식조직이 인위적인 조직인 데 반하여, 비공식조직은 자연발생적이다.

둘째, 공식조직이 외면적 혹은 외재적인 조직인 데 반하여 비공식조직은 내면적 혹은 내재적인 조직이다.

셋째, 공식조직이 문서화된 조직이라면, 비공식조직은 자라나온 조직이다.

넷째, 공식조직이 능률의 논리에 따른 것이라면, 비공식조직은 감정의 논리에 따른 것이다.

다섯째, 공식조직이 전체적인 질서인 데 반하여, 비공식조직은 부분적인 질서라고 할 수 있다.

여섯째, 공식조직은 지도자의 권위가 상부에 의해서 주어지는 데 반하여 비공식조직은 부하들의 동의에 의해서 존재하는 상향적인 것이다.

일곱째, 공식조직은 방대한 규모로 확대되는 현상이 있다. 그 반면에 비공식조직은 현실적인 친밀한 인간관계를 필수요건으로 하기 때문에 항상 소집단 상태를 유지하게 된다(이양교, 2002).

조직의 형태에서 비공식조직의 순기능을 살펴보면 다음과 같다(김창걸, 2003).

첫째, 공식조직의 경직성 완화에 기여한다.

둘째, 조직원들에게 부과된 업무를 능률적으로 수행하게 한다.

셋째, 조직 구성원들에게 만족감을 주고 직무집단을 안정시켜 준다.

넷째, 조직 구성원들의 좌절감과 심리상의 불평, 욕구불만에 대한 배출구 역할을 한다.

다섯째, 공식조직의 책임자에 대한 능력보완에 기여한다.

여섯째, 조직 구성원 간의 행동기준 확립에 도움을 준다.

비공식조직에서는 다음과 같은 역기능을 살펴볼 수 있다.

첫째, 자칫하면 파벌을 조성할 위험이 있다. 이에 따라 조직의 책임을 무효화할 우려가 있다.

둘째, 공식조직의 목표에 배치되는 결과를 가져올 수 있다. 비공식조직 간에 적대감정이 야기될 때에는 공식조직의 기능이 마비될 수도 있다. 구성원이 불안감을 가질 때에는 이것이 조직 전체에 확대되어 공식조직을 해체시킬 수도 있다.

셋째, 비공식적 접촉을 통하여 개인적인 이익을 도모하기 쉬우며, 따라서 정실이 조장될 우려가 있다. 또한 이것은 조직단위 사이의 간격을 확대할 가능성이 있다.

넷째, 비공식적 의사전달에 따른 부작용의 우려가 있으며, 이에 왜곡된 정보 및 가십(gossip) 등에 의해 사기가 저하될 우려가 있다.

(2) 계선조직과 참모조직

모든 행정조직에는 집행을 담당하는 계선조직과 기획 및 기타 서비스를 제공하는 참모조직이 있다.

계선조직(line organization)이란 행정의 목적 수행에 직접적으로 기여하는 일차적 조직이다. 계선조직은 명령복종의 관계를 가진 수직적인 조직 형태로서, 행정조직의 장으로부터 국장, 과장, 계장, 계원으로 명령적 · 집행적 기능을 가진다. 계선이란 계층제의 구조를 가진 조직의 집행, 운용, 활동, 권한의 면을 말한다.

계선은 행정체계에서 중추적인 위치에 있으며, 법령을 집행하고 정책을 결정하며 국민에게 직접적으로 봉사하는 임무를 맡고 있다. 계선조직은 계층제의 원리, 명령통일의 원리, 통솔범위의 원리에 의해 조직되어 있다.

계선조직의 장 · 단점을 표로 살펴보면 다음과 같다.

〈표 9-2〉 **계선조직 장 · 단점**

장 점	단 점
1. 구성된 상호 간의 권한과 책임의 한계가 명백하며, 업무수행이 능률적이다. 2. 단일기관으로 구성되어 의사결정이 신속하게 이루어지고 강력한 통솔력을 발휘할 수 있다. 3. 업무가 단순하고 비용이 적게 드는 조직, 업무의 분화가 다양하지 않은 소규모 조직에 유리하다. 4. 경비의 절약을 기할 수 있다.	1. 대규모 조직에는 계선만으로는 부족하고 업무량도 과다해진다. 따라서 계선조직은 조직이 대규모화하는 현대 조직에 있어 최고관리자의 업무량을 과중하게 한다. 2. 조직의 장이 주관적 · 독단적인 조치를 취할 가능성이 있다. 기관장의 독선적 경향을 방지할 방법이 없다. 3. 특수 분야에서 전문가의 지식과 경험을 이용할 수 없다. 이에 따라 고도의 전문화 · 기술화된 오늘날 합리적 의사결정에 불가결한 전문가들의 활용이 불가능하다.

	4. 조직이 지나치게 경직성을 띠게 된다. 명령계통을 주축으로 한 수직적 조직이므로 의사전달이 불충분하고 융통성이 없고 통솔범위가 한정된다. 5. 부처 간의 효과적 조정이 곤란하다. 한두 사람의 유능한 인재를 잃으면 전체 조직이 마비된다.

출처 : 안병환 외(2011).

참모조직(staff organization)이란 조직에 있어서 자문, 권고, 협의, 정보의 수집과 판단, 기획, 통제, 인사, 회계, 조달, 조사, 연구 등의 기능을 수행하는 기관을 말한다.

참모조직은 조직의 목적을 직접적으로 수행하는 계선의 기능을 원활히 수행하도록 지원 보조하는 부차적 조직이다. 그러므로 명령, 지휘계통에서 벗어난 측면적 조직이다. 오늘날 행정이 복잡해짐에 따라 참모의 업무는 더욱더 그 중요성이 인정되고 있다.

참모조직의 장·단점을 표로 살펴보면 다음과 같다.

〈표 9-3〉 참모조직 장·단점

장 점	단 점
1. 최고관리자의 인격 확장으로 그의 대내적 업무인 조정·통제업무를 감소시켜 줌으로써 기관장의 통솔범위를 확대시킨다. 2. 전문적 지식 및 기술, 경험을 활용함으로써 보다 합리적인 지시와 명령을 내릴 수 있다. 즉, 다양한 정보를 제공하고 주관적 독선을 배제하며, 집단적 사고를 활용할 수 있다. 3. 수평적인 업무의 조정과 협조를 가능하게 한다. 4. 조직의 경직성을 완화하고 신축성을 부여한다.	1. 조직의 복잡성으로 조직 내의 알력과 불화가 생길 수 있다. 2. 명령계통, 의사전달의 경로를 혼란에 빠뜨릴 가능성이 많다. 3. 참모는 책임을 지지 않으므로 계선의 권한을 침범할 우려가 있고, 양자가 서로 책임을 전가할 우려가 있다. 4. 의사결정의 합리화에 힘입어 중앙집권화를 가져온다. 5. 통솔범위의 비대화를 초래하고 경비의 증가를 가져온다.

출처 : 안병환 외(2011).

2) 조직의 원리

조직 활동에서 여러 조직의 능률을 향상시키는 데 직접 도움이 된다고 평가되고 유형화된 조직 활동을 조직의 원리라고 한다. 행정조직 이론에 적용되고 있는 개별적 조직 원리는 다양하고 서로 다르다. 제 조직이론에서 제시되고 있는 조직의 원리를 살펴보고자 한다.

(1) 분업의 원리(Principle of Division of Work)

테일러(Taylor)에 의하면 업무를 성질별로 나누어 가능한 한 한 사람에게 한 가지의 주된 업무를 분담시키자는 원리이다.

분업의 원리를 전문화의 원리라고도 한다. 분업의 형태는 동일 계층 내에서 기능의 성질에 따라 직무를 배분하는 횡적(수평적) 분업과 계층의 원리와 같이 계층과 계층 사이에 업무가 분담되도록 권한 및 책임을 위임하는 종적(수직적) 분업으로 나눌 수 있다.

분업의 원리는 능률적인 업무수행을 위한 원리이다. 분업의 원리의 장·단점을 살펴보면 다음과 같다.

〈표 9-4〉 분업의 원리 장·단점

장 점	단 점
1. 개인의 작업능률의 향상을 기할 수 있다. 2. 도구, 기계의 발달을 가져와 기계화를 촉진시킬 수 있다. 3. 인간의 능력을 기계적으로 이용할 수 있다.	1. 단순업무를 계속적으로 반복함으로써 개인의 일에 대한 흥미와 창의성이 상실한다. 2. 시야가 협소화된다. 3. 지나친 분업은 각 단위 간 조정과 의사소통이 어렵다. 4. 분업이 세분화될수록 많은 자원이 소요된다.

출처 : 안병환 외(2011).

(2) 계층제의 원리(Principle of Hierarchy)

권한과 책임의 정도에 따라 직무를 등급화(grading)함으로써 상·하 조직단위 사이에 직무상 지휘·감독관계에 서게 하는 것을 말한다.

계층제란 공식조직을 구성하는 성원들 간의 권한, 책임 및 의무의 정도에 따라서 상하의 등급 내지 계층을 설정하여, 각 계층 간에 권한과 책임을 배분하고, 명령계통과 지휘감독 체계를 확립하는 조직이다.

계층제는 인간 사회생활의 출발점에서부터 그 모습을 나타낸 것이라고 볼 수 있으나, 계층제라는 용어는 가톨릭의 교권제도에서 유래한 것이며, 오늘날에는 군대, 관청, 기업조직 등의 특징을 이루고 있다(이양교 외, 2002).

계층제의 원리의 장·단점을 살펴보면 다음과 같다.

〈표 9-5〉 **계층제의 원리 장·단점**

장 점	단 점
1. 명령의 통로 2. 의사전달, 의사소통의 통로 3. 권한과 책임 위임의 통로 4. 행정적 결정의 검토 및 행정책임의 소재 규명수단 5. 행정목표의 설정과 업무분담 6. 조직 내의 분쟁의 조정과 해결 및 조정의 수단 7. 질서와 통일의 확보를 용이하게 하는 조직의 내부통제 통로 역할	1. 보직의 경직화를 초래 2. 동태적인 인간관계의 형성을 저해 3. 의사소통을 왜곡

출처 : 안병환 외(2011).

(3) 통솔범위의 원리(Principle of Span of Control)

한 사람의 상관이 직접 효과적으로 다스릴 수 있는 부하의 수를 의미한다.

알렌(L. A. Allen)은 통솔의 범위를 결정하는 요인으로서 통솔자가 속해 있는 기관의 조직이나 관리의 형태, 그가 담당할 업무의 성질, 막료의 상황 및 계선부하의 능력, 그리고 더 나아가서는 통솔자의 능력과 명확한 정책 등을 들고 있다.

통솔범위에 영향을 미치는 요인은 다음과 같다.

첫째, 직무의 설정, 둘째, 공간적 요인, 셋째, 시간적 요인, 넷째, 감독자의 능력, 다섯째, 피감독자의 질, 여섯째, 관리기술의 수준과 상태 등에 따라 달라질 수 있다.

(4) 명령통일의 원리(Principle of Unity of Command)

한 사람의 상관에게만 명령을 받고 그에게만 보고한다는 것을 의미한다. 명령통일의 원리는 중복성을 피하게 하고 계층의 질서를 확립시켜 줄 뿐만 아니라 업무처리의 능률을 가져오고 책임소재를 분명히 하는 데 도움을 준다.

귤릭(L. Gulick)에 의하면, 명령통일의 원리 효과는 첫째, 조직적이며 능률적으로 책임 있게 일을 할 수 있으며, 둘째, 보고의 통로가 명백하므로 지위의 안정감을 유지할 수 있으며, 셋째, 보고와 명령의 책임소재를 밝힐 수 있으며, 넷째, 전체적 조정이 용이하다.

현대사회에서는 참모기관의 역할 증대로 명령통일의 원리가 감축되고 있다.

(5) 조정의 원리(Principle of Coordination)

조직체의 각 부분이 공통된 목적을 달성하기 위하여 행동의 통일을 이룩하도록 집단적 노력을 질서 있게 결합하고 배정하고 조화를 이루게 하는 행위이다. 조정의 원리는 공동의 목적을 달성하기 위하여 기능 및 업무의 수행을 조화 있게 배열하고 직접 시키는 집단적 노력으로 업무 간, 상하 간, 기능 간의 상호관계를 조화 있게 유도해 나가는 원리이다.

조정의 원리를 저해하는 요인은 다음과 같다.

첫째, 구성원의 정치세력 관계, 둘째, 조직의 확대현상, 셋째, 기구의 전문화, 넷째, 목표와 이해관계의 차이, 다섯째, 불완전계층제 현상, 여섯째, 할거주의, 일곱째, 조정능력 부족이다.

조정의 방법은 다음과 같다.

첫째, 목표와 책임한계의 구체화, 둘째, 계층제의 권위 확립, 셋째, 위원회에 의한 조정, 넷째, 아이디어에 의한 조정, 다섯째, 조정기구의 설치, 여섯째, 계획에 의한 조정이다.

제3절 조직의 구성요인 및 목표의 변화

1) 조직의 구성요인

조직구조를 형성하기 위해서는 여러 가지 변수를 고려해야 하는데, 조직은 조직구조의 구성요인이자 기본적인 변수로서 복잡성, 집권화, 공식화 정도에 따라 변화한다. 또한 여러 가지 상황적인 변수들에 의해 변화하여 형성되기도 한다.

조직의 상황적 변수는 외생적 요인과 내생적 요인으로 나누어져 있다. 외생적 요인에는 기술, 조직규모, 환경 등이 있고, 내생적 요인으로는 전략 및 권력 작용 등을 말할 수 있다.

윤종훈(2015)은 조직의 구성요인으로서 인간, 구조, 과업, 기술, 시설과 자금 등을 제시하였다.

첫째, 인간은 조직구성의 제일 중요 요소이며, 계층적으로 구성되어 권한과 책임을 수행하게 된다.

둘째, 구조는 조직의 목표를 달성하기 위해 인간이 인위적으로 형성해 놓은 조직의 틀이며, 조직이 수행하고 있는 기술이나 과업의 내용에 따라 달라질 수 있다.

셋째, 과업은 조직 구성원들이 조직의 공동목표를 달성하기 위하여 해야 할 일들을 규정하는 것이다.

넷째, 기술은 과업을 행하는 구체적인 방법으로 다른 구성요인들과 밀접한 관계를 가지고 있다.

다섯째, 시설과 자금은 조직 구성원이 목표를 원활하게 달성할 수 있도록 물리적 · 경제적 여건을 조성해 주는 것이다.

2) 조직목표의 변화

조직의 목표는 한두 명의 조직구성체를 위하여 설정되는 목표도 있지만 대부분 조직의 목표를 설정할 때 집단의 크기는 중소형이 될 수 있으며 집단의 크기가 커질수록 장기적인 목표설정을 하기보다는 집단의 성취욕을 고취시킨 후 다음 단계의 목표를 설정하기 위해서 단기적이며 실현 가능성이 높은 목표를 세우게 되어 있기 때문에 조직의 목표는 변할 수밖에 없다.

조직목표의 변동요인은 크게 두 가지로 구분할 수 있다.

(1) 조직의 내적 요인

지도자의 태도변화와 권력구조 변화, 조직 구성원들의 성향변화, 집단 간의 권력변화, 조직구성의 연합구조 변화, 목표형성 과정의 결함, 목표의 과잉측정 등이 있다.

(2) 환경적 요인

어떤 조직과 관련을 맺고 있는 특정한 외부세력이 조직의 목표변동에 직접적으로 작용할 때도 있고 일반적인 환경변화에 조직이 적응함으로써 목표변동이 일어나는 경우도 있다.

제4절 조직의 유형

1) 에치오니의 조직이론

에치오니(A. Etzioni)는 조직이란 일정한 환경하에서 특정한 목적을 달성하기 위하여 신중하게 구성된 일정한 구조를 지닌 사회단위 또는 인간의 집합체라고 하였다. 에치오니는 통제수단으로 조직을 분류했다. 조직이 통합을 유지하며 기능을 원활하게 수행하려면 참여자가 조직의 목적과 규칙에 복종해야 한다. 에치오니는 조직의 질서와 구조의 핵심을 지배－순종 관계(governance-compliance)로 보고, 지배 · 복종의 관계는 권력과 관여에 의해 형성된다고 하였다. 권력의 유형에는 강제적 · 보상적 · 규범적 권력이 있으며, 관여의 유형에는 소외적 · 타산적 · 도덕적 관여가 있다.

① 강제적 조직(Coercive Organization)

개인에게 조직이 위협, 공격 등의 강제적 권력으로 통제하게 되면 개인은 조직에 대하여 심리적으로 관여하지 않으며 구성원으로서 그 지위를 감수하기 위하여 소외적으로 관여한다. 이러한 조직에는 형무소, 포로수용소 등이 있다.

② 공리적 조직(Utilitarian Organization)

개인에게 조직이 임금 등의 보상적 권력으로 통제하면 개인은 조직에 깊이 관여하지 않으면서도 주어지는 보상에 따라 타산적으로 관여한다. 이러한 조직에는 사기업체, 경제단체 등이 있다.

③ 규범적 조직(Normative Organization)

개인에게 조직이 위신과 의례적 상징을 조작하여 배분함으로써 규범적 권력을 통제하면 개인은 조직에 헌신적·도덕적으로 관여한다. 개인에게 규범적인 권력을 사용하여 통제를 유지하며 성원들은 조직에 대한 사명감이 일반적으로 높은 조직이다. 이러한 조직에는 종교단체, 학교, 법원 등이 있다.

2) 칼슨의 조직이론

고객선발 방법에 있어서 칼슨(R. O. Carlson)은 봉사조직에 대한 새로운 유형을 발표하였다. 칼슨은 조직의 내적 기능에 대하여 중요한 함축적인 의미를 두었으며, 경우에 따라서는 고객이 참여할 곳을 선택할 수도 있고, 반면에 고객이 선택할 여지가 없는 경우도 있다. 칼슨은 조직을 서비스 조직의 참여를 누가 결정하는가에 따라 분류하였다.

① 유형 Ⅰ

유형 Ⅰ은 조직이 고객을 선발하고 고객이 조직을 선택하는 데 있어서 독자적으로 긍정적인 결정을 한 형태이다. 이 유형 Ⅰ은 사립대학, 사립의료시설, 일반복지후생기관 등이 있다.

칼슨은 유형 Ⅰ을 야생조직이라 하였는데, 그 이유는 조직이 생존하기 위하여 많은 동일 유형의 조직들과 생존경쟁을 해야 하기 때문이다. 야생조직은 충분한 고객을 확보해야 생존할 수가 있는데 지속적으로 고객을 확보할 수 있다는 보장은 없다. 그러므로 업적의 질은 생존을 위하여 절대적인 것이다.

② 유형 Ⅱ

유형 Ⅱ는 조직이 고객을 선발하지 않고 고객이 조직을 선택하는 것이다. 유형 Ⅱ는 주립대학과 지역사회 대학 등이 있다.

③ 유형 Ⅲ

유형 Ⅲ은 이론적으로는 존재할 수 있으나 실제적으로는 거의 찾아볼 수 없다. 조직이 고객을 선발할 수 있으나 고객이 조직을 선택할 수 없는 봉사조직은 존재할 수 없기 때문이다.

유형 Ⅲ은 개병제의 군대조직을 들 수 있으나 군대조직은 봉사조직이라고 하기에는 적합하지 않다.

④ 유형 Ⅳ

유형 Ⅳ는 조직이 고객을 선발하지도 않고 고객도 조직을 선택하지 않는 조직이다. 유형 Ⅳ는 법에 의하여 조직이 고객을 받아들여야 하고 고객도 참여해야 한다.

유형 Ⅳ는 공립초등학교, 교도소, 국립 정신병원 등이 있다. 또한 칼슨은 유형 Ⅳ의 조직을 순치조직이라고 했다. 순치조직의 생존은 법에 의해서 보장되기 때문이다. 순치조직에 있어서 가장 어려운 문제는 어떻게 하면 고객들의 동기를 유발시켜서 그 조직에 적응하도록 하느냐의 것이다.

〈표 9-6〉 칼슨의 조직유형

		고객의 참여 결정권	
		유	무
조직의 고객 선택권	유	유형 Ⅰ	유형 Ⅲ
	무	유형 Ⅱ	유형 Ⅳ

출처 : 이기원 외(2022).

3) 홀의 조직이론

홀(R. H. Hall)은 관료구조에서 권위의 계층, 전문화, 규칙, 절차 명세서, 몰인정성, 기술적 능력 등의 여섯 가지 특성요소를 대상으로 경험적 분석을 통하여, 이들 특성 간의 상호 관련성을 경험적으로 연구한 결과, 합리조직에 내재해 있는 두 부류의 특성을 도출하였다.

첫째, 권위의 계층, 규칙, 절차 명세서, 몰인정성으로 이루어진 관료적 특성

둘째, 전문화, 기술적 능력으로 이루어진 전문적 특성

학교조직 구조의 유형을 살펴보면 다음과 같다.

① **베버적 조직** : 전문화와 관료화가 서로 보충적이며 모두 높은 유형 Ⅰ이다.

② **권위주의적 조직** : 계층 내에서 직위에 부여된 권한이 강조된 유형 Ⅱ이다.

③ **전문적 조직** : 행정가와 전문가 간에 공유적 의사결정이 강조된 유형 Ⅲ이다.

④ **무질서 조직** : 혼란과 갈등, 조직운영에 일관성이 없고, 상호 모순을 일으키며, 비효과적인 유형 Ⅳ이다.

홀의 조직유형 구분은 특히 학교조직의 구조와 성격을 이해하는 데 많은 도움을 주고 있다. 즉, 학교조직은 베버적 조직, 권위주의적 조직, 전문적 조직, 무질서 조직 등의 성격도 내포하고 있다.

4) 블라우와 스콧의 유형

블라우와 스콧(Blau & Scott)은 조직과 관계를 가진 사람들을 조직 구성원, 조직의 소유자나 경영자, 조직 이외의 사람이나 고객, 일반대중으로 구분하고 누가 조직의 주된 수혜자이냐에 따라 조직을 다음과 같이 분류하였다.

① 호혜조직

주된 수혜자는 조직의 구성원이다. 호혜조직으로는 정당, 노동조합, 전문가협회, 재향군인회, 종교단체 등이 있다.

장점은 조직 내의 민주주의를 통하여 구성원들의 참여와 통제를 보장한다.

단점은 구성원들의 무관심으로 소수의 활동적인 구성원들에 의해 조직이 운영되는 것을 허용하게 되므로 과두제가 자생한다.

② 기업조직

주된 수혜자는 조직의 소유자이다. 기업조직으로는 산업체, 제조공장, 무역회사, 금융기관, 도매상, 소매상 등이 있다. 기업조직은 일차적 목적이 이윤을 추구하는 데 있다. 그러므로 경제원리로서의 능률의 극대화에 있다.

③ 봉사조직

주된 수혜자는 고객들이다. 봉사조직으로는 사회사업기관, 병원, 학교, 법률상담소 등이 있다. 봉사조직의 목적은 전문적인 서비스를 제공하는 데 있으며, 고객의 복지가 중요하다.

④ 공익조직

주된 수혜자는 일반대중 전체이다. 공익조직은 군대, 경찰, 소방서, 국세청 등이다.

〈표 9-7〉 블라우와 스콧의 조직유형의 특성

조직유형	예	수혜자	중 점
호혜조직	정당, 노조	구성원	구성원의 참여와 통제에 의한 민주적 절차
기업조직	기업체, 은행	소유주	능률의 극대화
봉사조직	병원, 학교	고객	고객에 대한 봉사와 서비스
공익조직	행정기관	일반국민	국민에 의한 외재적 통제를 위한 민주적 장치

출처 : 이기원 외(2022).

5) 카츠와 칸의 유형

카츠와 칸(D. Katz & R. L. Kahn)은 조직을 목표달성을 위한 사회체제로 보고, 사회적 기능에 따라 조직의 유형을 다음과 같이 분류하였다.

① 경제적 · 생산적 조직

이 조직은 목표달성 기능에 해당되는 조직이다. 부의 창출, 물자의 제조, 그리고 서비스 제공을 한다. 조직으로는 공기업이 이에 속한다.

사회 전체에 대해서 수단적 통합을 제공하며, 인간의 기본적 욕구를 충족시키기 위한 산출물을 제공한다. 그리고 이 조직은 인간협동의 유인체로 보수를 제공하고 있다.

② 형상유지조직

이 조직은 사회의 안정성 유지와 인간을 사회화하는 기능을 수행한다. 이에 해당하는 조직은 학교, 종교단체, 병원, 문화기관 등이다.

조직은 교육, 교화, 훈련을 통하여 직접적으로 형상유지 기능을 수행하거나 복지활동, 정신적 · 육체적 치료활동, 교정활동 등을 통해서 사회적 회복기능을 수행함으로써 사회의 규범적 통합을 책임진다.

③ 적응적 조직

이 조직은 사회의 통합 및 관리기능에 해당되는 조직이다. 배분, 조정, 통제 등을 통해 사회의 최종적 통합기능을 수행한다. 지식을 창출하고 이론을 개발하여 검증하며, 사회문제의 해결에 정보를 적용하는 기능을 가진 조직이다. 이에 해당하는 조직으로는 정부조직의 각 기관, 정당, 노동조합, 각종 압력단체 등이 있다.

④ 정치적 · 관리적 조직

자원, 인간의 판별, 조정 및 통제와 관련된 기능을 지닌 조직으로 정부기관, 압력단체, 노동조합 등을 예로 들 수 있다.

생각해 보기

1. 여러분이 생각하는 조직의 형태는 무엇인지 토론해 봅시다.

2. 여러분이 선호하는 조직의 유형은 무엇인지 토론해 봅시다.

CHAPTER

10

평생교육기관의 인적자원관리 및 재무

CHAPTER

10 평생교육기관의 인적자원관리 및 재무

제1절 인적자원관리의 의의 및 주체

1) 인적자원관리의 의의

(1) 인적자원관리의 개념

오랜 전통적으로 사용되어 오던 인사관리(personnel management)라는 용어는 현재 인적자원관리라는 용어로 사용하는 것이 보편화되었다. 여기서 인적자원관리(human resources management)를 알아보면 광의의 의미로는 조직에서 사람에 관련된 모든 활동을, 협의의 의미로는 사람관리를 말한다. 엄밀히 말하면 인적자원관리란 조직에 필요한 인적자원을 파악하여 이들을 채용, 선발, 유지, 평가, 보상, 훈련하는 것을 말한다.

현대에 와서 우리 사회를 '조직화된 사회'라고 일컫는데, 이는 대부분의 사람들이 직업과 관련된 조직에 참여하지 않더라도 각종 조직에 소속되거나 작게는 집단에 소속되어 있음을 의미한다. 즉, 현대인들은 조직을 떠나서 존재할 수 없으며, 조직은 사람의 문제를 소홀히 하고는 생존할 수 없다. 그래서 대부분의 조직들은 조직의 경영전략에서 사람을 가장 중요시하고 있으며, 인적자원관리를 경영전략의 핵심 전략으로 고려하기 시작하였다.

또한 미래지향적인 인적자원관리를 강조하면서 조직의 전략과 인적자원관리를 통합적으로 접근하는 것이 전략적 인적자원관리라고 말한다(이진규, 2001).

전략적 인적자원관리는 조직의 전략수립과 실행 시 조직의 인적자원에 대한 제반 요건과 각 인적자원관리 기능을 고려하여 조직전략을 수립하는 것이다.

조직전략과 인적자원관리를 통합적으로 접근하기 위해서는 먼저 인적자원관리 사명에서 조직의 사명과 더불어 인적자원의 중요성을 확인해야 한다.

조직의 내부·외부 환경 분석과 인적자원 환경 분석을 통하여 조직에서의 약점과 강점 그리고 동시에 인적자원의 약점과 강점을 파악한다. 그리고 인적자원 전략을 조직전략과 동시에 또는 우선적으로 수립한다. 끝으로 조직전략과 동시에 인적자원관리 전략으로 필요한 인력을 파악하고 인력의 모집과 선발을 통해 직무배치, 인력에 대한 성과평가와 보상 그리고 개발과 훈련 등 전반적인 인적자원 관련 활동이 이루어진다.

사회, 조직, 개인 구성원 그리고 인적자원 환경의 새로운 변화로 인적자원관리의 패러다임이 변화하고 있다. 과거 인사관리가 관료주의 이념에 기초를 두고 조직전략의 보조적 기능만을 강조하였다면, 지금은 인적자원관리와 전략이 조직의 핵심 전략으로 인식되고 있다. 이러한 현상은 평생교육기관을 포함한 교육조직에는 물론 모든 조직에서도 마찬가지이다.

2) 인적자원관리의 주체

평생교육기관에서의 인적자원관리 주체는 인사부서 및 담당자에게 있으나 실질적인 주체는 조직 전체를 이끌어 가는 기관장에게 있다. 따라서 전체 조직의 리더인 기관장은 인적자원관리에 대한 총괄적 책임을 지고 인사부서 및 담당자에게 권한을 위임하여 인적자원관리의 모든 활동을 이끌어 가도록 한다.

일반적으로 대기업의 경우 인사부서가 크게 인사조직 및 관리부서와 조직 구성원의 개인개발, 경력개발, 조직개발 등을 담당하는 교육부서의 두 개의 파트로 구성되어 있다.

여기에서 인사조직 및 관리부서는 조직 구성원 채용은 물론 인사고과, 후생·복지와 성과급 등 확보관리와 평가관리 그리고 보상관리를 주요 업무로 담당하고 있다. 반면에 교육부서는 조직 구성원 개개인의 개인개발, 경력개발, 조직개발을 위한 교육훈련의 계획을 비롯하여 운영 및 평가를 담당하고 있다.

그러나 평생교육기관은 인사담당자가 모든 것을 총괄하고 있기 때문에 거대한 조직과의 경쟁에서 불리한 상황에 놓이고 있다.

제2절 인적자원관리의 목표와 원리 및 기능

1) 인적자원관리의 목표

인적자원관리의 궁극적인 목적은 외적으로는 조직의 성과달성을 효과적이고 효율적으로 이끌어 가기 위하여 필요한 인적자원을 발굴하고 교육시켜 필요한 부서에 적시에 배치하는 것이며, 내적으로는 조직 구성원들이 조직에서 보람과 만족을 느끼고 구성원 상호 간의 유대감을 형성하면서 성장하도록 돕는 것이다.

신유근(2011)은 모든 경영활동은 결국 사람이 하는 것이고, 사람은 기계적 동물이 아니고 이성과 감정이 공존하는 동물이기 때문에 지시나 명령에 의해서만 움직이지 않는다는 것을 전제하면서 인적자원관리의 목표는 개인목표와 조직목표의 합치, 인적자원의 개발 및 육성 그리고 조직에서 바라는 바람직한 인재상을 정립하는 데 있다고 말하고 있다.

카스테터와 영(Castetter & Young, 2000)은 인적자원관리의 기능 내지 목표를 조직의 목표 달성, 개인의 직위와 개인단위의 성취수준 조력, 인력의 경력개발 극대화, 개인과 조직의 목표 조화 등 네 가지로 들고 있다.

인적자원관리의 기본 목표는 그 자체에 목적이 있기보다는 인적자원을 효율적으로 확보 · 개발 · 활용하여 조직의 목표 달성을 극대화하고 개인의 직무만족을 높이는 데 있다. 따라서 평생교육기관의 인적자원관리의 목표도 다음 두 가지로 정리할 수 있다(김용원 외, 2010).

첫째, 목표는 평생교육기관의 업무에 적합한 사람을 확보하고 그들의 전문성을 개발하여 적재적소에 배치하여 활용함으로써 평생교육기관이 지향하는 목표

달성을 극대화하는 것이다.

둘째, 목표는 평생교육기관에서 일하는 구성원들이 평생교육에 대한 철학과 사명을 가지고 전문성을 발휘하여 소신껏 일함으로써 직무만족도를 충족시키고 동시에 자기성장과 자아실현을 추구하도록 지원하는 것이다.

2) 인적자원관리의 원리

일반적으로 인적자원관리의 원리는 우수한 인력을 확보한 후에 확보된 인력을 적재적소에 배치하여 주어진 임무에 전념할 수 있도록 제반 여건을 마련해 줄 뿐만 아니라 전문성 심화 발전을 유도하는 동시에 근무의욕을 고취할 수 있도록 필요한 제반 지원을 해주는 것이다.

조직에서의 인적자원관리 기능이나 영역은 넓기 때문에 다양한 원칙이나 원리가 적용될 수 있겠지만 기본적으로 모든 조직의 인적자원관리에 적용될 수 있는 기본 원리는 다음과 같다(서정화 외, 2010).

(1) 적재적소 배치의 원리

유능한 인재를 확보하여도 적소에 배치하여 활용하지 못하면 인재가 사장되어 버린다. 따라서 유능한 인재를 확보하는 것도 중요하지만 이들에게 적합한 직무에 배치하여 능력을 최대한 발휘할 수 있도록 해주는 것이 인적자원관리의 시작이다.

(2) 전문성 확보의 원칙

유능한 인재를 확보하는 것 자체가 조직의 직무분야에 전문성이 있는 사람을 확보한다는 것을 의미하지만, 현대 조직에서는 이보다 조직 구성원의 전문적인 능력과 자질을 지속적으로 계발시켜 주는 것이 전문성의 더 중요한 원리이다. 평생교육기관의 경우도 최근 평생교육사 자격을 가진 전문인력을 대부분 채용하고 있어 전문성 확보의 원칙이 지켜지고 있지만, 이보다 더 중요한 것은 이들에게 전문성을 신장시킬 수 있는 기회를 지속적으로 제공해 주는 것이다. 평생교육기관의 학습조직화가 강조되는 것도 이 때문이다.

(3) 공정성 유지의 원칙

'인사가 만사'라는 말이 의미하는 것이 바로 인사관리에서 공정성 유지의 원칙이다. 인적자원관리에서 공정성 유지의 원리는 모든 영역에 해당되는 것으로 채용에서부터 배치 그리고 평가나 보상 등에서 차별의 금지나 실적주의와 연공서열의 조화 등을 포함하는 원리이다. 공정성 유지의 원리는 구성원의 조직에 대한 불만이나 갈등을 최소화하고, 조직에 대한 충성도와 직무에 대한 동기 등을 유발함으로써 조직의 목표 달성을 극대화하는 데 기여하게 된다.

(4) 조직 구성원의 직무의욕 고취

조직 구성원들의 직무의욕을 고취시키기 위해서는 우선 조직의 목표와 개인의 목표를 조화시킴으로써 구성원들이 직무에 만족하도록 해야 한다. 이 외에도 조직 구성원에 대한 적정한 경제적 처우와 쾌적한 근무환경과 여건 제공도 구성원의 근무의욕 고취를 위하여 매우 중요하다. 특히 조직 구성원들의 조직목표 달성을 위하여 성과가 있을 경우에는 이에 필요한 적절한 보상을 통하여 근무의욕을 고취할 필요가 있다.

3) 인적자원관리의 기능

인적자원관리의 기능에는 여러 가지가 포함되어 있다. 즉, 인적자원 확보, 인적자원 활용, 그리고 인적자원 개발로 나누어 볼 수 있다. 여기에서 좀 더 세분화하면 구성원의 신분과 자격, 수요와 공급, 교육과 훈련, 신규채용, 근무평가, 승진, 전보, 보수, 근무부담, 복지와 후생, 징계, 퇴직 등 인적자원관리의 다양한 기능과 영역이 있다. 따라서 이를 중심으로 인적자원관리의 기능을 살펴보면 다음과 같다.

(1) 조직구조 설계와 인적자원 계획

조직의 목표 달성을 위해 수립된 장·단기 전략과 계획을 중심으로 이에 필요한 조직체의 장기적 구성과 구조 설계, 조직에서 요구되는 인력의 구체적인 수급계획 등 비교적 장기적인 인적자원 계획의 기능을 말한다.

인사 충원의 필요성을 분석하기 위해서는 현재 기관인력이 ① 적절한 규모를 유지하고 있고, ② 필요한 업무 관련 기술을 갖추고 있으며, ③ 적합한 부서에 배치되었고, 또한 ④ 업무를 제대로 수행하고 있는가에 대한 전반적인 평가가 선행되어야 한다(김형식 · 이영철 · 신준섭, 2008).

(2) 직무분석과 직무설계

목표달성에 효과적이고 효율적으로 접근하기 위해서는 우선적으로 각 부서의 직무분석과 직무설계가 충실하게 되어 있어야 한다. 정확한 직무분석을 토대로 직무설계가 되어 있다면 직무에 필요한 인력의 확보가 용이하고 활용 및 배치에도 많은 참고가 될 수 있어 필요한 인재를 확보하는 데 있어 목표달성이 한층 수월하게 될 것이다. 인사관리의 출발점은 한 조직의 모든 직무들을 직위에 따라 구분하는 틀을 갖추는 것으로, 각각의 직위는 조직의 위계에서의 위치에 따라 분석되고, 평가되고, 등급이 매겨지는데, 구체적인 과업이나 의무, 책임들과 이에 수반되는 기술들이 여기에 해당된다(김영종, 2004).

직위 분류는 해당 전문가나 인사관리 부서에 의해서 개발되는 것이 보통인데 여기에는 직무분석, 분류화, 직무기술, 범주화의 단계들이 포함되어 있다(김영종, 2004).

- **직무분석**(job analysis) : 한 직무에 수반되는 과업들의 분석과 직무기술을 준비하는 것이다. 직무기술은 수행될 과업들을 제시하고, 일이 수행되는 정도, 슈퍼비전의 성격, 독자적인 판단, 지식, 경험에 대한 요구 등을 포함한다.
- **분류화**(classification) : 직위를 유사한 것들끼리 묶어서 계급으로 만든다. 계급이란 과업, 의무, 책임들이 유사하게 나타나는 직위들의 집합으로 인사관리

의 제반 측면에서 동등한 대우를 받는 집단으로 취급된다.

- **직무기술**(job classification) : 각 계급에 대한 구체화와 업무수행 기준을 만드는 것이다.
- **범주화**(categorization) : 각각의 지위를 이미 기술된 각 계급에 할당하는 것이다. 이러한 것들이 기관의 직위 분류 계획의 기초가 된다.

직무와 직위에 대한 구체적인 분류는 기관이 어떤 인력을 필요로 하는지를 파악하기 위한 것이다. 어떤 활동들이 현재 요구되고 있으며, 그러한 일을 수행하기 위해서는 어떤 자격을 갖춘 사람이 필요한지를 알 수 있게 한다.

(3) 인적자원의 확보

조직에서 요구되는 인적자원을 확보하는 기능으로서 필요한 인력의 모집과 선발, 그리고 배치 등의 기능을 일컫는다.

① 직원 모집

직원 모집 및 선발에서의 주된 관심사는 업무에 가장 적합한 사람들을 선발해 내는 것으로, 조직의 인적 능력을 효과적으로 증진하기 위해서는 업무능력이 우수하거나 잠재력을 가진 사람들을 직원으로 기용하는 것이 무엇보다 중요하다(김영종, 2004). 모집과정은 선발을 전제로 신규채용 희망자에게 채용에 대한 정보를 제공하여 좀 더 유능한 인재들이 지원하도록 유도하는 과정으로, 이 과정에서는 직무기술서의 활용이 중요한데, 지원자에게 모집하고 있는 직무와 직위에 부과된 업무 및 역할과 함께 직위를 수행하기 위해 필요한 자격조건을 규정하기 때문이다. 지원자를 어디서 모집하느냐에 따라 기관 내부 충원과 외부 충원의 방법이 있는데, 두 방법의 장·단점은 〈표 10-1〉과 같다(French, 1987, 김미자, 2023 재인용).

〈표 10-1〉 기관 내부 모집과 기관 외부 모집의 장단점

모집유형	장 점	단 점
내부 모집	• 지원자에 대한 정확한 자료 확보 가능 • 지원자에 대한 정확한 평가 가능 • 저렴한 모집 비용	• 지원자의 참신성 부족 • 지원자의 현재 업무에 지장 초래 • 모집 범위의 제한
외부 모집	• 참신한 응모자의 확보 • 새로운 기술/ 경험을 소유한 지원자의 확보 • 다수의 인력 확보에 유력	• 모집 비용 과다 • 지원자의 정확한 자료 부족 • 내부인력의 사기저하

② 직원 선발

지원자 중에서 기관이 필요로 하는 자질과 능력을 갖춘, 직무명세서에 가장 적합한 지원자를 선별하는 과정이다. 선별을 위해 활용할 수 있는 선별 도구는 서류, 시험, 면접 등이 있다(김영종, 2008, 김미자, 2023 재인용).

〈표 10-2〉 직원 선발 도구

선발도구	내 용
서 류	이력서 및 각종 지원서류 등과 같은 입사원서를 통해 지원자의 개인적 정보를 확보할 수 있다. 지원자의 개인적 성장과정, 학력, 근무, 경력 등 종합적인 자류를 확보하는 데 활용된다.
시 험	지원자의 능력, 성격, 흥미 등에 대한 자료 확보를 위해 필기시험 방법을 활용할 수 있다. 또 지원자로 하여금 직무의 일부를 수행하게 하는 실무능력검사도 병행할 수 있다.
면 접	지원자 선정과정에서 가장 많이 활용되는 도구이다. 면접의 목적은 지원자의 지식, 기술 및 능력을 평가하는 데 있다. 면접을 이용한 지원자 선정은 활용도가 매우 높은 반면, 그 정확성에 대해서는 많은 의문이 제기된다.

출처 : 김형식 · 이영철 · 신준섭(2008) 재구성.

(4) 인적자원의 활용과 보조

조직의 성과달성을 위한 실제 인적자원관리의 가장 큰 영역을 차지하고 있는 일상적인 기능으로서 일선관리자의 리더십과 인간관계, 인사고과, 보상관리, 후생복지, 인사이동 그리고 직장의 안전 및 보건관리 등의 기능을 포함한다.

〈표 10-3〉 직원들에 대한 보상체계

보상체계	내 용
기본 급여	각 직위 분류틀에 의거해서 기본 급여를 위한 계획이 개발되고 적용된다. 평등성의 개념 기준에 따라 각 직급들이 급여계획 안에서 분석되고 자리매김되는데, 유사한 지식, 기술, 책임을 갖는 직위들이 유사한 급여를 받도록 한다. 각각의 직위에 대해 최저와 최고 급여액이 결정된다.
초과시간 수당	규정된 근무시간을 초과한 부분에 대해 보상하는 것으로, 야간이나 주말, 혹은 공휴일에 근무하는 경우에 지급되는 것을 말한다. 사회복지서비스 기관의 전문직이나 관리자들에게는 이것을 적용하기가 쉽지 않은데, 업무의 성격상 생산직 근무자들과는 달리 근무시간의 명확한 구분이 보통 쉽지 않기 때문이다.
근속 수당	해당 기관에 일정 기간 동안 근무한 사람들에게 지급하는 보상급여이다. 이러한 보상은 유능한 직원을 기관이 계속해서 붙잡아 두기 위한 목적을 가진다. 근속 기한이 늘어날수록 지급액은 늘어나게 된다.
인센티브제	전통적으로 인센티브 급여나 보너스 제도는 공공이나 비영리 휴먼서비스 조직들의 보상체계에는 포함되어 있지 않은 경우가 많았다. 최근 들어, 이러한 제도가 크게 두 가지 유형으로 도입되는 경향이 나타난다. 수행계약이나 수행 공로상과 같은 수행 관련 인센티브제와 부가급여형 인센티브제가 있다.

출처 : 김영종(2004) 재구성.

(5) 인적자원의 개발과 조직 개발

인적자원의 능력개발을 위한 교육훈련과 경력계획, 부하육성과 인사상담, 그리고 조직의 효율성을 높이기 위한 조직진단과 경영혁신 그리고 조직개발 및 변화관리 등의 기능을 포함한다.

평생교육기관의 경우 노사관리 부분이 대부분 없다는 점과 기업의 인적관리와 차이점이 있다는 점 그리고 인적자원의 개발과 육성에 초점을 두어야 한다는 관점 등을 고려하여 관리기능을 중심으로 살펴보면 다음과 같다(신유근, 2011).

첫째, 인적자원의 확보관리이다. 주로 직무분석을 통한 인력계획 수립, 유능한 인재를 확보하기 위한 모집, 선발, 배치라는 일련의 의사결정 과정인 채용관리활동을 포함한다.

둘째, 인적자원의 평가관리이다. 확보된 인적자원의 자질, 능력, 업적 등을 평가하는 인사고과 활동과 직무의 중요도, 난이도, 위험도 등 여러 평가요소에 의해 직무의 상대적 가치를 평가하는 직무평가를 포함한다.

셋째, 인적자원의 개발관리이다. 인적자원의 능력을 최대한 발휘할 수 있도록 일의 기회와 교육훈련의 기회를 부여하는 활동이다.

넷째, 인적자원의 보상관리이다. 확보되고 개발된 인적자원이 조직에 공헌한 만큼 금전적·비금전적 대가를 제공하는 활동이다.

다섯째, 인적자원의 유지관리이다. 인적자원이 자신의 능력을 발휘하면서 조직 내에 남아 있도록 각종 배려를 행사하거나 조직에서 사람들이 직무를 수행하는 과정에서 나타나는 여러 가지 어려운 문제들을 해결하는 과정이다.

〈표 10-4〉 **훈련과 개발의 과정**

과 정	내 용
계 획	훈련·개발의 필요성을 분석하고 그 목적을 설정하는 과정으로, 이 과정에서는 직무분석을 기초로 기관 인력의 훈련과 개발에 대한 욕구분석을 실행하는 것이 중요하다. 욕구분석은 여러 측면에서의 분석이 필요한데, 기관 차원에서는 외부환경의 변화, 직무수준에서는 새로운 직무의 발생, 또 개인적 수준에서는 개인의 성장욕구 등이 분석되어야 한다. 계획은 일반적으로 기관의 인사담당 관리자에 의해 수행되지만 때로는 외부 전문가가 수행하기도 한다.
실 행	훈련·개발을 위한 교과내용, 참가자, 기법 및 교육실행자를 선정하고 이를 프로그램화하여 운용하는 과정이다. 이 과정에서 활용할 수 있는 프로그램에는 디음과 같은 유형이 있다. ① 오리엔테이션 프로그램 : 주로 신입사원 및 구성원에 대해 조직과 직무에 대한 교육을 제공한다. 선임자가 1:1로 피훈련자를 교육시키는 멘토시스템이 효과적이다. 또 다음의 기법을 활용하여 새로운 인력에 대한 교육과 훈련을 실시할 수 있다. • 시뮬레이션 : 특정한 상황 설정을 활용하는 방법으로 사례분석, 역할연기 등이 있다. • 현장훈련(OJT : On-the Job Training) : 실제로 직무를 수행하는 과정을 통해 감독자 또는 선임자가 피훈련자에게 업무수행에 관한 지식과 기술을 학습시키는 방법이다. ② 지식전달 프로그램 : 업무수행을 위한 지식, 기술, 태도 등에 대한 교육에 초점을 둔다. 강의, 시청각 교육, 컴퓨터 교육 등이 그 예가 된다. ③ 기술훈련 : 직무수행과 관련된 세부적인 기술습득 훈련을 의미한다. 프로그램 학습법, 도제제도, 직업학교 훈련 등의 방법을 활용할 수 있다. ④ 관리기술훈련 : 조직의 중간 간부급 이상을 대상으로 관리기술에 대한 훈련과 교육을 외부 컨설턴트 또는 조직 내부 인사를 활용하여 실시한다. 최고경영층에게는 의사결정 능력을 위주로, 중간관리층에게는 인간관계, 하위관리층에게는 인간관계 능력과 기술적 능력 배양을 위주로 훈련이 이루어진다.

평 가	훈련 · 개발 프로그램의 성과를 분석하는 과정으로, 평가에는 두 가지 유형이 있는데, 피훈련자의 학습이 어느 정도 이루어졌는가를 평가하는 학습효과와 훈련과 개발 프로그램이 실제 업무수행에 어느 정도의 효과를 주는가를 평가하는 적용효과평가가 있다. 이 외에도 피훈련자의 훈련, 개발 프로그램의 유용성 등도 평가의 대상이 될 수 있다.

출처 : 김미자(2023) 재구성.

(6) 인적자원의 평가

조직이나 프로그램 관리를 위해서는 어떤 식으로든 직원들의 직무수행정도를 평가하는 것이 필요하다(김영종, 2004). 업무평가는 특정 직원의 직무에 대한 기대사항을 설정하고, 직원의 실제 업적을 측정, 평가, 기록하여 당사자인 직원에게 피드백을 제공하는 일련의 과정으로 업무평가의 궁극적인 목적은 직원의 업무능력 개발에 있다(French, 1987, 김미자, 2023 재인용). 또 평가결과를 직원의 승진, 해고, 포상 및 임금을 결정하는 데 기초자료로 활용할 수 있다(김형식 · 이영철 · 신준섭, 2008).

① 직무수행력

직무수행력이란 조직 업무자들에 의해 개인적으로나 혹은 집단적으로 나타나는 직무 행동들을 말하는 것으로, 직무수행력은 몇 가지의 기준을 통해 측정될 수 있는데, 일반적으로 생산성, 서비스의 효과성, 효율성, 서비스의 질 등의 기준이 많이 쓰인다(김영종, 2004, 김미자, 2023 재인용).

〈표 10-5〉 **직무수행력의 기준**

기 준	내 용
생산성	주로 서비스의 산출량을 기준으로 나타낸다. 업무자의 생산성을 나타내는 지표들은 프로그램에 대한 지원자의 수 등이 포함된다
서비스의 효과성	평생교육사의 업무가 목표를 어느 정도 달성했는가를 의미한다.
효율성	업무자의 활동이 혹은 활동으로 인해 나타나는 결과가 투입된 비용에 비해 얼마나 경제적인지를 평가하는 것이다.
서비스의 질	서비스의 목적 성취를 위해 가장 바람직한 것으로 여겨지는 방법이나 기법, 절차들을 업무자가 얼마나 적절히 활용하고 있는지를 나타내는 것이다. 서비스의 질을 판단하는 기준은 이전 프로그램으로부터의 경험이나 전문적인 판단에 비추어 만들어진다.

② 직무만족도

직무만족도는 업무자들이 일과 직무환경에 대해 갖는 태도 및 인지를 말하는 것으로 직무수행력이 개별 업무자들의 행동과 그 결과를 다루는 데 비해서, 직무만족도는 대개 업무자들이 직무와 조직 상황에 대한 주관적인 느낌들을 측정하는 것이다(김영종, 2004). 직무만족도는 다양한 방법으로 측정할 수 있는데, 대부분은 급여, 승진 기회, 동료와의 관계, 슈퍼비전, 의사결정에의 참여, 조직에 대한 소속감 등의 요인들을 포함한다(김영종, 2004, 김미자, 2023 재인용).

4) 인적자원 포트폴리오

인적자원은 물적자원과 달리 회계상 자산이면서 동시에 부채의 개념을 지니고 있다. 그 이유는 조직이 유능한 인재를 보유하고 있으면 자산으로서의 가치를 갖고 있지만 무능한 인력을 안고 있으면 부채의 개념으로 작용하기 때문이다(차성호, 2000).

평생교육기관의 인적자원관리의 목적은 평생교육기관에 종사하는 구성원들의 역량을 최대로 발휘하게 하여 학습능률을 최고로 할 수 있는 학습공동체를 만드는 데 있다. 즉, 내부적으로는 기관 구성원들의 개인적 업무 만족과 교육실천에 따른 보람을 느끼고 구성원 상호 간에 돈독한 유대감을 형성하도록 도움을 주고, 외부적으로는 평생교육기관이 추구하는 교육이념과 목표를 효과적 · 효율적으로 달성할 수 있도록 조직원들의 적절한 배치나 직무를 부여하는 데 그 목적이 있다.

인사배치에서 바람직한 인사관리는 조직 구성원들 개개인의 특성을 충분히 고려하고 그들의 전문적 능력과 일에 대한 열정 등을 참고하여 발전하는 인력으로 성장시키는 것이다.

평생교육기관의 인적자원 포트폴리오는 조직 구성원들이 직무와 관련된 전문적 능력, 즉 지식, 기술, 태도를 평가하고 일을 하고자 하는 성취의욕으로서 자아실현과 조직에 대한 충성심 등을 충분히 고려하여 실시하도록 한다.

〈표 10-6〉 평생교육사 직무의 흐름도

책 무	작 업
A. 기획	A-1. 사회와 조직의 교육요구 분석하기 A-2. 교육조직 및 기관의 비전 수립하기 A-3. 교육사업전략 수립하기 A-4. 중·장기계획 수립하기 A-5. 연간 교육계획 수립하기 A-6. 마케팅하기 A-7. 사업성과 분석하기
B. 프로그램 개발	B-1. 프로그램 타당성 검토하기 B-2. 프로그램 개발 공동 작업하기 B-3. 교육요구 파악 및 분석하기 B-4. 프로그램 목표 설정하기 B-5. 프로그램 내용 선정하기 B-6. 프로그램 설계하기 B-7. 프로그램 실행 매뉴얼 작성하기
C. 프로그램 운영	C-1. 시설 및 매체 확보하기 C-2. 교수자 섭외하기 C-3. 프로그램 홍보 및 마케팅하기 C-4. 프로그램 실행하기 C-5. 교육매체 조직하기 C-6. 교육성과 분석하기
D. 기관 관리	D-1. 행정업무하기 D-2. 재무관리하기 D-3. 조직관리 및 개발하기 D-4. 법규정책 해석 및 활용하기 D-5. 교육시설 및 환경 관리하기 D-6. 학습자 관리하기 D-7. 교수자 관리하기 D-8. 기관 홍보하기
E. 네트워킹 및 지원	E-1. 지역사회 학습자원 조사하기 E-2. 인적·물적자원 교류하기 E-3. 정보 공유하기 E-4. 사업제휴하기 E-5. 공통 연수하기 E-6. 네트워킹 조직 구축하기

F. 교수-학습	F-1. 교수 대상자 분석하기 F-2. 교수계획 수립하기 F-3. 교수자료 수집하기 F-4. 교수자료 개발하기 F-5. 수업 실행하기 F-6. 학습 평가하기
G. 학습 상담	G-1. 학습자 진단하기 G-2. 교육정보 제공하기 G-3. 교수 및 학습방법 조언하기
H. 교육컨설팅	H-1. 교육문제 진단하기 H-2. 해결안 제안하기 H-3. 실시와 피드백하기

출처: 한국직업능력개발원(1999), 김미자 외 재인용(2023).

제3절 재무관리의 의의 및 중요성

1) 재무관리의 의의

(1) 재무관리의 개념

재무관리는 협의의 개념으로 기업재무라고도 하며, 기업의 자금 흐름과 관련된 활동이다. 구체적으로는 기업이 필요로 하는 자본의 조달과 이의 운용, 즉 투자에 관련된 기업활동을 계획하고 지휘하며 그 결과를 통제하는 것이다.

재무관리는 기본적으로 조직의 경영을 위하여 자금을 합리적으로 조달하는 조달 의사결정, 조달된 자금을 조직 목적달성을 위해 효과적으로 투자하는 활동 그리고 일상적인 조직운용과 관련된 유동자산과 단기부채 등을 관리하는 운전자본관리의 3개 의사결정 영역으로 분류된다.

평생교육기관의 재무관리는 정규 학교조직이나 기업조직의 재무관리와는 다소 차이가 있지만 자금을 조달해서 운용한다는 재무관리의 포괄적인 의미에서는 큰 차이가 없다. 평생교육기관은 재무관리의 측면에서 보면 세 가지로 분류할 수 있는데, 각 평생교육기관별 재무관리의 의미는 다음과 같다(김용현 외, 2011).

첫째, 공익성을 우선으로 하는 공공 평생교육기관이나 비영리 평생교육기관이다. 이 경우는 재무관리 기능보다는 회계관리 기능에 가깝다.

둘째, 수익성을 우선으로 하는 학원, 백화점이나 언론기관의 문화센터 등과 같은 평생교육기관이다. 이러한 평생교육기관들은 공익성보다는 수익창출이 우선이기 때문에 기업의 재무관리가 그대로 적용된다.

셋째, 수익성과 공익성을 동시에 추구하는 평생교육기관이다. 이러한 평생교육기관의 대표적인 것이 대학에 부설된 평생교육기관인데, 이 경우는 회계관리의 기능도 있으면서 기업의 재무관리 기능도 동시에 가지고 있다.

(2) 재무관리의 목표

재무관리란 기업의 자본 조달과 운용, 자본시장, 현금의 흐름, 운전자금의 관리, 배당결정, 재무분석 등의 이슈에 대하여 어떻게 하면 효율적이고 효과적으로 관리하고 통제할 것인가에 대한 의사결정이라고 할 수 있다. 이러한 재무관리는 다음과 같은 목표를 가지고 있다(최은수 외, 2014).

① 기관 가치의 극대화

기관 가치란 현재의 기관이 미래에 벌어들일 수 있는 현금이나 가능성을 의미하는 것으로서 수익성과 위험의 관리가 필수적이다.

② 안전성의 확보

재무적 안정성을 의미하는 것으로서 총자본 가운데 자기자본의 비율을 말하며, 그 비율이 높을수록 안전성이 높다.

③ 유동성의 확보

유동성이라 함은 기관의 지급능력을 의미하는 것으로서 높을수록 안정적이다.

2) 재무관리의 중요성

평생교육기관의 성격이 공익성을 강조하든 아니면 수익성을 우선시하든 재무관리는 필요하다. 평생교육의 중요성은 누구나 강조하면서 평생교육에 투자되는 공적자금은 아직도 미미하다. 또한 수익성을 우선시하는 평생교육기관은 학습자 중심의 기관 운영을 표방하면서도 자금조달을 수강료에만 의존하기 때문에 수강료가 너무 과다하여 많은 학습수요자의 접근을 어렵게 하고 있다는 지적도 있다. 또한 후원금이나 기부금 또는 지원금에 의존하는 공익성이 강한 평생교육기관은 자금이 부족하거나 자금을 투명하게 집행하지 못하여 학습자의 교육적 수요를 충족시키지 못하거나 부실한 교육 프로그램을 운영하는 사례도 많다. 따라서 평생교육기관에서 운영하고 있는 교육 프로그램을 활성화시키고 기관을 보다 능률적이고 효율적으로 이끌어 가기 위해서 재무분석을 통한 재무관리가 필요하다. 이러한 측면에서 평생교육기관의 재무관리가 매우 중요하다.

첫째, 자금조달과 운영 측면에서 투명성을 확보하기 위해서다. 평생교육기관도 하나의 교육기관이기 때문에 공익성이 더 강조되어야 한다. 그러한 측면에서 지원금이나 후원금 등은 물론이고 학습자의 수강료 등의 조달한 자금을 투명하게 운용하는 것이 매우 중요하고, 자금을 투명하게 운용하기 위해서는 재무관리를 철저히 해야 한다.

둘째, 평생교육기관 경영의 효율화를 통한 경쟁력을 확보하기 위해서이다. 평생교육의 중요성이 강조됨으로써 평생교육에 대한 공적 투자가 확대되고 있고, 다른 한편으로는 학습자들이 부담하는 수강료 부담도 점차 커지고 있다. 이와 같이 평생교육기관의 책무성을 강조한다는 것은 평생교육에 투자한 만큼의 학습효과가 있어야 한다는 것이다. 결국 평생교육기관의 자금이 학습자의 교육에 많이 투자되어야 하고 투자된 것만큼의 학습 성과를 내야 한다는 의미에서 재무관리의 중요성이 강조되지 않을 수 없다.

셋째, 평생교육시장의 불확실성 측면에서이다. 경기가 침체되고 가정 경제가 어려워지면 정부나 민간부문 그리고 가정 모두 먼저 긴축하는 부분이 교육부문, 특히 평생교육이나 훈련 등과 같은 부문이다. 따라서 이러한 평생교육시장의 불확실성을 극복하기 위해서는 평생교육기관들이 평소에 재무관리를 철저히 해야 한다.

넷째, 평생교육기관의 경영기획 기능의 활성화 측면이다. 평생교육기관을 경영한다는 것은 결국 평생교육기관의 문제를 진단하고 환경변화 등을 분석하여 향후의 평생교육기관 발전을 모색하고 또는 경영의 새로운 방향을 설정하는 기획 기능을 강조하는 것이다. 따라서 평생교육기관을 경영한다는 것은 기획기능을 강조하는 것이고 기획에는 반드시 재무분석이 포함되어야 한다.

제4절 재무관리의 원칙과 기법 및 절차

1) 재무관리의 원칙

자금의 조달과 운용의 고유 영역을 가지고 있는 재무관리는 자본유지의 원칙, 자본증식의 원칙, 안전성의 원칙, 유동성의 원칙 등 몇 가지 기본 원칙을 가지고 있다.

(1) 자본유지의 원칙

자본유지는 소극적 하한선을 제시하는 원칙으로서 명목자본유지와 실체자본유지로 나누어진다.

(2) 자본증식의 원칙

자본증식은 적극적인 면을 나타내는 원칙으로서 자본이익률에서 구해진다.

(3) 안전성의 원칙

안전성은 차입자본이나 타인자본의 변제에 있어서 문제가 되는 것으로 조달원천과 운용형태의 상호 관련을 적절히 할 필요가 있다.

(4) 유동성의 원칙

유동성이란 기관의 지불능력으로 경영분석에서 유동비율이나 당좌비율은 이러한 점을 단면적으로 나타낸다.

2) 재무관리의 기법

(1) 유동성 관리

유동성 관리란 단기간의 영업활동에 필요한 현금의 유입과 유출을 관리하는 것이다. 기업경영에서 매우 중요한 재무관리의 한 영역이다.

기관의 재무 상태를 파악해서 관리하는 유동성 관리의 대표적인 기법을 살펴보면 다음과 같다(신유근, 2011).

첫째, 당기에 만든 재무제표와 당기 이전에 만들어진 재무제표를 비교하는 방법

둘째, 당기의 재무제표상에 나타난 항목들 간의 비율을 분석하는 기법

셋째, 기관의 경영성과분석을 통하여 하는 손익계산서 작성 기법

평생교육기관은 규모나 성격에 따라 다소 차이가 있지만 최근 대형 학원이나 기업화된 평생교육기관 같은 경우는 기업과 같이 유동성 관리를 해오고 있다.

유동성 관리를 하지 않는 평생교육기관의 경우도 대부분 회계연도가 끝나면 결산 시에 대차대조표나 손익계산서를 작성하여 기관의 재무 상태를 분석 · 평가하고 있다.

(2) 원가계산 방식

원가계산 방식이란 경영활동에 필요한 여러 가지 목적을 위하여 원가에 관한 정보를 집계 · 분류 · 요약하고 해석하는 수량적 방법, 즉 새로운 경제가치 또는 기존의 가치를 증대하기 위해 소비되는 경제가치를 계산하는 것이다.

일반적으로 원가의 소비량 및 소비가액을 일정의 급부단위, 즉 제품이나 부분품, 반제품 등에 대하여 산정하므로 대상계산이라고도 한다.

제조공업 분야에서 널리 사용되고 있는 것이 원가계산이며, 기본적인 목적은 경영의 실태를 계수적으로 파악하여 타당한 가격결정의 기준 및 경영능률 증진을 위한 기초 자료를 획득하는 데 있다.

일반회계가 기간계산인 데 비해 원가계산은 보통 1개월을 기간으로 하며 또 실제 원가계산을 하는 것을 상례로 한다.

원가계산은 여러 가지 기준에 따라 다음과 같이 분류된다(브리태니커 사전, 김용현 외, 2014).

첫째, 비교측정 목적에 의한 분류이다. 실제원가계산과 표준원가계산으로 나뉜다.

둘째, 제조형태에 의한 분류이다. 특정 제품을 직접대상으로 하여 원가계산을 하는가, 또는 일정 기간 동안 동종제품의 전부를 대상으로 하여 원가계산을 하는가에 따른 분류이다.

셋째, 범위에 의한 분류로 원가를 계산하는 데 모든 원가요소를 계산 대상으로 하느냐 또는 그 일부만을 계산 대상으로 하느냐에 따른 분류이다.

3) 재무관리의 절차

재무관리의 기본적인 구성요소는 자금조달과 자금운용이고 이러한 수입과 지출을 전체 조직단위 또는 사업단위별로 일정 기간의 활동계획에 따라 금전적인 계획을 세우는 것이 예산이다.

(1) 예산관리

예산관리란 기관의 활동계획에 따라 금전적인 목표를 수립하고 수입과 지출계획을 수립하며, 프로그램별로 구체적인 수입과 비용 지출계획을 문서화하고, 예산 집행 후 기록을 유지하고 평가하는 일련의 과정이다. 평생교육기관의 예산 및 회계는 거쳐야 하는 몇 개의 기본적인 단계가 있는데, 그것은 예산을 준비하고 편성된 예산을 기관의 운영위원회나 이사회에 보고하는 것, 승인된 예산을 운용하거나 집행하는 것, 사용된 금전이 어떻게 어떤 목적으로 사용되었는가를 결정하기 위한 계획을 평가하는 것 등이다(권인탁 · 임영희, 2017, 김미자, 2023 재인용). 예산관리에서 가장 중요한 부분이 기관의 구체적인 수입과 지출 계획을 문서화하는 작업인 예산편성이다(김용현 외, 2011).

평생교육경영자는 다음과 같은 예산 관련 지식과 기술을 분명하게 알고 있어야 한다(권인탁 · 임영희, 2017, 김미자, 2023 재인용).

- 예산편성 절차의 이해
- 구성원의 의견을 반영하여 기관의 예산 개발
- 평생학습 프로그램 지원을 위한 예산준비
- 영수와 지출에 관한 정확한 재정 기록의 유지
- 상급자나 위원회에 대한 건정한 재정운용 기록의 준비와 전달
- 기관에 배분된 예산의 효과적인 관리와 평가

① 품목별 예산편성

현재 예산편성에서 일반적으로 사용하고 있는 방법으로 예산을 필요로 하는 영역과 그 내용을 품목으로 나누어 증가적인 예산을 편성하는 방법이다(권인탁 · 임영희, 2017, 김미자, 2023 재인용). 평생교육기관의 경우도 교육 프로그램을 안정적으로 운영할 때 일반적으로 품목별 예산편성 방식을 많이 활용하고 있다.

② 프로그램별 예산편성

프로그램별로 기획 · 시행 · 평가에 이르기까지 전 예산을 각각 편성하여 관리하는 방법으로 단위 프로그램이나 사업을 구성하고 기획할 때는 그 프로그램 운영을 위한 자금조달(수입)계획을 세우고, 그 프로그램의 운용자금(지출)계획을 세우게 된다(김용현 외, 2011, 김미자 2023 재인용).

③ 통합적 예산편성

외부의 수탁이나 위탁사업을 제외하고는 평생교육기관에서 자체 개발한 프로그램은 여러 가지 프로그램이 동시에 운영되고 있기 때문에 각 프로그램의 지출과 항목별로 작성, 합산하여 예산을 편성한다(김용현 외, 2011, 김미자, 2023 재인용).

(2) 예산집행

평생교육경영자는 예산을 준비하고 집행하는 데 있어서 평생교육기관의 고객에게 공지할 수 있는 다양한 방법을 사용할 수 있는데, 예산회계 분야에서 평생교육경영자는 기관의 규모와 수준에 따라 그들의 과업이 다르다(권인탁 · 임영희, 2017, 김미자, 2023 재인용).

(3) 예산운영의 평가

평생교육기관은 회계감사를 받기 위하여 사용예산에 대한 내역을 제출하도록 요구받을 수 있는데, 평생교육경영자는 기관의 사명과 목적을 달성하기 위하여 예산운영에 대하여 구성원의 평가를 받는 것이 중요하다.

제5절 재무관리에 대한 수입 및 지출 관리

1) 수입관리

평생교육기관의 수입은 학습자의 수강료, 보조금, 후원금, 기부금, 기타 수입 등으로 구성된다고 할 수 있다(권인탁 · 임영희, 2017, 김미자, 2023 재인용).

평생교육기관의 수입관리에서 가장 핵심적인 부분은 학습자가 부담하는 수강료의 책정과 관리이다(김용현 외, 2011, 김미자, 2023 재인용).

〈표 10-7〉 평생교육기관의 수입관리

수입원	내 용
학습비	학습자가 평생학습 프로그램을 등록할 때 납부하는 수강료이다.
정부재정 지원금	평생교육기관이 정부 또는 지방자치단체의 공모사업에 지원하여 특별한 프로그램 또는 평생학습 프로젝트를 운영하도록 선정되었을 경우 정부나 지방자치단체로부터 지원받는 자금이다.

보조금	평생교육기관이 국가, 지방자치단체 및 모기관의 부설 형태 또는 위탁기관으로 운영될 경우 국가 및 모기관으로부터 프로그램 운영비, 인건비, 물품 및 장비 구입비, 인쇄비, 시설 등을 보조금 형태로 지원받을 수 있다.
후원금 및 용역비	이는 평생교육기관이 개인이나 기관으로부터 프로그램이나 사업에 대하여 지원받는 것을 말한다.
기부금	기부금은 개인이나 법인이 자선사업이나 공공사업을 원조하기 위하여 내놓은 돈이나 물건을 말한다.
기타 수입	이는 평생교육기관이 시설과 장비를 타 기관 또는 개인에게 임대하였을 경우 발생하는 수입을 말한다.

출처 : 권인탁 · 임영희(2017), 김미자(2023) 재인용.

2) 지출관리

비용은 기관의 목표를 달성하기 위하여 활동마다 발생하는 금전을 지출하는 행위로, 평생교육기관의 운영과 성과 달성에 반드시 필요하여 법과 규정에 의하여 지출되어야 한다. 평생교육기관의 운영비용은 프로그램 운영과 관련해 직접비용과 간접비용으로 나눌 수 있으며, 학습자 수의 영향에 따라 고정비와 변동비로 나눌 수 있다(권인탁 · 임영희, 2017, 김미자, 2023 재인용).

〈표 10-8〉 **평생교육기관의 지출관리**

지출 항목	내 용
고정비	프로그램에 참가한 학습자의 수와 관계없이 안정적으로 지출되는 경비로 인건비, 강의료, 광고 및 홍보비, 시설 임대 및 유지비 등이 속한다.
변동비	프로그램에 참가한 학습자의 수에 따라 변화하는 경비를 의미하며 학습자의 교재비 및 참고자료, 식비, 학습자를 위한 소모성 물품 구입비 등이다.
직접비	프로그램을 운영하는 데 직접 소요되는 비용으로 직접 원가를 산출해서 지급할 수 있는 경비를 말한다. 직접비에는 인건비, 전화비, 홍보비 등의 고정비 성격의 직접비가 있으며, 교재비, 참고자료비, 숙박비, 식대 등의 변동비 성격의 직접비가 있다.
간접비	프로그램을 운영하는 데 직접적인 원가를 파악할 수 없는 경비이며 기관에서 공통적으로 사용되고 있는 비용을 말한다. 교육 설비 및 시설 사용료, 전기 및 수도 요금, 컴퓨터 및 전화 등의 통신요금 등이 해당된다.

출처 : 권인탁 · 임영희(2017), 김미자(2023) 재인용.

생각해 보기

1. 인적자원관리(Human Resources Management)에 대해 서로 의견을 나누어 봅시다.

2. 평생교육기관의 재무관리에 대해 서로 의견을 나누어 봅시다.

CHAPTER

11

평생교육기관의 의사소통 및 의사결정

제1절 의사소통의 개념 및 유형

제2절 의사소통망의 형태 및 기법

제3절 의사소통의 원칙

제4절 의사결정의 개념 및 유형

제5절 의사결정의 과정 및 모형

CHAPTER

11 평생교육기관의 의사소통 및 의사결정

제1절 의사소통의 개념 및 유형

1) 의사소통의 개념

의사소통이란 생각이나 뜻이 서로 통하는 것으로 말, 문자, 그림, 몸짓 또는 물건을 가지고 하는 행위 등을 매개체로 서로의 생각을 주고받는 것이다.

의사소통(communication)의 어원은 라틴어의 'communis'에서 유래된 것으로 '공통' 또는 '공유'라는 뜻을 가지고 있다(김은혜, 2013). 즉, 의사소통이란 의미를 창출하고 공유하는 교류과정으로 인간관계에서 가장 보편적이고 기본적인 것이며 가족원 간의 관계를 형성하고 유지하는 상호 방향적 과정이며, 유기체들이 기호를 통하여 서로 정보나 메시지를 전달하고 수신해서 서로 공통된 의미를 수립하고 나아가서는 서로의 행동에 영향을 미치는 과정 및 행동이다(Galvin & Brommel, 1986).

여러 학자 중에서 사이먼(Simon)은 의사소통을 조직의 한 구성원으로부터 다른 구성원에게 의사결정의 전제가 전달되는 과정이라고 하였고 섀넌과 위버(Shannon & Weaver)는 하나의 마음이 다른 마음에 영향을 미치는 또는 그러한 과정을 뜻하는 것으로 수단으로는 언어뿐만 아니라 음악, 그림, 연극, 무용 등 모든 인간의 행동을 포함한다고 하였으며, 에어(Ayer)는 커뮤니케이션이란 전달되는 것이나 그 수단 또는 전 과정을 의미한다고 하였다.

의사소통에 대한 견해를 종합하여 살펴보면, 의사소통이란 인간이 신호나 기호를 사용하여 자신의 생각이나 메시지를 언어나 비언어적 방법으로 타인에게 전달하고 생각이나 감정을 교환, 공유하면서 상호 간에 영향을 미치는 과정이라고 할 수 있을 것이다.

다운즈(Downs)는 효과적인 의사소통은 다음의 세 가지 기준의 복합물이라 설명하고 있다. 의사소통이 효과적으로 이루어지려면 이 세 가지 기준을 통합하여야 한다.

첫째, 전언(message)의 질과 그 표현이 중요하다. 전달하는 내용의 명료성, 적시성, 일관성, 길이, 상호 관심 또는 이익, 진실성 등이 바람직한 특성으로 구성되어 있어야 한다.

둘째, 바라던 결과가 성취되는 것을 들 수 있다. 궁극적으로 이는 발신자의 목적이 된다.

셋째, 의사소통의 효과는 시간적 관점에서 고려되어야 한다.

2) 의사소통의 유형

의사소통의 유형은 그 분류방식에 따라 여러 가지로 나눌 수 있다. 그 분류방식을 살펴보면 다음과 같다.

- 조직의 성격 : 공식적 의사소통, 비공식적 의사소통
- 의사소통의 수단 : 언어적 의사소통, 비언어적 의사소통
- 의사소통의 방향 : 일방적 의사소통, 쌍방적 의사소통

(1) 공식적 의사소통과 비공식적 의사소통

① 공식적 의사소통(Formal Communication)

공식적 의사소통이란 공식적인 조직 내에서 공식적 의사소통의 경로와 수단을 통하여 정보가 유통되는 것을 말한다. 그 목적은 구성원에게 조직의 목표, 방침, 지시사항 등을 전달하는 데 있으며, 전달방법은 계층의 명령계통의 공문서, 서면, 구두명령, 보고 등이다.

공식적 의사소통의 효과는 조직의 권력구조, 상하의 위계, 전달자의 정보체제

기술에 좌우된다고 볼 수 있다. 즉, 권력이 중앙집중화될수록, 상하의 위계가 엄할수록 또 전달자의 전달체제 기술이 좋으면 좋을수록 공식적 의사소통의 효과가 높다. 직원회의, 기획회의, 결재상황, 위원회 활동, 연수활동 등에서 의사소통이 발생한다.

공식적 의사소통의 장점은 권한관계가 명확해지고, 의사소통이 확실하고 편리하며, 발신자와 수신자의 책임소재가 분명하다는 점이다.

공식적 의사소통의 단점은 융통성이 없고 의사소통이 느려서 사무를 지연시키며, 조직을 경직화시킬 수 있고 공식적 의사소통만으로 모든 조직 내의 합리적 의사소통을 이루기가 어렵다는 것이다.

② **비공식적 의사소통**(Informal Communication)

비공식적 조직인 친화관계, 학연, 지연 등 조직 내부의 인간적 접촉에 의해 자생적으로 형성되는 의사소통을 말한다. 이는 공식적 직책을 떠나 친분과 상호 신뢰 등 인간관계를 기초로 이루어지므로 공식적 의사소통의 제약된 조직이나 사회에서 많이 이루어지고 있다.

비공식적 의사소통은 관리층이나 또는 합리적인 조직의 목적과는 관계없이 직원 상호 간의 인격적·사회적 교류관계에 의해 자연발생적으로 이루어지는 것을 말하며, 전화, 메모, 잡담, 풍문, 소문 등이 있다.

비공식적 의사소통의 장점은 전달속도가 빠르고 하급자의 즉각적인 반응을 알기 위해 정보를 흘렸을 경우 신속하게 그 결과를 알아낼 수 있으며, 하급자들의 스트레스를 해소시켜 준다는 점이다. 또한 공식적인 의사소통이 전달하지 못하는 유익한 정보를 제공해 주고 하급자의 태도나 성과, 아이디어 등 가치 있는 정보를 제공해 주어 직원의 만족감을 준다는 것을 들 수 있다.

비공식적 의사소통의 단점은 무책임한 정보가 흐를 경우 너무 전달속도가 빨라 관리자의 통제가 어렵고, 풍문, 전화, 잡담 등의 형태로 나타나므로 통제가 어렵고 책임추궁이 어려우며, 왜곡되고 정확하지 못하면 상관의 권위를 손상시킬 우려가 있다는 점이다.

(2) 언어적 의사소통과 비언어적 의사소통

① 언어적 의사소통(Verbal Communication)

언어를 매개체로 하여 의사소통이 이루어지는 것을 말하며, 구두의사소통과 문서의사소통으로 구분한다.

구두의사소통은 직접적인 말을 수단으로 하여 메시지를 전달하거나 정보를 교환하는 의사소통이다. 공문결재, 직원회의, 위원회 활동, 연수회, 전화, 여론조사, 개별면담 등이 해당한다. 장점은 즉시성, 신축성, 융통성, 비밀보장성이다. 단점은 전달대상이 제한되며 전달내용이 중요하고 복잡할 때는 사용하기가 어렵다는 것이다.

문서의사소통은 문서를 통한 의사소통이다. 보고서, 공문서, 회람, 게시판, 이메일, 팩스, 사후통지, 메모, 편지, 안내서 등이 있다. 장점은 장기적으로 보존할 필요가 있을 때, 중요하고 복잡한 내용을 정확하고 획일적으로 전달할 필요가 있을 때, 구성원이 지리적으로 분산되어 있을 때 효과적이라는 것이다. 단점은 수신자의 반응을 확인하기 어렵고 수신자의 다양한 욕구를 고려하지 못하며, 비밀이 누설되기 쉽다는 것이다.

② 비언어적 의사소통(Nonverbal Communication)

구두나 문서 언어를 사용하지 않고 메시지를 전달하는 의사소통을 말한다. 비언어적 의사소통은 자세, 몸짓, 손짓, 얼굴 표정, 복장 등 은연중에 일어나는 감정이나 태도 등의 신체적 언어가 있고, 교통신호, 도로표지판, 안내판 등의 물리적 언어를 통한 의사소통이 있다. 복장의 모양과 색상, 자동차의 크기와 색상, 사무실의 크기, 사무용품의 배열, 의자의 크기 등의 상징적 언어를 통한 의사소통도 이에 해당한다. 언어사용이 곤란한 경우에는 비언어적 의사소통이 효과적이다.

(3) 일방적 의사소통과 쌍방적 의사소통

① 일방적 의사소통(One-way Communication)

명령이나 지시와 같이 전달자가 수신자에게 일방적으로 메시지를 전달하는 방식이다. 발송자가 수신자의 내적 반응만 일으키고 수신자로부터 다시 피드백을 받을 수 없다.

② 쌍방적 의사소통(Two-way Communication)

전달자가 수신자에게 메시를 전달하면 수신자의 반응이 피드백이 되어 다시 전달자에게 되돌아오는 형태를 말한다. 수신자와 송신자 간 상호 정보의 교환과 반응을 알 수 있으므로 의사소통의 정확성을 높이는 데 유용하다. 수평적 관계를 유지하기 때문에 자율적이고 창의적인 활동이 될 수 있다.

쌍방적 의사소통은 시간이 좀 걸리지만 일방적 의사소통보다 효과가 높고 메시지 왜곡이 없다.

제2절 의사소통망의 형태 및 기법

1) 의사소통망의 형태

의사소통망(communication network)은 "조직 구성원들 간에 이루어지고 있는 반복성, 제한성이 있는 상호작용의 패턴이다". 의사소통망은 발송자로부터 수신자에게로 메시지가 흐르는 경로의 구조로 다양한 연결망, 형태가 있을 수 있으며, 조직 내의 지도자 위치, 의사소통의 흐름, 지도자와 추종자들의 관계 등에 따라 정형적/ 비정형적 의사소통 연결망으로 구분하여 유형화할 수 있다(Lewis, 1992).

(1) 사슬형(Chain Networks)

연쇄형이라고도 하며, 공식적인 명령계통에 따라 의사소통이 상위계층에서 하위계층으로만 흐르는 의사소통망이다.

조직 구성원들 간의 엄격한 계층관계가 존재하며, 상위인 중심인물이 정보를 종합하고 문제를 해결함으로써 의사결정의 속도는 빠르나 집단의 만족도는 낮으며, 정보가 계층 단계를 따라 아래로 전달되는 과정에서 왜곡될 소지를 내포하고 있다.

(2) Y형(Y Networks)

구성원이 상급자에게 보고하면 상급자는 조직의 장에게 보고하는 의사소통망이다. 매우 관료적이고 위계적인 조직에서 볼 수 있다. 이 의사소통망은 정보가 조직의 최하위층에서 최상층까지 전달되려면 모든 위계의 수준을 통해서만 가능하다는 점에서 사슬형과 비슷하다.

(3) 수레바퀴형(Wheel Networks)

모든 정보와 흐름이 지도자에게 집중된 의사소통망이다. 즉, 구성원들이 한 사람의 중심인물과 의사소통을 하므로 중심인물이 신속하게 정보를 획득할 수 있고 문제해결을 위한 상황도 정확하게 판단할 수 있으며, 문제에 신속하게 대응할 수 있다. 단순 업무의 경우에는 의사소통의 속도와 정확성을 기대할 수 있으나, 업무가 복잡한 경우에는 그 효과를 기대하기가 어렵다. 집단의 만족도는 낮으며 중심인물에게 사고가 생길 경우 집단이 와해되기 쉽다.

(4) 원형(Circle Networks)

조직 구성원 간의 상호작용이 집중되어 있지 않고 넓게 분산되어 있는 의사소통망으로 위계적 관계와 중심인물이 없는 위원회 조직에서 나타난다. 서열, 지위가 확실히 드러나지 않고 거의 동등한 입장에서 의사소통을 하므로 문제해결은 느리나 구성원의 만족도는 높다.

(5) 완전연결형(All-channel Networks)

모든 조직 구성원들이 다른 모든 구성원들과 자유롭게 정보를 교환하고 의사소통을 하며 구성원 개개인이 의사소통을 주도한다. 조직 구성원 상호 간에 의사소통이 활발하므로 창의적 문제해결에 효과적이며 조직 구성원 만족도가 높으나 사태파악과 문제해결에 시간이 많이 소요된다.

2) 의사소통 기법

(1) 조하리의 창

미국의 심리학자 조지프 루프트(Joseph Luft)와 해리 잉햄(Harry Ingham)의 이름을 합성하여, 조하리(Jo + Harry = Johari)의 마음의 창문(window of mind)이라는 자기개발 모형을 탄생시켰다.

조하리의 창에서 이 창문에는 자신의 생각, 감정, 경험, 소망, 기대, 가족사항, 취미, 종교, 교우관계, 장단점 등 '자신에 관한 모든 것'이 포함되어 있다. 창틀의 크기와 형태는 고정된 것이 아니라 상호 신뢰 수준과 자아노출, 피드백의 교환 정도에 따라 유동적으로 결정되는 것이다.

조하리의 창에서 모든 인간은 자신에 대한 정보가 자신에게 잘 알려진 부분도 있고, 자신에게 알려져 있지 않은 부분도 있다. 이들의 결합관계에 따라 개방적 영역, 맹목적 영역, 잠재적 영역, 미지적 영역 등 4개 영역이 생기게 된다.

① 개방적 영역

이 영역은 자신에 관한 정보가 자신이나 타인에게 잘 알려진 부분이다. 이 영역이 넓은 사람은 개방적이고 방어적이 아니기 때문에 원만한 의사소통 능력으로 성숙한 인간관계를 형성하게 된다. 따라서 효과적인 의사소통을 통한 원만한 인간관계를 형성하기 위해서는 개방영역을 넓혀나가야 한다.

② 맹목적 영역

자기 자신에 대하여 타인에게는 알려져 있으나 자신은 모르는 부분이다. 그러므로 타인들로부터 피드백을 받지 못할 때에는 이 부분이 넓어져 의사소통에서 자신의 주장을 내세우고 타인의 의견을 불신하고 비판하여 수용하려 들지 않는다.

맹목적 영역이 넓은 사람은 눈치가 없고 둔한 사람으로 타인이 보기에는 개선할 점이 많으나 자신은 깨닫지 못하는 사람이다. 또한 자기주장이 강하고 자기도취적인 사람이거나 이와는 반대로 자존감이 낮아 자신의 좋은 점을 인식하지 못하고 있는 사람이다. 이 영역은 타인으로부터 얼마나 피드백을 받느냐에 따라 달라질 수 있으며, 이 영역을 축소시키기 위해서는 타인의 조언이나 생각을 진지하게 받아들이는 자세가 중요하다.

③ 잠재적 영역

자기 자신에 대해 자신은 알고 있으나 타인에게는 알려지지 않은 부분이다. 이 같은 경우에는 타인이 어떻게 반응할지 몰라 자기의 감정과 태도를 비밀에 부치고 타인에게 방어적인 태도를 취하게 된다. 이 영역이 넓은 사람은 신중하다고 볼 수 있으나 자기표현을 잘 하지 않기 때문에 타인은 그가 어떤 생각과 느낌을 가지고 있는지 알 수 없어 쉽게 접근해 오지 않게 된다.

이러한 현상은 자신을 수용하지 못하는 데서 기인하기 때문에 자기를 은폐시키거나 자기개방이 두려워 불안해하고 긴장하므로 원만한 의사소통이 어렵다. 이런 상황에서 이 영역을 축소시키기 위해서는 자기개방이 필요하다.

④ 미지적 영역

자기 자신에 대해 자기 자신도 모르고 타인도 모르는 부분이다. 이러한 경우에는 자신에 대한 견해를 표출하지도 않을 것이며 또한 타인으로부터 피드백을 받지도 못할 것이다. 이 영역이 넓은 사람은 고립되어 있고 심리적으로 고민이 많으며 부적응적인 삶을 살아가는 사람으로 이런 상태가 계속되면 미지적 부분의 넓이가 더 커질 것이다. 그러나 자신에 대한 지속적인 관심과 통찰을 하면 이러한 부분을 알게 된다.

(2) 대인 간 의사소통 유형

대인 간 의사소통은 전달자와 수신자 간의 피드백의 수준과 개방성의 정도에 따라 구분된다. 즉, 전달자와 수신자 간에 피드백이 얼마나 효과적으로 이루어지며, 개방성의 정도는 어떠한가에 따라 의사소통을 유형화할 수 있다(Hellriegel et al., 1991).

① 자기거부형

개인이 타인으로부터 고립되어 자신의 생각, 의견, 태도, 감정을 타인에게 숨기려고 하는 의사소통 유형을 자기거부형이라고 한다. 내성적인 사람이 외향적인 사람보다 자기거부형 의사소통을 사용할 가능성이 높다.

② 자기보호형

자신에 대해서는 숨기면서 남에 대해서는 알려고 하고 타인에 대한 평가만을 하는 의사소통 유형을 자기보호형이라고 한다. 자기보호형은 가능한 한 자기노출을 피하고 상대방에게 평가받지 않으려는 방어전술을 사용하기도 하며, 자기방어적인 사람은 극단적인 경우 타인에 관한 자신의 생각, 의견, 태도와 감정만을 드러낼 뿐이다.

③ 자기노출형

자신의 행동에 대한 반응을 상대방에게 확인시킴으로써 자신에게 관심을 두도록 하는 의사소통 유형을 자기노출형이라고 한다. 이런 사람은 자신이 받는 피드백에 거의 신경을 쓰지 않을 수도 있지만, 타인의 피드백을 진지하게 고려할 수도 있어서 이런 경우 최근에 받아들인 피드백이 긍정적인 것인가 부정적인 것인가에 따라 심한 감정상 기복을 겪을 수도 있다.

④ 자기협상형

의사소통하는 상대방과 자신의 내적 기준이 일치하지 않아 갈등을 느끼게 되는 문제를 자기가 스스로 해결하기 위해서 자신의 인지 내에서 타협하는 의사소통 유형을 자기협상형이라고 한다. 자기협상형 의사소통을 하는 사람은 상대방의 반응이 자신의 내적 기준과 동일한 경우에만 피드백을 제공하고 자신을 개방한다.

⑤ 자기실현형

자신에 대한 적당한 양의 정보를 제공하고 피드백을 요청하며, 방어적이지 않고 건설적이며 개방적인 피드백을 제공하는 의사소통 유형을 자기실현형이라고 한다. 자기실현형 의사소통은 의사소통 유형 중에서 가장 유용하며, 자기실현형 의사소통이 이루어지기 위해서는 효과적인 피드백과 자기노출 및 타인에 대한 경청이 이루어져야 한다.

(3) 의사교류분석(TA : Transactional Analysis)

의사교류분석은 1950년대 에릭 번(Eric Berne)에 의해서 발전되었다. TA는 성격의 인지적 · 정서적 · 행동적인 면을 모두 강조하며 내담자가 새로운 결정을 해서 생의 과정을 바꿀 수 있도록 하기 위해 자각을 증대시키려는 경향이 있다.

의사교류분석 기법은 각 개인의 초기결정을 중요시하고 새로운 결정을 할 수 있는 능력을 강조한다. TA는 개인상담에도 사용되지만, 특히 집단상담에 적합한 상호 역동적인 심리치료로 대인관계 및 의사소통이 강조되는 기법이다.

제3절 의사소통의 원칙

의사소통이 효과적으로 이루어지려면 의사소통의 기본 원칙을 지키는 것이 중요하다. 의사소통의 원칙은 다음과 같다(Redfield, 1958).

① **명료성의 원칙** : 의사소통에 있어서 전달하는 내용이 보다 분명하고 정확하게 이해될 수 있도록 표시해야 하고, 체계성이 필요하다.
② **일관성의 원칙** : 의사소통 전달 내용의 전후가 일치되어야 한다.
③ **적시성의 원칙** : 의사소통은 너무 이르거나 늦어서도 안 되고 필요한 시간

에 적절히 행해져야 한다.

④ **적정성의 원칙** : 의사소통에서 정보의 양이 너무 많거나 빈약하면 수신자의 이해를 방해할 수 있으므로 적정량이어야 한다.

⑤ **배포성의 원칙** : 의사소통은 발신자로부터 수신자에게 정확하게 의사전달이 되어야 한다. 전달되지 않은 메시지나 다른 사람에게 전달된 정보는 쓸모가 없거나 혼란을 가져올 수 있다. 의사전달의 내용은 비밀을 요하는 특별한 경우 모든 사람들이 알 수 있도록 공개해서는 안 된다.

⑥ **적응성의 원칙** : 의사소통의 내용은 구체적 상황에 따라 융통성과 신축성이 있어야 한다.

⑦ **수용성의 원칙** : 의사소통은 수신자가 관심이 있고 그것을 받아들일 수 있는 태도를 갖출 때 효과적이므로 수신자가 적극적 반응을 보일 수 있는 수용성이 있어야 한다.

호이와 미스켈은 의사소통을 개선하기 위한 방법으로 다음과 같이 일곱 가지 지침을 제시하였다.

첫째, 목표를 설정하라(목표란 정보를 의사소통 흐름 속으로 전달하기 위한 목표).

둘째, 수신자의 특성을 파악하라.

셋째, 수신자가 내용을 왜곡하지 않도록 전언을 간결하고 쉽게 하라.

넷째, 전달수단 및 경로를 결정하라.

다섯째, 최적의 시간을 택하라.

여섯째, 전달내용의 양을 적절하게 하라.

일곱째, 피드백을 이용하여 결과를 점검하라.

제4절 의사결정의 개념 및 유형

1) 의사결정의 개념

기관을 운영하고 있는 운영자는 정확하고 합리적인 의사결정을 해야 한다. 그러나 여러 가지 사안 가운데 한 가지를 선택하는 일은 결코 쉽지 않다. 현명한 결정을 하기 위해서는 사전에 충분한 조사활동이 있어야 하고, 그 자료를 충분히 검토하고 분석하여야 한다. 평생교육기관 역시 경영상 많은 문제점들과 부딪히게 되고 그러한 것들을 해결하기 위해 수많은 의사결정을 내려야 할 것이다.

의사결정(decision making)이란 바람직한 상태를 달성하기 위하여 하나 이상의 대안 가운데서 하나를 선택하는 의식적 과정이라고 할 수 있다. 현대사회에서 경영관리 활동은 대부분 의사결정을 통해 이루어지고 있기 때문에 의사결정에 대한 정의를 살펴보면 다음과 같다.

유필화 등(2006)은 의사결정을 "일정한 목표를 설정하고 그 목표를 달성하기 위한 여러 대안을 책정하여, 이를 일정한 방법에 의거하여 상호 비교 · 평가함으로써 가장 유리하고 실행 가능한 최적안을 선택하는 인간의 합리적 행동"이라고 하였다.

의사결정은 조직의 목표 달성을 위한 여러 대안 중에서 가장 바람직한 행동경로를 선택하는 과정으로, 좁은 의미에서 본다면 특정한 문제해결을 위한 대안선택을 의미하지만 좀 더 넓은 의미에서는 조직활동을 수행하기 위해 어떻게 조직을 구성하고, 어떤 인력을 어느 곳에 배치하며, 또 어떠한 통제 및 조직의 노력이 필요한가를 결정하는 총체적 관리 과정으로 규정할 수 있다(Weihrich & Koontz, 1994, 김미자, 2023 재인용).

몬디(Mondy, 1988)는 의사결정을 "몇 가지의 대안을 만들고 평가하여 그 가운데에서 하나의 대안을 선택하는 과정"이라고 하였다.

이처럼 여러 학자들의 정의를 종합해 보면 의사결정이란 기관이 추구하고 있는 목표를 달성하기 위하여 여러 가지 대안을 마련하고 그 가운데 가장 합리적이고 합목적적인 대안을 선택하는 행동이라고 할 수 있다.

이러한 의사결정의 기준은 이윤에 있으며, 어떠한 사업에 종사할 것인가, 어떠한 조직구조를 가질 것인가, 자금조달은 어떻게 할 것인가, 조직 구성원들은 어떤 방법으로 선발하고 구성할 것인가, 프로그램 개발은 어떻게 할 것인가, 수강료 수준은 어느 정도로 할 것인가 등을 결정하게 된다.

평생교육기관에서는 의사결정에 있어서 권한이 기관장에게 집중되어 있는 경향이 있어 기관장의 특성요인이 결정적으로 작용하게 되는 경우가 많다. 특히 평생교육기관은 공공성과 공익성을 우선으로 하기 때문에 감독기관의 정책방향과 평생교육기관장의 운영방침이 의사결정에 커다란 제한 요인으로 작용하게 된다.

평생교육기관에서 바람직한 의사결정을 하기 위해서는 다음과 같은 몇 가지 전제조건이 충족되어야 한다(김재명, 2004).

첫째, 현재 상태와 바람직한 목표 간에 차이가 존재하는가?

둘째, 의사결정자가 이 차이의 중요성을 인식하고 있는가?

셋째, 의사결정자는 차이를 극복하기 위해 행동할 만큼 동기가 부여되어 있는가?

넷째, 의사결정자는 차이를 감소시키기 위한 행동에 소요되는 능력이나 자금과 같은 자원을 가지고 있는가?

2) 의사결정의 유형

의사결정은 개인이 혼자 해야 하는 경우, 집단으로 해야 하는 경우, 결과를 예측할 수 있는 경우, 반면에 결과를 전혀 예측할 수 없는 경우, 영향력이 광범위하게 미치는 경우, 아주 단순하고 평범한 의사결정의 경우 등 그 유형이 다양하다. 즉, 의사결정의 유형은 구조화 정도, 상황, 조직계층의 수준, 주체, 대상 등을 기준으로 분류할 수 있다.

(1) 의사결정의 구조화 정도에 의한 분류(강병서, 2004)

사이먼(H. A. Simon)은 구조화 정도에 따라 의사결정을 정형적 의사결정과 비정형적 의사결정으로 구분하고 있다.

① 정형적 의사결정

사전에 결정된 일정한 기준에 따라 일상적으로 반복하여 내리는 의사결정을 의미한다. 즉, 구조가 비교적 명확하며, 자주 되풀이되는 의사결정으로서 표준적 절차나 프로그램이 설정되어 있는 형태이다. 이러한 의사결정을 취급하는 기법에는 선형계획법, 게임이론, 확률론 등이 있다.

② 비정형적 의사결정

사전에 결정된 기준이 없는 비구조적인 의사결정으로서 프로그램화할 여지가 적고 주로 경영자의 판단이나 능력, 경험에 영향을 받는 경우이다. 이와 같은 의사결정은 단발적이고 예상하지 못한 새로운 것이어서 그 성격이나 구조가 복잡하고 어려운 유형이다.

〈표 11-1〉 정형적 의사결정과 비정형적 의사결정의 비교

정형적 의사결정	비정형적 의사결정
일상적 · 반복적 · 단기적 의사결정	불규칙적 · 특수적 · 장기적 의사결정
하위계층의 의사결정	상위계층의 의사결정
의사결정 방법 · 절차의 명백성	의사결정 방법 · 절차의 불명확성
정보자료의 명백성	정보자료의 불확실성

(2) 의사결정 상황에 따른 분류

구텐베르그(E. Gutenberg)는 의사결정의 유형을 의사결정 상황의 확실성 정도 여부에 따라 다음과 같이 분류하였다(박상범 외, 2005).

① 확실성하에서의 의사결정

의사결정에 따른 각 대안별로 상황의 발생결과를 100% 확실하게 예측할 수

있는 상황하의 의사결정이다. 즉, 대안의 발생결과를 확실하게 예측할 수 있는 경우의 의사결정이다.

② 불확실성하에서의 의사결정

발생할 수 있는 결과를 추정할 수 있으나 그 발생확률을 알 수 없는 경우를 의미한다. 이때 완전한 의사결정이란 있을 수 없고 의사결정자의 능력, 취향, 위험에 대한 태도 등에 따라 차이가 생긴다.

③ 위험하에서의 의사결정

의사결정에 따른 결과에 대하여 확실하게 예측할 수 없고, 다만 일정한 확률을 가지고 예측할 수 있는 상황하의 의사결정이다.

(3) 조직계층의 수준에 따른 분류

앤소프(H. I. Ansoff)는 조직계층의 수준에 따라 의사결정 수준을 전략적 의사결정과 관리적 의사결정, 업무적 의사결정 등의 세 가지로 구분하였으며 구체적인 내용을 살펴보면 다음과 같다(윤홍우, 2005).

① 전략적 의사결정

주로 조직의 외부문제에 대한 의사결정으로 조직목표의 변경, 조직의 성장계획, 다각화 계획, 프로그램 시장 지위 및 새로운 프로그램 개발 계획 등이 포함된다.

② 관리적 의사결정

전략적 의사결정을 구체화하기 위하여 변환 과정의 효율을 최적화하는 것을 목적으로 하는 의사결정이다. 예를 들면, 조직구조의 변경, 정보의 흐름, 마케팅 경로, 입지결정 등이 이에 속하며 이 밖에도 필요한 자본, 설비의 조달과 획득, 인력관리와 개발에 관한 것들이 포함된다.

③ 업무적 의사결정

자원변화 과정의 능률을 극대화하는 의사결정으로서 전략적 및 관리적 의사결정을 구체화한다. 예를 들면, 자원배분, 일정 계획 및 통제 활동, 수강료 책정, 프로그램 개발 일정, 마케팅 전략 등이 포함된다.

(4) 의사결정 주체에 의한 분류

의사결정 주체에 따라 개인의사결정, 집단의사결정의 두 가지로 구분할 수 있으며 구체적인 내용을 살펴보면 다음과 같다(최은수 외, 2014).

① 개인의사결정

개인의 식견과 인격에 근거한 의사결정으로, 합리성 측면에서 집단적·조직적 의사결정보다는 다소 떨어진다고 볼 수 있다. 그러나 신속하고 의사결정자의 의도에 맞는 결정을 할 수 있다는 점에서 장점이 있다.

② 집단의사결정

기관규모의 확대와 업무의 전문화로 구성원의 개인적 지식만으로는 기관이 요구하는 의사결정을 효율적으로 내릴 수 없다. 따라서 조직체의 중요한 의사결정은 경영자 개인에 의해서보다는 각종 위원회나 연구팀, 태스크포스 등의 집단에 의해 이루어지는 것이 바람직하다.

(5) 의사결정의 대상에 의한 분류

사이먼(Simon, 1997)은 의사결정의 대상을 가치(values)와 사실(facts)로 구분하였다. 가치 중심적인 판단은 주로 당위에 관한 것이고 사실 중심적인 판단은 주로 존재에 관한 것이다(오세덕 외, 2008).

① 가치결정

주로 당위에 관한 것으로 어떤 목표를 얼마나 중요시할 것인가에 관한 판단이라고 할 수 있다.

② 사실결정

주로 존재에 관한 판단이라고 할 수 있다.

제5절 의사결정의 과정 및 모형

1) 의사결정의 과정

드러커(Drucker, 1974)는 의사결정 과정의 6단계를 제시하였다.

첫째, 문제를 정의한다.

둘째, 그 문제를 분석한다.

셋째, 문제해결의 대안들을 개발한다.

넷째, 최선의 대안을 결정한다.

다섯째, 결정을 효과적인 행동으로 전환한다.

여섯째, 그 결과를 검토하고 평가한다.

일반적으로 의사결정은 문제해결 과정에 포함되는 개념이다. 따라서 문제해결 과정과 관련하여 의사결정을 정의하는 것이 바람직하다.

(1) 문제의 인식 및 분석

가장 먼저 현재의 문제를 명확하게 인식하고 분석해야 한다. 이는 조직의 내부, 외부의 정보를 기초로 분석하고 있으며, 정보의 정확성 여부에 그 성패가 달려 있다.

(2) 목표의 규명

의사결정에 있어서 중요한 기준이 되는 것이 바로 목표이다. 즉, 대안을 발굴하여 비교 · 평가하기 이전에 의사결정의 기준을 마련해야 하는데, 이때 조직이 추구하는 목표가 그 기준이 된다. 따라서 목표를 명확히 규명할 필요가 있다.

(3) 대안의 도출

문제의 성격이 파악되고 대안을 평가할 수 있는 기준이 마련되면 의사결정자는 문제해결에 기여할 수 있는 가능한 대안을 개발 · 발굴하여야 한다. 이때 염두에 두어야 할 사항은 조직의 목표이다. 대안은 혁신성, 독특성, 명확성, 표준성을 갖추고 있어야 한다.

수립된 대안 중에서 최적의 대안 결정은 다음 세 가지 요인에 대한 평가를 토대로 이루어진다(김미자, 2023).

① 실행 가능성 : 대안을 실행하기 위한 기관의 재원과 인력은 충분하며 또 대안이 기관 사명과 가치에 부합하는가를 검토한다.

② 효과성 : 대안의 의사결정의 목적을 충족하면서 문제해결의 가능성을 가지고 있는가를 검토한다.

③ 영향력 : 대안이 기관의 다른 부분에도 영향을 미치는가를 평가한다.

(4) 대안의 평가

대안의 평가는 실행 가능성, 만족성, 실행결과의 예측을 통해서 하게 된다. 따라서 도출된 다수의 대안 중 어떠한 대안이 가장 적합한가를 평가할 때 각 대안의 상대적 장점과 단점을 비교해 보아야 한다.

(5) 의사결정

의사결정 단계에서는 결정 과정에서 모든 관련성을 갖고 있는 요소를 정하고 객관적으로 비교하여 실행 가능한 대안들을 확인하며 가장 높은 점수를 받는 대안을 선택하면 된다.

2) 의사결정의 모형

의사결정의 모형은 여러 학자들에 따라 다양하게 분류하고 있으나, 일반적으로 다음과 같이 분류되고 있다.

- 규범적 · 이상적 접근 : 합리모형, 최적모형
- 현실적 · 실증적 접근 : 만족모형, 점증모형

- 혼합적 접근 : 혼합관조모형
- 비합리적 접근 : 쓰레기통모형

(1) 합리모형(Rational Model)

합리모형은 의사결정이 인간의 이성과 합리성에 근거하여 합리적으로 완성된다고 가정하는 이론이다. 의사결정에서 의사결정자는 문제와 관련된 모든 대안에 대한 고려를 할 수 있는 전능의 능력이 있으며, 주어진 목적 달성을 극대화하기 위해서 최대한 합리적으로 노력한다는 합리적 인간을 전제로 한다.

합리모형에서는 정책결정이 실제로 어떻게 이루어지고 있느냐보다는 가장 바람직한 결정이 어떻게 이루어져야 하는가를 설명하는 규범적 성격을 지니고 있다. 합리모형에 의하면 의사결정은 연속적 단계로 결정되고 있다.

합리모형의 의사결정 단계는 문제 확인 → 목적과 목표의 설정 → 가능한 모든 대안들의 산출 → 각 대안의 결과 고찰 → 목적과 목표의 관점에서 모든 대안들의 평가 → 최선의 대안 선택(목적과 목표를 극대화하는 대안 선택) → 결정의 이행과 평가 등의 과정을 거친다.

합리모형의 단점은 인간은 전지전능하지 않으며 실제의 행동도 여러 가지 이유와 여건상 반드시 합리적으로 행동하는 것은 아니라는 점이다. 따라서 합리모형에서 주장하는 것과 같은 완전한 합리적 결정은 비현실적이라는 점을 들 수 있다.

(2) 만족모형(Satisfying Model)

만족모형은 합리모형의 한계점을 극복하기 위해 제시된 의사결정 모형으로 합리모형에서와 같은 완전한 합리성이 아닌 제한된 합리성에 기초하고 있다.

만족모형은 현실적이고 실증적인 접근으로 사이먼(Simon, 1974)은 행정가들이 조직결정을 하고 또 해야만 하는 방법에 대해 보다 정확한 설명을 제공하려는 시도로 만족화 전략을 소개하였다. 만족모형은 합리모형이 지닌 완전한 합리성,

특히 객관적인 사실판단을 하는 데 있어서 인간의 한계를 지적하고 그 대신 보다 현실성 있는 인간의 제한된 합리성을 전제하고 있다.

만족모형의 의사결정 단계는 문제 혹은 쟁점의 인식과 정의 → 현 상황의 난제 분석(문제 분류, 자료수집, 문제의 구체화) → 문제해결을 위한 준거 설정(만족스러운 결정의 준거) → 행위계획 혹은 전략의 개발(가능한 대안들의 구체화, 결과예측, 행위대안들에 대한 심사숙고와 선택) → 행위계획의 제안(프로그램, 의사소통, 검색, 평가) 등의 과정을 거친다.

만족모형은 어느 정도 심리적으로 만족할 만한 수준의 대안이 발견되면 대안탐색을 중지한다고 하는데 그 만족의 정도를 결정할 객관적인 기준이 없다는 것과 최선의 대안이 아니라 만족할 만한 대안을 찾은 후에 대안탐색을 중단하게 되면 미처 탐색되지 않은 대안 중에서 훨씬 더 중요한 대안이 있어도 이것은 검토되지 않고 포기된다는 점, 일반적이고 가벼운 의사결정에서는 무작위적이고 순차적으로 탐색하겠지만 이례적이고 중대한 의사결정에서는 보다 분석적인 결정이 이루어질 필요성이 크다는 비판점이 있다. 또한 만족모형은 개인적인 차원의 의사결정을 설명하려는 의도에서 출발하고 있기 때문에 정부의 정책결정에 그대로 적용하기에, 그리고 그것을 그대로 조직의 의사결정에 적용시키기에는 조직이 개인의 단순한 합계가 아니라는 점에서 무리가 따른다는 지적이 있다(안해균, 1983).

(3) 점증모형(Incremental Model)

점증모형은 의사결정자의 능력의 한계와 결정기술의 제약을 인식하여 현재의 대안과 이를 약간 변형시킨 제2의 대안을 비교하여 보다 향상된 것을 추구하는 기술적 · 실증적 모형이다.

린드블롬(C. E. Lindblom, 1968)은 합리모형이 현실적인 정책결정에 적용되기 어렵다는 점을 지적하고 현실에서 실제로 이루어지고 있는 정책결정으로 점증모형을 주장하였다. 점증모형의 장점은 첨예한 갈등이나 문제를 야기하지 않고 안정적인 정책결정과 집행을 할 수 있을 뿐만 아니라 정책에 대한 폭넓은 지지를 받기 쉽고 실현 가능성이 높은 대안을 선택할 수 있다는 것이다. 점증모형의 특징을 살펴보면 다음과 같다(안병환 외, 2014).

첫째, 대안분석에 있어서 모든 대안을 전체적으로 검토하고 평가하기보다는 몇 개의 대안만 비교 · 선택한다.

둘째, 대안을 분석하여 평가할 경우 정보가 충분한 몇 개의 중요한 대안만 평가한다.

셋째, 일단 정립된 목표도 수단적 대안의 탐색과 선택 과정 중에서 재조정 내지 수정한다.

넷째, 대안의 탐색평가 과정에서 나타나는 새로운 정보와 자료들을 처리하고 재구성하여 활용한다.

다섯째, 목표설정에서부터 최종선택에 이르는 분석하고 평가하는 작업은 반복해서 연속적으로 행한다.

이러한 점증모형의 단점은 의사결정에 있어서 점증적인 결정을 해야만 최적의 결정을 할 수 있어서 급격한 변화나 장기적 전망에 의거한 계획적인 변화를 거부하고 적당히 되는 대로 해나가는 점진적인 개선을 도모하기 때문에 지나치게 보수적이고 대중적인 정책결정 모형이라는 점이다.

점증모형은 의사결정에서 항상 조직의 기본적인 목표와 일치되는 대안만을 구상하는 것이 아니라 현행 대안과 크게 다르지 않은 대안과 극히 소수의 대안만을 검토하여 현실을 긍정하고 보다 다소 향상된 대안에 만족하여 결정하는 것을 말한다.

점증모형에서는 인간의 지적 능력의 한계와 의사결정 수단의 기술적 제약을 인정하고 의사결정에서의 대안 선택이 종래의 정책이나 결정의 점진적 · 부분적 · 순차적 수정 내지 약간의 향상으로 이루어진다고 보고 있으며, 따라서 정책수립 과정을 "그럭저럭 헤쳐나가는(muddling through) 과정"으로 보고 있다(Lindbloom, 1959; 오세덕 외, 2008).

정책결정자의 능력의 한계 및 시간과 비용 등이 제한된 현실에서는 기존의 정책에서 소폭적인 변화만을 대안으로 고려하여 정책을 결정하고 시간이 흐름에 따라 피드백되는 정보를 바탕으로 수정하고 보완해 가는 식으로 연속적인 결정을 하는 것이 가능하고 이는 바람직한 정책결정의 방법이 될 수 있다.

(4) 혼합관조모형(Mixed Scanning Model)

혼합관조모형은 에치오니(A. Etzioni, 1965)가 합리모형과 점증모형을 혼합하여 주장한 모형이다. 에치오니는 합리모형이 전제하고 있는 완전히 합리적이고 분석적인 결정의 비현실성과 점증모형이 지닌 근시안적이고 방향감각이 없으며 보수적인 경향 때문에 두 가지 모형 모두가 바람직한 정책결정 전략이 될 수 없다고 주장한다.

혼합관조모형의 장점은 합리적 모형과 점증주의 모형을 절충하여 기본 방향의 설정과 같은 것은 합리적 모형을 적용하고, 방향 설정 후 특정한 문제해결은 점증주의 모형을 적용하는 것이 바람직하다고 보았다는 점이다. 이는 비현실성을 축소하고 보수성을 극복하며 조직환경에 따르는 조직의 신축성을 살린 것이다. 즉, 혼합관조모형은 합리주의의 지나친 엄밀성과 점증주의의 보수성을 극복하고 두 가지 모형으로 제시된 것이다.

혼합관조모형의 특징은 다음과 같다.

첫째, 광범위한 조직의 정책은 잠정적이고 점진적인 정책에 방향을 제시해 준다.

둘째, 좋은 결정은 조직정책에 일치하는 만족스러운 결과를 준다.

셋째, 대안탐색은 문제에 가까운 것들로 한정된다.

넷째, 중요한 정보는 유실되지만 행동은 피할 수 없다는 가정을 토대로 분석이 진행된다.

다섯째, 이론, 경험 그리고 계속적인 비교가 함께 사용된다.

혼합관조모형의 단점으로는 이 모형이 새로운 것이 아니라 두 개의 대립되는 극단의 모형을 절충하고 혼합한 것에 불과하다는 점을 지적하고 있다. 또한 의사결정에서 가치의 우선순위나 정보가 대안의 선정에 영향을 주는 것보다는 지위, 권력, 환경 등이 더 영향을 주고 있다는 점이다(김형관, 1995). 또다른 단점으로 장·단기사업과 핵심 또는 주요 사업에 대한 조직 구성원의 동의 또는 합의가 없는 한 이러한 의사결정도 문제가 될 수 있는 점이 지적된다(황성철, 2005, 김미자, 2023 재인용).

(5) 최적모형(Optimal Model)

최적모형은 합리모형이나 점증모형과 같은 보수적인 모형에 대한 비판으로 드로어(Y. Dror, 1968)가 주장한 것이다. 직관, 판단, 창의성과 같은 초합리성을 중요시하고 있다. 최적모형은 초합리성의 개념을 도입함으로써 합리적·종합적 모형을 한층 더 체계적으로 발전시켰다고 평가받고 있다.

최적모형의 특징은 다음과 같다.

첫째, 양적인 모형이 아닌 질적인 모형이다. 그렇다고 양적인 것을 전혀 무시해 버린다는 뜻이 아니라 '최대한'이라는 뜻의 막연한 분량으로 나타낸다.

둘째, 합리적이고 초합리적인 구성요인을 가지고 있다. 여기서 초합리적 요소들에는 직관, 주관적인 판단, 창의력 등이 포함된다.

셋째, 기본적인 논리적 근거는 경제적 합리성이다.

넷째, 평범한 환류의 국면을 가진다.

이 모형에서는 정책결정을 크게 4단계로 구성해 놓고 있다는 특징이 있는데 '정책을 어떻게 만들 것인가' 하는 상위 정책형성 단계, 실제로 문제해결을 위해 대안을 탐색·비교·분석하여 선택하는 정책결정 단계, 그리고 정책결정 이후 수정이 일어나는 정책집행 단계, 그리고 환류의 단계가 그것이다.

드로어는 정책의 최적화를 위해서 합리성뿐만 아니라 직관, 판단, 창의성과 같은 초합리적 요인을 동시에 고려해야 한다고 말한다.

그러나 이 모형에 대해서는 이론상으로 수긍할 점이 많으나 실제로 수많은 크고 작은 정책결정에서 정책 방향부터 전 과정을 검토해 나간다는 것은 현실적으로 불가능할 뿐 아니라 그 효과성도 의심스럽다는 비판이 있다(김미자, 2023).

(6) 쓰레기통모형(Garbage Can Model)

코헨(M. Cohen, 1972)은 쓰레기통모형을 통해 극도로 심한 불확실성을 경험하는 복합적 조직결정의 패턴 혹은 흐름을 설명하고 있다.

쓰레기통모형의 특징은 조직화된 혼란상태에서 참여자들 간에 합의된 선호가 없거나 또는 참여자 개인이 자신의 선호를 정확히 모르는 경우(문제성 있는 선호), 목표와 수단의 인과관계가 명확하지 않은 경우(불명확한 기술), 의사결정 과정에 참여자들(행정가, 교사, 학생, 학부모, 지역사회 인사 등)이 시간적 제약 때문에 참여시간과 노력의 양이 각기 다른 경우(유동적 참여)를 전제로 한다.

쓰레기통모형은 의사결정 과정이 문제 발견에서 해결까지 순차적인 절차를 밟지 않고 문제, 해결대안, 의사결정자들(참여자), 의사결정의 기회 등 네 가지 독립된 요인들이 각각 여러 개씩 쓰레기통 속에 뒤죽박죽 섞여 있다가, 이들 요소들(쓰레기에 비유)이 서로 다른 시간에 쓰레기통에 들어와서 우연히 한 곳에서 동시에 만날 때 의사결정이 이루어진다는 것이다(가재환 외, 2005). 여기에는 기회, 운, 타이밍과 같은 변수가 중요한 결정요인이 된다(김경희, 2011).

쓰레기통모형이 전제하는 극적인 사건이나 정치적 사건이 발생하였을 때 네 가지 요소가 합쳐지는데, 이 경우 의사결정 방식은 진 빼기 결정(choice by flight), 날치기 통과(choice by oversight)라는 두 가지 유형이 전형적으로 나타난다.

쓰레기통모형이 가정하고 있는 조직화된 무정부상태는 공공조직이나 교육기관에서 쉽게 발견되기 때문에 그 실용성을 인정할 수 있다. 그러나 모든 조직에서 나타나는 현상은 아니기 때문에 일부의 조직에서 또는 일시적으로 나타나는 혼란상태에서의 의사결정 행태를 이야기하는 데 적합할 뿐이라는 단점이 지적되고 있다.

생각해 보기

1. 자신의 대인 간 의사소통 유형을 알아보고 토론해 봅시다.

2. 여러분이 생각하는 의사소통의 장애요인은 무엇인지 토론해 봅시다.

CHAPTER

12

평생교육기관의 마케팅 및 홍보

CHAPTER

12 평생교육기관의 마케팅 및 홍보

제1절 마케팅의 개관

1) 마케팅의 정의

시장이 존재하는 곳에는 판매가 존재하기 마련이다. 네이버 백과사전의 정의에 따르면 마케팅이란 생산자가 상품 또는 서비스를 소비자에게 유통시키는 데 관련된 모든 체제적 경영활동으로 주로 경영학에서 사용되는 개념이다.

코틀러(Kotler, 1999)는 마케팅을 "개인과 집단이 제품과 가치를 타인들과 함께 창조하고 교환함으로써 그들의 욕구와 요구를 획득하도록 하는 사회적 및 관리적 과정"이라고 하였다.

미국마케팅협회(AMA, 1985)에서 내린 마케팅의 정의는 다음과 같다. "마케팅은 개별 소비자와 조직 소비자의 목적을 만족시키기 위한 교환을 창조하기 위해 아이디어와 상품, 서비스의 개념, 가격, 촉진, 그리고 유통 등을 계획하고 집행하는 일련의 과정이다."

미국마케팅협회의 정의에서 나타나는 주요한 마케팅 개념 정의의 구성요소는 다음과 같이 다섯 가지로 정리될 수 있다.

첫째, 마케팅은 욕구(want)나 니즈(needs)를 만족시킨다.

둘째, 마케팅은 가치의 교환활동이다.

셋째, 마케팅의 대상은 포괄적이다.

넷째, 마케팅은 수단이다.

다섯째, 마케팅은 과정이다.

평생교육시장에서의 마케팅에 대한 개념을 좀 더 살펴보면 다음과 같다(Simerly & Associates, 1989).

첫째, 기관 경영철학으로서의 마케팅이다. 마케팅은 기관을 경영하는 최고경영자의 마인드 또는 경영철학을 가리키는 의미로서 고객들이 현재 무엇을 원하고 있는지를 이해하여 앞으로 무엇을 원하게 될 것인지를 예측하는 것이 기관의 성장과 발전을 달성하는 길이라는 인식이다. 즉, 생애가치가 높은 고객에게 경쟁자보다 더 큰 가치를 제공하는 것을 기관의 사명으로 삼고 이익은 이러한 사명을 충실하게 실천함으로써 자연스럽게 얻어지는 결과로 보는 것이다.

둘째, 기관 활동으로서의 마케팅 관리를 말한다. 기관은 자신의 생존과 성장을 위해 실무자의 획득과 유지, 프로그램 개발, 홍보, 분석 등 여러 가지 활동을 해야 한다. 이러한 기관의 활동을 마케팅으로 볼 때 마케팅 관리는 고객에게 경쟁자보다 더 큰 가치를 제공하기 위하여 4P를 계획하고 실행하고 통제하는 과정을 말한다.

평생교육기관에서의 마케팅은 이익의 개념보다는 보다 많은 잠재학습자들에게 좋은 프로그램을 알려서 학습의 기회를 제공하려는 목적이 우선이다. 즉, 보다 많은 지역주민들에게 교육을 받을 수 있는 기회를 제공하려는 기회평등에 목적이 있다고 하겠다. 즉, 잠재학습자들의 교육수요를 파악하고 그들의 요구에 맞는 교육 프로그램을 개발하여 강좌를 개설함으로써 평생교육기관의 재정확보에 도움을 주고 나아가서는 시민들의 삶의 질 개선에 공헌하는 데 평생교육기관 마케팅의 의의가 있다고 볼 수 있다.

2) 마케팅의 필요성

마케팅에 대한 사회적 관심이 높아지고 폭넓은 이해가 이루어지면서 과거의 부정적 이미지에서 벗어나 긍정적인 이미지가 형성되고 있다. 사회의 다양한 영역인 비영리기관의 마케팅, 문화예술기관의 마케팅, 심지어 학교마케팅, 대학마케팅 등의 개념을 듣게 되면 그야말로 마케팅의 개념이 기업을 뛰어넘어 교육기관에 이르기까지 모든 기관과 조직에서 중요하게 다루어짐을 알 수 있다.

그러나 교육기관에서 마케팅 개념을 도입한 것은 얼마 되지 않는다. 이는 두 가지 이유가 있다. 하나는 지금까지 학교를 위시한 대부분의 교육기관은 치열한 경쟁으로부터 어느 정도 보호될 수 있었기 때문이다. 그러나 최근 상황은 대학은 물론이려니와 심지어 고등학교, 중학교에 이르기까지 치열한 경쟁이 도입됨에 따라 교육기관에서도 마케팅 개념이 확산되고 있다. 또 하나는 교육기관은 돈벌이를 추구하는 기업조직과는 다르다는 생각에서 마케팅의 개념 자체를 부정적으로 인식하였기 때문이다. 즉, 사람을 길러내는 일을 수행하는 교육기관에 어떻게 생산한 제품이나 서비스를 무차별적으로 팔기에만 급급한 마케팅 전략을 도입하느냐 하는 인식이 있었다(김용현 외, 2011).

〈표 12-1〉 **마케팅 개념의 유형과 특성**

개념 유형	고객 특성과 마케팅의 과제
생산지향적 개념	• 학습자는 프로그램 이용 가능성과 저가격에만 관심을 둔다. • 학습자는 경쟁 프로그램의 가격을 알고 있다. • 비가격요인은 거의 중시하지 않는다. • 따라서 프로그램 개발과 학습자 유치 과정을 개선하여 능률을 높임으로써 교육비 수준을 낮추는 것이 고객확보의 주요 수단이다.
제품(프로그램)지향적 개념	• 학습자는 최고의 프로그램을 선택하고자 한다. • 경쟁 프로그램의 품질이나 특성을 잘 알고 있다. • 따라서 프로그램의 질 개선이 학습자 유지의 주요 수단이다.
판매지향적 개념	• 학습자는 특성 프로그램의 등록에 대해 주저하는 경향이 있다. • 여러 가지 자극으로 보다 많은 등록을 유도할 수 있다. • 따라서 학습자 유지, 확보를 위해 강력한 유치 조직이 형성되어 있어야 한다.
고객지향적 개념	• 학습자는 각각 다른 요구를 하게 되므로 세분시장으로 구분할 수 있다. • 자신의 욕구를 가장 잘 충족시킬 수 있는 프로그램을 구매한다. • 따라서 욕구 목표시장을 선정하고 욕구충족도가 높은 효과적인 프로그램을 개발하고 마케팅 계획을 세워야 고객의 유지나 확보가 가능하다.

사회지향적 개념	• 학습자는 건강, 환경문제에 민감하며, 교육기관의 윤리적 측면 등을 고려하여 등록하게 된다. • 따라서 교육기관은 좋은 환경을 제공하고 인간지향적인 사고와 함께 사회적 책임을 지는 방향으로 마케팅 활동을 전개할 수 있어야 한다.

출처 : 김진화(2011), 김미자(2023) 재구성.

여기서 평생교육기관이 마케팅 개념을 적극적으로 도입할 때 얻을 수 있는 마케팅의 효과를 몇 가지 살펴보면 다음과 같다(남정걸, 2008).

첫째, 평생교육기관에 대한 진정한 이미지 형성이다. 평생교육기관에 대한 좋은 이미지 형성은 국가나 지방자치단체로부터의 더 많은 신임과 지원을 얻어내는 결과는 물론 일반 국민들의 적극적인 프로그램 참여를 유도하는 성과를 내게 될 것이다.

둘째, 대상별 특화된 프로그램의 개발과 보급이다. 갈수록 치열해지는 경쟁 속에서 운영해야 하는 평생교육기관의 입장에서는 대상별 특화된 마케팅을 통해 프로그램의 차별화는 물론 잠재적 고객에게 전략적으로 접근하는 방법을 강구해야 한다.

셋째, 자유시장에서의 경쟁력 강화이다. 평생교육기관에서의 마케팅은 한편으로는 생존의 문제이자 다른 한편으로는 경쟁력 강화의 길이기도 하다.

제2절 평생교육기관의 마케팅

1) 평생교육기관 마케팅의 특징

최근 우리나라 평생교육을 둘러싼 시장 환경은 급속히 팽창하고 있다고 보아야 할 것이다. 왜냐하면 평생교육에 대해 시민들이 예전과 달리 많은 관심을 갖게 되었고, 또한 많은 지방자치단체들이 앞다투어 지역사회 발전을 도모하고 있기 때문이다.

평생교육 마케팅의 성격은 일반기업과는 달리 교육적 가치를 부여하는 입지에서 보다 상이한 성향을 지닌다고 볼 수 있다(이향란, 2015, 김미자, 2023 재인용).

평생교육기관의 마케팅 특징은 평생교육기관을 어떻게 규정하는가에 따라 다르다. 일반적으로 평생교육기관은 비영리기관이어서 이익추구를 주목적으로 하는 일반 기업조직과는 다른 성격을 띠지만, 최근 들어 교육산업의 발달로 평생교육기관 가운데는 영리를 목적으로 운영되는 기관도 많이 있다. 영리기관으로서 평생교육기관의 마케팅은 일반기업과 다를 것이 없으므로, 여기에서는 비영리기관으로서 평생교육기관의 마케팅 특징을 살펴보고자 한다(김신일 외, 2007).

첫째, 평생교육기관은 물적 상품보다는 서비스 성격의 상품을 제공한다. 그러므로 평생교육기관에서의 마케팅 대상은 무형의 교육 서비스이다. 평생교육기관의 고객인 학습자들로부터 양질의 교육 서비스를 제공받고 있다는 평을 받기 위해서는 광고나 홍보를 통해 무형의 교육 서비스를 유형화하는 과정이 필요하다.

둘째, 평생교육기관은 여러 가지 목표를 동시에 추구하고 있다. 비영리를 목적으로 하는 평생교육기관이지만 운영의 합리화 차원에서 한편으로는 어느 정도의 이윤도 필요하며, 동시에 학습자의 성장과 만족, 지역공동체 형성, 민주시민의식 함양 등 다양한 목표를 추구한다. 그런가 하면 하나의 기관 아래 다양한 프로그램이 전개될 경우 프로그램마다 추구하는 목표가 다를 수 있다. 그 목표는 측정하기 어렵고 그에 대한 평가도 쉽지 않다.

셋째, 비영리 조직으로서 평생교육기관은 마케팅 대상도 다양하다. 일반기업의 경우 고객시장만 관리하면 되지만, 평생교육기관은 다중 마케팅 시스템을 특징으로 한다(이향란, 2015, 김미자, 2023 재인용).

평생교육기관에서 마케팅을 보다 효과적으로 수행하기 위해서는 다음의 사실에 관심을 기울여 나가야 한다.

첫째, 마케팅, 광고, 홍보 사이의 차이점에 대한 명확한 정의는 보다 효과적인 마케팅 계획의 개발에 도움이 된다.

둘째, 마케팅이 효과적이기 위해서는 기관의 전체적인 임무, 목적, 목표의 성취와 직접적인 관련이 있어야 한다. 만약 마케팅이 기관의 임무 성취와 직접적인 관련이 없다면 효과적일 수 없다.

셋째, 환경에 대한 검토와 분석은 모든 마케팅 노력이 효과적이 되도록 한다.

넷째, 학습고객의 서비스 지향 체제를 개발하는 것은 마케팅의 주요한 부분이다.

다섯째, 심리학적 · 인구통계학적 자료는 마케팅의 기초 자료 중 중요한 요소들이다.

여섯째, 시장분할 전략에 대한 인식이 필요하다.

일곱째, 마케팅 효과에 대한 추적은 전체적인 마케팅 계획에서 필수적인 단계이므로 마케팅의 효과를 평가하기 위하여 마케팅을 결과를 추적하는 것은 반드시 이루어져야 한다.

여덟째, 마케팅 계획의 수립은 일회적으로 끝나는 것이 아니라 계속적인 과정이다.

2) 평생교육 마케팅 모형

평생교육 프로그램 마케팅이라는 개념은 교육의 비영리성이라는 관점에서 보면 수용하기 어려운 용어이다. 평생교육기관이 마케팅을 활용하는 것은 프로그램에 대한 자세한 정보를 고객에게 알리고, 프로그램 참여를 유도시키며 프로그램을 새롭게 재개정하기 위한 목적 때문이라 할 수 있다. 평생교육 프로그램을 잠재적 고객들에게 가장 효과적으로 어떻게 제공할 수 있느냐 하는 방법에 대해 연구하고 분석하고 판단하는 포괄적인 개념을 의미한다.

시멀리(Simerly, 1989)가 제시한 프로그램 마케팅의 모형에는 전통적 모형, 교환 모형, 적응 모형 등이 있다. 이들은 실제 평생교육현장에서 단독적으로 하나의 모델로 적용 · 활용되기보다는 매우 복합적으로 이용되고 있다(김진화, 2002).

(1) 전통적 모형

고객의 필요와 요구보다는 평생교육기관의 요구와 필요에 우선적인 관심이 있다.

전통적 모형의 장점은 마케팅 활동을 계획할 때 고려해야 할 요인들이 거의 없다는 점이다. 단점은 외적 변화를 무시하고, 고객에 대한 무관심이 발생한다는 것이다.

(2) 교환 모형

평생교육기관 및 단체들이 앞으로 개발할 프로그램의 가치를 고객의 요구와 필요의 교환을 통해 획득하는 것을 강조한다.

교환 모형의 장점은 요구분석과 협상을 통해 평생교육기관의 지속적인 변화를 촉진시킨다는 점이다. 단점은 계속적인 협상과 장시간의 요구분석 등으로 평생교육기관의 변화가 점진적이라는 것이다.

(3) 적응 모형

고객의 요구와 흥미에 응답을 강조함으로써 외부지향적이다.

적응 모형의 장점은 고객의 만족을 강조하기 때문에 변화 촉진에 매우 적극적이라는 것인 반면 평생교육기관의 전통적인 경향을 도외시한다는 단점이 있다.

3) 마케팅 절차

평생교육기관의 마케팅 절차를 프로그램을 중심으로 살펴보면 ① 문제인지 및 정의, ② 목표 설정, ③ 시장 분할, ④ 마케팅 전략 수립, ⑤ 실행, ⑥ 평가 및 통제 등의 순으로 전개되는데, 구체적인 내용은 다음과 같다(김진화, 2011, 김미자, 2023 재인용).

〈표 12-2〉 마케팅 절차

절 차	내 용
① 문제인지 및 문제정의	문제인지 및 문제정의는 프로그램 마케팅의 출발점이다. 인지된 많은 문제들 중에서 통제할 수 있는 차원으로 문제들을 새롭게 규정할 필요가 있다.

② 목표 설정	두 번째 단계는 확인된 문제를 목표로 전환하는 것이다. 목표는 향후에 취해져야 할 다양한 조치들을 명확하게 규정해 주는 기능을 가지고 있다. 목표를 적절하게 설정하는 것은 프로그램 마케팅 수행 후에 평가하는 데 도움이 된다.
③ 시장 분할	시장 분할은 학습고객의 특성이나 요구를 준거로 집단으로 분할하는 과정을 의미한다. 이러한 분할의 한 묶음은 아마도 정신적으로 이 그룹의 특성에 맞게 고안된 프로그램의 표적이 될 것이다. 시장 분할은 첫째로 학습지향에 의해서 구별될 수 있고, 둘째로 프로그램 제공 선호도에 의해 구별될 수 있고, 셋째로 인구통계학적 특성에 의해 구별될 수 있다.
④ 마케팅 전략 수립	마케팅 전략은 학습고객에게 전달된 프로그램의 세부내용에 대한 결정까지를 포함한다. 프로그램에 포함시킬 내용이 무엇인가? 어떻게 그리고 어디에 이것이 전달되어야 하는가? 어떻게 잠재적 학습고객이 이것에 대해 알도록 할 것인가? 이러한 질문들은 소위 마케팅의 4Ps, 즉 마케팅 믹스를 의미한다. 이것은 생산물, 장소, 증진, 가격을 말한다.
⑤ 실행	실행단계에서 고려되어야 할 요소는 매우 많다. 경제적 지원 단체나 잠재적 학습고객의 저항 등이 있을 수 있다. 또한 학습고객의 시간, 관심, 그리고 다른 자원들을 위한 다른 조직과 경쟁적 관계에 놓인다는 사실도 인식해야 할 것이다.
⑥ 평가 및 통제	마케팅 평가 및 조절은 프로그램 마케팅의 최종단계이다. 성공 여부를 진단하기 위해서 목표에 비추어 프로그램의 결과를 사정하는 단계가 바로 이 단계이다.

출처 : 김진화(2011), 김미자(2023) 재인용.

가드너(Gardner)는 효과적인 프로그램 마케팅을 위해 다음의 과정을 유의하도록 하였다(가영화 외, 2008).

첫째, 프로그램을 광고하는 목적이 어디에 정해져 있는지 확인한다.

둘째, 홍보를 위해 얼마의 예산을 투자할 것인지 사전에 정해야 한다.

셋째, 어떤 채널의 광고매체를 활용할 것인지 확인해야 한다.

넷째, 선택한 광고매체가 요구하는 형식에 맞게 광고내용이 만들어졌는지 확인한다.

다섯째, 광고 이후에 비용 대비 광고가 효과가 있었는지 평가를 해야 한다.

제3절 평생교육시장의 이해

1) 평생교육시장의 의미와 성격

우리가 알고 있는 통상 시장 세분화의 의미는 수많은 소비자들로 구성되어 있는 현장인 시장에서 소비자 개개인의 욕구를 모두 충족시키기가 불가능하므로 이러한 문제를 해결하기 위해 소비자들을 일정한 기준에 따라 크게 몇 개의 세분시장으로 나누는 것을 말하는 것이다. 이러한 세분화로 나누어진 시장의 특성에 따라 차별화 전략을 수립하여 그 시장에 진입하게 된다. 이와 같이 시장을 세분화하는 이유는 시장 세분화를 통해 수익성을 보장받게 되며, 마케팅의 노력에 의해 효율적·효과적으로 접근될 수 있는 세분시장을 확보하게 해주기 때문이다(조동성, 2001).

평생교육시장은 일반시장과는 다른 특성을 지니고 있다. 일반시장에서는 구매력에 금전적 요소가 매우 중요한 영향을 미치지만, 평생교육시장에서는 금전적 요소보다 학습자의 시간, 교통편, 학습자의 주변 여건 등이 더 중요한 요소로 작동하기도 한다. 그러므로 평생교육시장에서의 수요는 일반시장에서의 수요와는 달리 학습자의 관심과 참여 가능성이 중요한 변수이다.

모든 시장의 수요가 그러하듯이 평생교육시장의 수요 또한 최대수요량과 최소수요량이 이론적으로 존재한다. 현재의 수요는 늘 최대수요량과 최소수요량 사이의 어딘가에 있게 마련이다. 여기서 최소수요량이란 평생교육기관에서 특별한 노력을 하지 않아도 프로그램에 참여하게 되는 기본적인 학습자의 수를 말하며, 최대수요량은 반대로 평생교육기관이 아무리 프로그램에 대한 수요를 늘리기 위해 마케팅 비용을 많이 투입하더라도 더 이상 수요가 증가하지 않는 학습자의 수를 말한다. 평생교육시장은 최대수요량과 최소수요량 사이의 변화 정도에 따라 확장성 시장과 비확장성 시장으로 유형화된다(오혁진, 2006).

확장성 시장이란 시장의 규모가 마케팅 비용에 의해 크게 영향을 받는 시장을 말한다. 일반적인 교양 및 여가 활동 프로그램의 경우 마케팅 활동에 의해 수요량의 변화가 비교적 큰 편이다.

비확장성 시장이란 수요자들의 시장 진입 장애가 높아 시장 규모가 마케팅 비용에 의해 크게 영향을 받지 않는 경우를 말한다. 일반적으로 대학원 과정과 같이 기관의 과정개설이나 학습자의 진학이 비교적 제한을 많이 받는 경우이다.

한편 특정 프로그램에 대한 학습자의 수요가 실제로 교육 참여로 이어지는 정도에 따라 평생교육시장은 다차원적인 성격을 지니고 있다. 이는 다음과 같이 살펴볼 수 있다(오혁진, 2006).

① **잠재시장** : 웹마스터 전문교육 프로그램에 관심을 가지고 있는 모든 학습자는 잠재시장에 해당된다.

② **이용 가능 시장** : 소득과 물리적·시간적으로 프로그램에 참여할 수 있는 접근 가능성을 가지고 있는 집단의 규모이다.

③ **유자격 이용 가능 시장** : 제공기관에서 제시하는 자격 요건을 갖추고 있는 시장이다.

④ **노력대상 시장** : 실제로 참여를 유도하기 위한 노력이 시도된 집단을 의미한다.

⑤ **최종 시장** : 실제로 프로그램에 참여한 학습자 집단을 의미한다.

평생교육시장은 학습자의 실제적인 참여여건과 평생교육기관이 제시하는 조건에 따라 다층적인 구조를 가진다. 그러나 평생교육시장의 규모를 결정하는 가장 중요한 요인은 학습자들의 참여 동기와 참여 장애요인이다. 그러므로 평생교육기관에서는 학습자의 참여 동기와 참여 장애요인을 고려한 마케팅 전략을 강구해야 한다.

2) 평생교육시장 세분화의 중요성

평생교육시장을 세분화하는 이유는 잠재학습자 집단마다 그 특성이 서로 다르므로 그들의 요구나 눈높이에 맞는 교육을 제공할 수 있는 기초 자료를 수집하여 그에 대응한 교육 프로그램의 개발이나 마케팅 전략을 수립하기 위함에 있다. 즉, 프로그램을 개발할 때부터 잠재학습자 집단의 특성과 요구를 파악하고 그에 부응하는 교육내용을 선정할 수 있으며, 교수방법도 적절한 것을 선택할 수 있게 된다.

평생교육시장의 세분화가 중요한 이유를 구체적으로 살펴보면 다음과 같다.

첫째, 새로운 시장에 진입하는 것을 보다 쉽게 만들어 준다.

둘째, 목표시장을 정확하게 파악할 수 있어 불필요한 비용의 지출을 줄일 수 있다.

셋째, 평생교육기관의 인적 · 물적자원을 효율적 · 효과적으로 배분하여 활용할 수 있다.

넷째, 급격하게 변화하는 시장상황에 효율적 · 효과적으로 대응할 수 있다.

평생교육시장을 세분화할 수 있는 일반적인 기준을 제시하면 다음과 같다(김진화, 2001).

① **지리적 자료** : 평생교육시장을 세분화하기 위한 가장 기본적인 자료이다.
② **인구통계학적 자료** : 시장 세분화에서 지리적 자료와 함께 가장 많이 적용되는 기준이다.
③ **심리적 자료** : 학습자의 성격, 태도, 신념, 동기, 욕구, 기대 등에 관련된 자료이다.
④ **행동적 자료** : 학습자의 행태와 관련된 기준이다.

3) 평생교육시장의 선정

평생교육기관에서 프로그램에 참여할 잠재적 학습자를 세분화한 후에는 얼마나 많은 세분시장을 관리하고 어떤 세분시장에 보다 초점을 맞출 것인가를 결정해야 하는데 이를 표적시장의 선정이라고 한다.

평생교육기관에서 제공하는 프로그램의 잠재적 학습대상자는 평생교육의 대상이 의미하듯 모든 연령층이다. 그렇다고 평생교육기관이 모든 연령층을 대상으로 프로그램을 계획하고 마케팅하는 것은 기관경영의 관점에서 효과적이지 않다. 특히 평생교육기관의 수와 거기에서 제공되고 있는 프로그램의 수가 양적으로 팽창하여 치열한 경쟁의 상황에서 모두를 위한 특성 없는 프로그램은 성공하기 어려울 수밖에 없다.

4) 평생교육시장의 세분화 절차

시장 세분화는 잠재학습자를 포함하여 평생교육기관의 고객이 누구인지를 인식하고 전체 시장을 특정 기준에 의해 분류하여 동질적 집단으로 나누는 것이며 고객시장에 대한 통일된 마케팅 활동을 수행할 수 있도록 하는 전략수단이라고 할 수 있다. 여기서 시장 세분화의 절차를 간단히 살펴보면 다음과 같다(최은수 외, 2014).

① 잠재학습자 분석 : 잠재학습자에 대한 조사를 실시하여 시장에 관한 충분한 이해와 잠재학습자에 대한 명확한 이해를 해야 한다.

② 세분화 방법 및 기준 선택 : 잠재학습자에 대해 조사한 자료를 바탕으로 시장 세분화의 목적을 정하고, 이에 알맞은 시장 세분화 방법과 세분화 시장의 기준을 선정해야 한다.

③ 세분화 시장의 특성 파악 : 잠재학습자들의 특성은 인구통계적 변수(지역, 학력, 결혼 여부, 직업 유무 등)에 따라 구분하여 정리하면 학습자 집단에 대한 파악이 용이하다.

5) 평생교육시장의 세분화의 기준

평생교육시장은 일반적인 시장과 달리 유형의 제품이 아닌 무형의 프로그램을 판매하여야 하는 새로운 측면이 있다. 즉, 교육 서비스의 판매이므로 시장을 분석하여 세분화하는 기준은 다소 차이가 있을 수 있다. 세분화의 기준을 살펴보면 다음과 같다(최은수 외, 2014).

① 인구통계적 세분화 : 인구통계적 변수는 몇 가지 특성에 따라 구분할 수 있다.

② 심리학적 세분화 : 잠재학습자의 가치기준이나 태도, 개성 및 라이프스타일, 성격, 동기, 기대감, 관심 등에 관한 자료를 기준으로 세분화하는 방법이다.

③ 행동적 세분화 : 교육 프로그램에 수강하는 학습자들의 행동을 기준으로 세분화하는 방법이다.

제4절 평생교육기관의 홍보

1) 평생교육기관 홍보의 의의 및 목적

홍보에 대한 사전적 의미를 미국 PR(Public Relations)협회에서는 "사회의 동향을 분석하고 그 동향이 무엇을 초래할 것인가 예측하여 조직 지도자의 상담역이 되며, 조직과 사회에 이익이 되는 사업을 추진하는 기술이고 사회과학이다"라고 하였다(현대경영연구소, 2004). 또한 프랑스 PR협회는 "한 집단이 그 집단의 구성원 상호 간, 또는 다른 많은 집단의 여러 가지 여론 사이에 바람직한 관계를 수립하며, 이를 유지할 목적으로 전개하는 활동을 말한다"라고 그 정의를 내리고 있다.

평생교육기관에서 홍보란 평생교육기관에서 개발한 교육 프로그램을 어떤 매체를 활용하여 잠재적 학습자와 지속적으로 상호작용함으로써 기관을 이해시키고 프로그램 참여를 촉진시키고자 하는 제반 활동을 말한다(이향란, 2015).

평생교육기관은 홍보를 통해 학습자와 참여자를 유인하여 확보할 수 있고 평생교육기관의 인적자원 및 재정적 후원자를 확보하는 것이 가능하다. 또한 각종 매체를 통한 홍보의 내용 자체가 교육적 효과를 발휘할 수 있으며, 홍보를 통해 종사자의 지지와 이해, 공감과 결속력을 제공하여 기관에 대한 일체감을 형성할 수 있다(권인탁 외, 2014, 김미자, 2023 재인용).

평생교육기관 홍보의 의의에 비추어 조금 더 논의해 보면 평생교육기관에서 질 좋은 평생교육 프로그램들을 일반에게 널리 알려서 잠재된 학습자에게 학습

의욕을 일으킬 수 있도록 동기를 부여해 주는 데 그 의의가 있음을 알 수 있다.

평생교육기관 홍보에 있어서 그 목적은 평생교육기관의 이념에 대한 이해의 침투에 있으며, 이것은 평생교육기관의 갖가지 활동에 대해 좋은 이미지를 갖게 하려는 종합적인 커뮤니케이션이라 할 수 있다(현대경영연구소, 2004).

남정걸(2008)이 제시한 평생교육기관의 홍보의 목적을 살펴보면 다음과 같다.

첫째, 잠재학습자의 유인 및 확보에 있다.

둘째, 재정적인 어려움에 도움을 줄 수 있는 재정 후원자의 확보에 있다.

셋째, 평생교육기관을 위해 봉사할 수 있는 인력의 확보에 있다.

넷째, 평생교육기관의 홍보 그 자체가 평생교육적 효과를 얻기 위함에 있다.

다섯째, 대내적으로 기관 구성원들의 지지와 이해, 공감대와 협동심을 제고하고 참여자들의 기관에 대한 일체감을 불식시키는 데 있다.

여섯째, 평생교육기관에 대한 일반의 오해를 불러일으키는 데 있다.

이와 같은 평생교육기관의 목적을 종합해 보면 대내적으로는 조직 구성원들이 협동된 마음을 갖게 하는 데 있고, 대외적으로는 잠재된 학습자의 학습동기를 유발시켜 수강생으로 확보하며, 재정적 후원자 또는 후원기관을 확보하는 데 있다는 것을 알 수 있다.

2) 프로그램 홍보의 과정

평생교육기관에서 홍보는 앞서 의의에서 살펴보았듯이 프로그램의 활성화를 위해서 별도의 소요 비용 없이 잠재학습자들에게 전달하는 것을 목적으로 실행하게 된다.

홍보의 과정을 살펴보면 다음과 같다(김진화, 2002).

첫째, 잠재학습자에 대해 파악한다. 평생교육기관을 둘러싼 잠재학습자들에 대한 정보를 수집하고 분석하여 목표 집단을 탐색하도록 한다.

둘째, 잠재학습자의 기관 및 프로그램에 대한 이미지 및 태도를 평가한다. 잠재학습자들이 평생교육기관과 운영하고 있는 프로그램에 대해 어떠한 태도와 이미지를 가지고 있는지 평가하도록 한다.

셋째, 핵심 학습고객에게 기대하는 이미지 및 태도를 수립한다. 잠재학습자 가운데 수강을 주도할 수 있는 핵심 학습고객에게 평생교육기관이 기대하는 바를 정립하도록 한다.

넷째, 효과적 홍보 전략을 개발한다. 앞서 실시했던 조사 자료를 근거로 효과적인 홍보 전략을 개발하도록 한다.

다섯째, 계획의 실행 및 결과에 대한 평가를 실시한다. 홍보를 실시한 이후 실행 단계는 효과적으로 진행되었는지 그리고 홍보의 결과는 만족스러운지에 대한 평가를 실시하여 피드백하도록 한다. 평가는 다음의 홍보에 소중한 자료를 제공하게 된다.

3) 평생교육기관 홍보 매체의 종류

(1) 인쇄물

평생교육기관의 프로그램에 대한 안내문을 인쇄 제작하여 게시판에 붙이거나, 신문의 간지로 삽입하여 신문구독자에게 전달될 수 있도록 하는 데 활용한다. 비교적 적은 비용으로 여러 사람에게 활용할 수 있는 방법이긴 하나 홍보 효과성이 높다고 보기 어렵다.

(2) 인터넷

정보통신의 발달과 더불어 가장 발달한 대중매체 가운데 하나가 인터넷이다. 따라서 근래에 와서는 인터넷 매체를 통한 광고활동이 활발하다.

인터넷 광고는 포털 사이트의 배너 광고나 또는 팝업 광고 등의 기법을 활용하여 인터넷 사용자의 눈에 잘 나타날 수 있도록 할 필요가 있다. 인쇄물에 비해 비용 측면에서는 다소 부담이 되지만 효과성의 측면에서는 더욱 효과적이다.

(3) 방송매체

방송을 통한 홍보는 대중적 매체로 가장 넓은 층에게 전달될 수 있는 장점을 가지고 있다.

그러나 비용의 부담이 크기 때문에 신중히 고려할 필요가 있다. 더욱이 재정적으로 열악한 평생교육기관이 방송매체를 활용하여 광고하기란 그리 쉬운 일이 아니다. 방송매체는 라디오 매체와 TV 매체로 나눌 수 있는데, 라디오에 비해 TV가 좀 더 많은 비용을 지출하는 대신 광고 효과 측면에서는 높은 효용성을 나타낸다. 최근에는 홈쇼핑을 활용한 홍보도 등장하고 있다.

(4) 대중 잡지 및 신문

잡지는 일반적으로 크게 주간지와 월간지로 나누어 볼 수 있는데, 특수한 독자층을 대상으로 하기 때문에 광고 효과 측면에서는 효과성이 떨어질 수 있다. 신문 역시 잡지와 같은 맥락으로 볼 수 있으나 잡지에 비해 보다 대중적이므로 더 효과적이다.

(5) 전화

전화를 통한 홍보는 우편물을 통한 홍보보다 고객에게 쉽게 접근할 수 있는 매체이다. 그러나 인터넷과 함께 스팸이 만연하여 광고효과 면에서는 다소 효과성이 떨어진다. 한때는 텔레마케팅이 홍보의 수단으로 크게 활약한 때도 있었으나 요즘은 무차별한 광고에 대중이 등을 돌린 상태이기도 하다.

(6) 우편물

우편물을 통한 홍보는 고전적인 방법이다. 광고문을 작성하여 DM을 통하여 불특정 다수에게 홍보하는 방법이다.

(7) 팸플릿

홍보에서 가장 대중적이고 일반적인 방법이다. 프로그램에 대한 안내를 고급 인쇄물인 팸플릿으로 제작하여 거리에서 홍보활동을 펼치거나 기존의 수강생들을 통하여 잠재학습자들에게 전달될 수 있도록 하는 방법이다.

생각해 보기

1. 현대사회에 필요한 마케팅은 무엇인지 토론해 봅시다.

2. 평생교육시장을 세분화하는 이유에 대해 토론해 봅시다.

참고문헌

가영희 외(2008). **성인학습 및 상담**. 경기 : 교육과학사.

가재환 외(2005). **21세기 조직행동론**. 서울 : 형설출판사.

강민석(2010). IPA 방법에 의한 사이버대학 운영에 대한 중도탈락자의 인식 및 재학생 중도탈락 방지를 위한 개선사항의 우선순위 규명. **교육정보미디어연구, 16**(4), 481-503.

강병서(2004). **가치창출을 위한 신경영론**. 서울 : 무역경영사.

강인준(2010). **경영기획업무 매뉴얼**. 서울 : 영화 · 조세통람.

강혜정 외(2023). **평생교육경영론**. 서울 : 동문사.

교육개혁위원회(1994). 신한국 창조를 위한 교육개혁의 방향과 과제. 제1차 대통령 보고서.

__________(1995). 신교육체제 수립을 위한 교육개혁 방안. 제2차 대통령 보고서.

__________(1996). 신교육체제 수립을 위한 교육개혁 방안(Ⅱ). 제3차 대통령 보고서.

__________(1997). 신교육체제 수립을 위한 교육개혁 방안(Ⅳ). 제5차 대통령 보고서.

교육과학기술부(2008). 평생교육법, 시행령, 시행규칙 해설자료. 교육과학기술부.

교육과학기술부 내부자료(2012). 대학평생교육원 현황자료.

교육부 · 국가평생교육진흥원(2024). 2023 평생교육백서.

교육부 · 한국교육개발원(2024). 교육통계분석 자료집.

국가평생교육진흥원(2013). 2013 평생교육백서.

권두승(2008). **평생교육법 개정 해설자료**. 서울 : 평생교육진흥원.

권두승 외(2004). 평생교육법 통합 · 정비방안 연구. 교육인적자원부.

______(2006). 평생교육시설과 학원의 교습과정 실태 조사 및 활성화 방안 연구. 한국교육개발원.

______(2014). **평생교육경영론**. 경기 : 교육과학사.

권두승 · 최운실(2014). **평생교육경영론**. 경기 : 교육과학사.

권인탁(2009). **평생교육경영론**. 서울 : 학지사.

____(2014). **평생교육경영론**. 서울 : 학지사.

권인탁 · 임영희(2011). **평생교육경영론**. 서울 : 학지사.

__________(2017). **평생교육경영론**. 서울 : 학지사.

김경희(2009). **사회복지행정론**. 서울 : 형설출판사.

김남수 외(2023). **사회복지행정론**. 경기 : 공동체.

김미옥(2012). 지적장애인 서비스과정 참여에 관한 인식 연구 : 장애인거주시설 내의 참여를 중심으로 한 IPA 분석. **사회복지연구, 43**(4), 69-394.
김미자(2023). **평생교육경영론**. 경기 : 공동체.
김병태 외(2014). **경영학원론**. 대전 : 대경.
김성수(2000). **경영정책과 전략**. 서울 : 삼영사.
김수신 · 조홍식(2006). **사회복지행정론**. 서울 : 한국방송통신대학교출판부.
김승한(1983). 평생교육과 사회교육법. **평생교육의 기초와 체제**. 서울 : 법문사.
김신일 외(2007). **평생교육경영학**. 서울 : 한국방송통신대학출판부.
김신일 · 김재웅(2002). **평생교육경영학**. 서울 : 한국방송통신대학교출판부.
김영종(2011). **사회복지행정론**. 서울 : 학지사.
김용현 외(2011). **평생교육프로그램 개발론**. 경기 : 양서원.
______(2015). **평생교육경영론**. 경기 : 양서원.
김용현 외(2024). **평생교육경영론**. 경기 : 양서원.
김은혜(2013). 중학생이 지각한 부모-자녀 간의 의사소통과 자아탄력성이 학교적응에 미치는 영향. 충북대학교 교육대학원 석사학위논문.
김재명(2004). **경영학원론**. 서울 : 박영사.
김진권(2007). SWOT 분석을 적용한 전기 · 전자 · 통신분야 특성화고등학교에서 일터로의 전이 향상방안. 한국교원대학교 대학원 석사학위논문.
김진철 외(2015). **경영학의 이해**. 서울 : 형설출판사.
김진화(2002). **평생교육프로그램개발론**. 서울 : 교육과학사.
______(2011). **평생교육 프로그램개발론**. 경기 : 교육과학사.
김창걸(2003). **교육행정 및 교육경영의 이론과 실제의 탐구**. 서울 : 형설출판사.
김창엽(2014). **평생교육실무론**. 서울 : 동문사.
김형식 외(2008). **사회복지행정론**. 경기 : 양서원.
김 흔(2011). 관계 마케팅 접근에 의한 평생교육기관 경영 연구. 이화여자대학교 대학원 석사학위논문.
남정걸(2007). **평생교육경영학**. 서울 : 교육과학사.
______(2008). **평생교육경영학**. 경기 : 교육과학사.
단국대학교 경영학원론 출판위원회(2005). **21세기의 경영학 원론**. 서울 : 양서각.
박민생(2005). **지식정보시대의 최신경영학의 이해**. 서울 : 형설출판사.
박상범 외(2005). **경영학원론**. 서울 : 삼영사.
배장오(2009). **평생교육개론**. 경기 : 서현사.
서성무 · 이지우(2005). **경영학의 이해**. 서울 : 형설출판사.
서성무 외(2005). **경영학의 이해**. 서울 : 형설출판사.
서정화 외(2010). **대학인적자원관-이론과 실제(대학행정총서 2)**. 서울 : 학지사.

신유근(2005). **인간존중의 경영**. 서울 : 다산출판사.

_____(2011). **경영학원론-시스템적 접근**(제3판). 서울 : 다산출판사.

신응섭 외(2004). **리더십의 이론과 실제**. 서울 : 학지사.

안병오(2016). SWOT 분석을 통한 대한복싱협회 현황진단과 발전방안 연구. 경상대학교 대학원 박사학위논문.

안병환 외(2008). **교육행정 및 교육경영**. 경기 : 공동체.

________(2011). **평생교육경영론**. 서울 : 동문사.

안세길(2008). 서비스마케팅 믹스의 중요도-성취도 분석(IPA)에 의한 호텔고객의 재구매 의도에 관한 연구. 한양대학교 대학원 박사학위논문.

양병찬(2002). **지역을 살리기 위한 평생학습마을/ 도시 만들기**. 서울 : 한국교육개발원.

양정은 · 김봉석(2009). 전시주최자의 마케팅믹스가 전시참가업체의 만족도와 사후행동에 미치는 영향. **호텔경영학연구, 18**(3), 281-299.

양흥권(2010). 개정 평생교육법의 의의와 개정 방향. **평생교육 · HRD 연구, 6**(1), 99-122.

오세덕 외(2008). **행정관리론**. 서울 : 대영문화사.

오혁진(2006). **지역공동체와 평생교육. 아산재단연구총서(206)**. 경기 : 집문당.

옹설희(2009). 음악학원 경영에 관한 연구. 전주대학교 대학원 석사학위논문.

유재욱 외(2005). **현대사회와 지속가능 경영**. 서울 : 박영사.

________(2012). **현대사회와 지속가능 경영**. 서울 : 박영사.

유필화 외(2006). **디지털 시대의 경영학**. 서울 : 박영사.

육윤복(2005). **현대사회와 경영학**. 서울 : 경영과회계.

윤종훈(2015). **경영학원론**. 경기 : 학현사.

윤종훈 외(2008). **경영학원론**. 경기 : 학현사.

윤홍우(2005). **신경영학원론**. 서울 : 형설출판사.

이기원 외(2022). **평생교육경영론**. 경기 : 양성원.

이길헌(2015). **평생교육경영론**. 경기 : 한교원.

이상기 외(2006). **평생교육경영**. 서울 : 교육과학사.

이승영 외(2000). **현대경영학**. 서울 : 상조사.

이승주(2006). **경영전략 실천 매뉴얼**. 서울 : 시그마인사이트컴.

이양교(2002). **평생교육정책론-교육선진국의 정책행정과 평생교육의 실태비교**. 서울 : 학문사.

이원우 외(1995). **경영학원론**. 서울 : 박영사.

이정희(2008). SWOT/AHP 분석기법을 이용한 부산항만공사의 발전방안 수립에 관한 연구. 한국해양대학교 대학원 석사학위논문.

이종만(1995). 평생교육체제의 활성화 방안. 교육 모범으로서의 평생교육. **새교육**.

이진규(2001). **전략적 · 윤리적 인사관리**. 서울 : 박영사.

이필상 외(2002). **경영학원론**. 서울 : 법문사.

이향란(2015). **평생교육경영론**. 경기 : 공동체.

이화정(2009). 사회서비스 성과분석 및 영향요인 : 산모신생아도우미 서비스에 대한 IPA 기법을 중심으로. 청주대학교 대학원 박사학위논문.

임재호(2014). IPA 기법 및 QFD 기법을 이용한 염색가공업 품질경쟁력 제공방안에 관한 연구. 한양대학교 대학원 박사학위논문.

임창희(2003). **신 인적자원관리**. 서울 : 명경사.

임태순(2012). **경영학의 이해**. 경기 : 한국학술정보.

장정범(2014). 델파이(Delphi)와 IPA 분석을 통한 민간조사원의 업무범위 설정에 관한 연구. 용인대학교 대학원 박사학위논문.

조남두 외(2006). **교육행정론**. 서울 : 원미사.

조동성(2001). **21세기를 위한 경영학**. 서울 : 서울경제경영.

______(2007). **21세기를 위한 경영학**. 서울 : 서울경제경영.

조재준(2012). **평생교육행정경영론**. 서울 : 태영출판사.

지호준(2000). **21세기 경영학**. 서울 : 법문사.

차성호(2000). **인적자원관리 테마여행**. 서울 : 도서출판 새로운 제안.

최기운(2006). **나초보, 기획과 연애하다**. 서울 : 서돌.

최은수 · 배석영(2011). **평생교육경영론**. 경기 : 양서원.

최은수 외(2014). **평생교육경영론**. 경기 : 양서원.

한국경제신문 기획부(2001). **비상경영 : 세계 9대 컨설팅사 긴급처방**. 서울 : 한국경제신문 한경BP.

한국교육개발원(2009). **2009 평생교육통계자료집**. 서울 : 한국교육개발원.

한국노동연구원(2001). **21세기형 인적자원관리–뉴 패러다임과 실천과제**. 서울 : 명경사.

현대경영연구소(2004). **기업홍보 · CI · 현대광고**. 서울 : 승산서관.

홍숙희(2011). 지역거버넌스에 의한 부천 지역평생교육 체제 형성과정 연구. 중앙대학교 대학원 박사학위논문.

황성철(2005). **사회복지 프로그램 개발과 평가**. 경기 : 공동체.

Baume, C., Martin, P., & Yorke, M.(2002). *Managing Educational Development Projects : Effective Management for Maximum Impact(SEDA Series)*. Routledge.

Bertalanffy, L.(1969). *General System Theory : Foundations Development Applications*. New York : George Brailler.

Blake, R. R., & Mouton, J. S.(1964). *The Managerial Grid*. Houston : Gulf.

Darkenwald, G. G., & Merriam, S. B.(1982). *Adult Education : Foundation of Practice*. New York : Harper & Row Publisher.

Douglass, S. B.(1978). *Managing Yourself.* Here's Life Pub.

Dror, Y.(1971). *Design for Policy Sciences(Policy Sciences Book Series).* Elsevier Science Ltd.

Edelson, P. J.(1992). Rethinking Leadership in Adult and Continuing Education. *New Directions for Adult Continuing Education, 56.* San Francisco : Jossey Bass.

French, W. L.(1987). *The Personnel Management Process.* Boston, MA. : Houghton Mifflin Co.

Galvin, K. M., & Brommel, B. J.(1986). *Family Communication-Cohesion and Change.* Illinois, Scott : Foreman and Company.

Gilbert, N., & Specht, H.(1977). *Coordinating Social Services : An Analysis of Community, Organizational and Staff Characteristics(Praeger Special Studies in U. S. Economic, Social, and Political Issues).* Praeger Publishers Inc.

Katz, Robert L.(1955). Skills of an Effective Administration. *Harvard Business Review, 23*(January-February), 33-42.

Kaufman, R. A.(1972). *Educational System Planning.* Englewood Cliffs, NJ : Prentice-Hall Inc.

Knowles, M.(1970). *The modern practice of adult education : From predagogy to andragogy.* Englewood Cliffs. NY : Cambridge Adult Education.

Kolb, M. B.(2002). **문화예술기관의 마케팅.** 서울 : 김영사.

Lafley, A. G., et al.(2013). **승리의 경영전략 : 세계 초일류 기업이 벤치마킹한 성공전략 5단계.** 서울 : 진성북스.

Lindbloom, C. E.(1959). The science of muddling through. *Public Administraion Review, 19,* spring, 79-88.

Merriam, S. B., & Brockett. R. G.(1977). *The Profession and Practice of Adult Education.* San Francisco : Jossey-Bass.

Minzberg, H.(1975). The Manager's Job : Folkore and Fact. *Harvard Business Review, 53*(July-August), 49-61.

Myers, J.(2001). *Measuring Customer Satisfaction : Hot Buttons and Other Measurement Issue.* American Marketing Association, Chicago.

Robbin, S. P.(1991). *Management*(3rd ed.). Eagle-wood Cliffs : Prentice-Hall, Inc.

Simon, Herbert A.(1976). *Administrative Behavior : A Study of Decision-Making Process in Administrative Organization*(3rd ed.). N. Y. : MacMillan Co.

Skidmore, R.(1994). *Social Work Administraion : Dynamic Management and Human Relationships*(3rd ed). Pearson Education.

Swanson, R. A., & Holton, E. F. Ⅲ.(2001). *Foundations of Human Resource Development.* San Francisco : Berrett-Koehler Publishers, Inc.

Thackray, John(1978). General Electric's Planned Prognosis. *Management Today*(August), 54-62.

Whihrich, R. W.(1994). *The Social Work as Manager : Theory and Practice*(2nd ed). Needham Heights, MA : Allyn & Bacon

Yuan, C. H., Chih, H. W., & Jovan Chia, J. H.(2006). Using Importance-Performance Analysis in Evaluating Taiwan Medium and Long Distance National Highiway Passenger Transportation Service Quality. *Journal of American of Business, 8*(2), 98-104.

찾아보기

인 명

내 용

저/자/소/개

■ **서보준**

대구가톨릭대학교 대학원 졸업(사회복지학 석사)
대구한의대학교 대학원 졸업(사회복지학 박사)
경북과학대학교 사회복지과 교수

■ **이진열**

부산대학교 대학원 졸업(사회복지학 박사)
동서대학교 사회복지상담학과 교수

■ **백민수**

연세대학교 대학원 졸업(경영학 석사)
대구대학교 대학원 졸업(사회복지학 석사)
구미대학교 사회복지과 교수
구미대학교 인재개발처 취창업지원팀장

■ **서명환**

대구한의대학교 대학원 졸업(사회복지학 박사, 평생교육학 석사)
호산대학교 휴먼사회복지학부 초빙교수
한국사회복지평생교육원장

■ **서민호**

대구대학교 대학원 졸업(사회복지학 석사)
대구한의대학교 대학원 졸업(사회복지학 박사)
영남외국어대학교 사회복지과 교수

평생교육경영론

|**공저자**| 서보준 · 이진열 · 백민수 · 서명환 · 서민호

|**1판 1쇄**| 발행 2025년 8월 30일

|**발행인**| 김동훈
|**발행처**| **공동체**

|**주소**| 경기도 고양시 일산동구 호수로 358-39 동문타워 I 905호(백석동)
|**전화**| 031)814-3000(대표)
|**팩스**| 031)814-3100
|**홈페이지**| http://www.compub.co.kr
|**전자우편**| compub@naver.com
|**출판등록**| 2005년 10월 6일
|**등록번호**| 제396-2005-36호

|**ISBN**| 979-11-6725-955-4
정가 20,000원